与最聪明的人共同进化

湛庐 CHEERS

HERE COMES EVERYBODY

Goddesses
千面女神

［美］约瑟夫·坎贝尔（Joseph Campbell）著

黄悦 杨诗卉 李梦鸽 译

北京联合出版公司
Beijing United Publishing Co.,Ltd.

20 世纪伟大的

神话学大师

约瑟夫·坎贝尔
Joseph Campbell

- 让远古神话与现代人再度对话的思想大师
- 拯救人类心灵的哲学家与心理学家
- 西方流行文化的一代宗师

约瑟夫·坎贝尔传奇的一生有如其著作中的探险英雄，在启程——启蒙——考验——归来这样一种仪式性的四阶段之后，完成一种向上的循环，画出了一个首尾相贯的圆。

启 程
（DEPARTURE）

神话的召唤

约瑟夫·坎贝尔 1904 年生于美国纽约一个生活严谨的天主教家庭，这个距神话时代最为遥远的现代化繁华大都市，却造就了美国当代最著名的神话学家。孩提时代，坎贝尔跟随父亲去参观自然历史博物馆，他在那里看到了林林总总的原始图腾，这使他开始对印第安人的生活与文化产生兴趣。7 岁时，父亲带坎贝尔和他的弟弟去看当时非常流行的"野牛比尔"西部秀，尽管牛仔是演出的主角，但坎贝尔后来在书中写道，他完全"被印第安人的形象迷住了"。10 岁时，坎贝尔读完了当地图书馆儿童区所有关于印第安人的书，并被特许进入成人区阅读。直觉告诉他，了解神话是通往人类心灵奥秘最直接的道路，而这也许是坎贝尔日后对民族学、人类学产生关注与研究的基础。

02

启 蒙
（INITIATION）

来自灵性大师的第一次启蒙

19岁的坎贝尔跟家人一起游历欧洲时，途中经历了一次有趣的人生奇遇。他在甲板上看到三位深棕肤色的人，其中之一就是印度传奇哲学家克里希那穆提。在一位年轻女士的引荐下，坎贝尔认识了这位伟大的东方哲学家。这次经历让他醍醐灌顶，并成为他认识印度和亚洲世界的开始。

大文豪乔伊斯为他引路

在哥伦比亚大学获得文学硕士学位后，1927年，坎贝尔来到巴黎继续深造。在这里他深受欧洲当代艺术的影响。一次偶然的机会，坎贝尔发现巴黎所有的书店里都有詹姆斯·乔伊斯的著作《尤利西斯》，而这本书在美国是禁书，无处可寻。坎贝尔对乔伊斯的作品非常着迷，甚至在他新婚期间，乔伊斯和妻子都占有同样的分量。坎贝尔经常一手挽着太太，一手拿着乔伊斯的作品《芬尼根的守灵夜》。乔伊斯的出现，引导坎贝尔走向了"大发现"的世界，而在这之前，他一直走在一条狭窄笔直的学术道路上。

与荣格等心理学大师共事

坎贝尔结束在巴黎的学习后，前往慕尼黑大学重拾对中世纪文学的研究。在这段时间里，他结识了众多现代主义大师，这些人都是当时在美国闻所未闻的大人物：心理学大师弗洛伊德、荣格，法国雕塑家安托万·布德尔，著名画家毕加索，以及德国大文豪、诺贝尔文学奖得主托马斯·曼。弗洛伊德和荣格让坎贝尔认识到神话与心理学的关联，并让他发现神话能够激发和活化人们的心灵。而与荣格的缘分，也一直延续到坎贝尔的花甲之年。

03

考 验
（TRIALS）

历经考验铸就
《千面英雄》

1929 年，坎贝尔从欧洲返回纽约后，立刻向他的导师和朋友们分享了神话的潜能和魅力，但没有人能够真正理解他，这让他放弃了博士项目。他曾尝试创作小说，取得了一定的成功，但最终也放弃了。

坎贝尔唯一没有舍弃的就是阅读，几年之内，他涉猎了大量美国现代文学、哲学和心理学作品，也搜集了各种文化下的神话传说。5 年后，坎贝尔被萨拉·劳伦斯学院（Sarah Lawrence College）聘为教授，他的课程因为引入了自己的神话学研究而大受欢迎。

抱着教会人们如何阅读神话的目的，坎贝尔耗时 5 年，写下了奠定自己神话学权威地位的巨著《千面英雄》。这本书于 1949 年一经出版，便广受读者追捧，销量一路领先，很难相信，它曾经被两家出版社拒之门外。

坎贝尔在萨拉·劳伦斯学院执教了 38 年，当时，该学院还是一所只招收女性的高校。执教生涯里，坎贝尔一直在向学生们讲授神话学。同时，他也告诉学生，关于神话，他讲授的一切都是男性所说和经历的，女性应当从自己的角度告诉世界，女性未来的可能性是什么。坎贝尔十分有先见之明地预言：世界尚未真正认识到女性的力量，这种力量一定会呈现出来，我们只需拭目以待。

每个人都拥有自己的蕴藏强大能量的梦中万神殿。英雄必须一次又一次地通过艰难的障碍。

——坎贝尔

归 来

（RETURN）

乔治·卢卡斯终生追随的精神导师

好莱坞导演乔治·卢卡斯读到坎贝尔的《千面英雄》后大为震惊，他发现坎贝尔在书中表达出的很多想法都和自己不谋而合，卢卡斯也因此迷上了对神话历程的分析。后来，《千面英雄》成为《星球大战》的重要灵感来源，坎贝尔也成了卢卡斯终生追随的精神导师。卢卡斯称坎贝尔是"一位了不起的学者，一位了不起的

人"，并将坎贝尔视为自己的精神导师。坎贝尔的作品亦是无数好莱坞大片成功的基础，被好莱坞众人列为必读书目。

影响奥巴马、乔布斯的当代神话学巨擘

20 世纪 60 年代，坎贝尔成为嬉皮士创作灵感的重要源泉，"苹果教父"史蒂夫·乔布斯也深受其浸染。除了乔布斯，美国总统奥巴马及其母亲都是坎贝尔的忠实粉丝，"哈利·波特系列"图书的作者 J.K. 罗琳也多次提到坎贝尔及其作品，坦陈自己的小说创作深受坎贝尔的影响。美国前总统肯尼迪的夫人杰奎琳更是担当坎贝尔《神话的力量》一书的编辑，并将其视为最引以为傲的成就。

结 语

20 世纪 80 年代,"坎贝尔热"席卷全美,"感恩而死"摇滚乐队不断从中发现音乐创作的灵感,更有无数的艺术家,甚至游戏编程人员对他顶礼膜拜。1985 年,坎贝尔被授予美国国家艺术协会文学创作荣誉金奖。在颁奖典礼上,知名心理学家、荣格学派代表人物詹姆斯·希尔曼说:"在这个世纪里,没有人能像坎贝尔一样,将世界及神话人物角色的深邃意义,带回到我们的意识中。"约瑟夫·坎贝尔在 1987 年因癌症去世。《新闻周刊》上悼曰:"英雄已去,信念长存。"

他就是约瑟夫·坎贝尔,是当代神话学巨擘,才华横溢的心理学家,思维独特的哲学家和作家,极具启发性的心灵导师、演说家和思想家,是影响西方流行文化的一代宗师。

作者演讲洽谈,请联系
speech@cheerspublishing.com

更多相关资讯,请关注

湛庐文化微信订阅号

湛庐CHEERS 特别制作

坎贝尔神话系列作品

《神话的力量》

《坎贝尔生活美学》

《指引生命的神话》

《千面英雄》

《追随直觉之路》

《英雄之旅》

《千面女神》

永恒的女性，引我们飞升。

——歌德，《浮士德》

《浮士德》中的这句话可以作为阅读本书的精神指引。1972—1986 年，坎贝尔做了超过 20 场关于女神的演讲和研讨会，探讨了神圣女性的形象、功能、象征以及相关主题。他就像跟随着阿里阿德涅之线的忒修斯（Theseus），带着我们在文化与时代的迷宫中追寻着女神变形的踪迹。本书体现了坎贝尔的探索如何从单一的大女神延伸到后来神话想象中的众多女神形象，其范围所及从马丽加·金芭塔丝（Marija Gimbutas）对新石器时代古欧洲的研究到苏美尔和埃及的神话，从荷马史诗《奥德赛》到古希腊的埃留西斯秘仪（Eleusinian Mysteries），从中世纪的亚瑟王传说到新柏拉图主义的文艺复兴。

在处理这些资料的时候，我遇到的挑战首先源自坎贝尔对某些母题和主题的研究之深，他有时候会从一个问题引出更多的细节。坎贝尔自己很喜欢的一个主题是神圣女性的典型象征力量的变形和延续能力。在过去的 2000 年里，无论父权制和一神教如何排挤，这种力量始终绵延不绝。在一些演讲中，坎贝尔清晰地表达了他研究大女神及其想象形象的梗概。我有幸聆听过那些演讲。在这些演讲中，坎贝尔主要研究了神圣女性所体现的或她们本身所带有的象征性、神话式和原型式的主题。在坎贝尔看来，女神主题的主要内涵是通过时间、空间和永恒来体验其内在的奥秘、生与死之间的转变，以及赋予万物生命的能量觉知。

构成本书内容的女神演讲源自坎贝尔的著作《世界神话历史地图集》（*Historical Atlas of World Mythology*）。这部多卷作品集中的研究始于1974年。坎贝尔致力于从不同的种族与文化中抽绎出神话和神圣传统的线索，编织成一张"挂毯"，用以表现各种文化之间的相互作用及其具体文化表现背后普遍的深层心理原型。在这些研究中，坎贝尔受益于金芭塔丝关于新石器时代古欧洲大女神的出色研究。金芭塔丝的著作证实了坎贝尔之前的感受：大女神是全世界神话最早的核心神圣形象。这股"力量"正是坎贝尔在后来的神话和神圣传统中所发现的女神们的共同根源。旧石器时代的女神为《世界神话历史地图集》的开端提供了关键性的证据。坎贝尔将金芭塔丝的著作嵌入神话想象发展和显形的语境之中，将她关于大女神与神话文化之根的深刻洞见引入更为宏大的、尚未完全展开的人类幻想发展历程之中。

自坎贝尔在30多年前发表这些演讲以来，关于女神的神话学研究已经取得了显著的发展，但我希望本书能够向读者表明坎贝尔并不是只关注英雄神话或从未发现有趣的女神。关于女神的神话、问题或者对女性的关怀都体现在对她们及其相关故事的理解之中。本书产生于20世纪中期的论争，其代表性要素只有还原到讨论关于人类如何从个体和集体的角度理解自我的问题上才会得到更深的理解。这些演讲体现了坎贝尔对神话中女性形象的独特价值及其对普通女性的非凡意义的敏锐感知。而且，坎贝尔深刻地理解并极为推崇女性精神以及它将女性经验转化为神话和创造性形式的潜能。他将这一点视为我们在这个时代所面临的独特挑战和天赋，并认为女性对想象和促成这种转化功不可没。

在编纂此书时，我基本遵循了演讲中展开的历史叙事顺序。本书插图都是坎贝尔所使用过的，很多都可以在他的其他已出版著作中找到，由此可见，女神形象和神话是坎贝尔著作整体中不可或缺的一部分。为了汇集这些资料，我借助了坎贝尔自己引用过的著作，其中包括简·埃伦·哈里森（Jane Ellen Harrison）、马丽加·金芭塔丝和卡尔·克雷因（Carl Kerenyi）的著作。本书插图的说明文字有两种来源，一种来自坎贝尔在自己的研究中引用过的学者，另一种则来自坎贝尔去世后几十年来在他的基础上推进了神话、宗教和文化方面研究的学者。本书最后列出的建议阅读文献涵盖了该领域内的核心文献，对于深入研究该领域至关重要。阅读这些文献有助于读者了解 20 世纪 80 年代前期以来仍在继续的讨论，以及坎贝尔的著作如何将神圣女性传统整合进更大、更晚近的神话学系统中。

　　本书是在坎贝尔和金芭塔丝留下的宝贵遗产的基础上完成的。时至今日，这一遗产仍在不断刺激和挑战着我们。有赖于约瑟夫·坎贝尔基金会主席罗伯特·沃尔特先生的资助，本书才得以完成。沃尔特先生的这种精神正与坎贝尔整理海因里希·齐默尔（Heinrich Zimmer）身后著作的精神一脉相承，非常感谢他。最后，谨以本书献给那些引领我们向上的神圣女性。

萨弗龙·罗西（Safron Rossi）

加利福尼亚州，圣巴巴拉市

2013 年 5 月 24 日

测一测 你了解各种神话中的女神吗？

1. 人类社会中最早的女神是什么样的？

A 戴着面具的萨满、巫师形象

B 作为部落的守护神，率领部落攻城略地

C 在幽暗潮湿的洞穴中引导小男孩变成勇敢的男人

D 既召唤男性，又是全体人类生命的容器

2. 以下哪种动物与女神没有关系？

A 狮子

B 蜥蜴

C 兀鹫

D 猪

3. 男神取代女神成为部落主流信仰的转折点是什么？

A 乌拉诺斯和盖亚被儿子克洛诺斯分开

B 太阳神马杜克击败了古老的深渊女神提亚玛特

C 奥西里斯被奈芙蒂斯引诱并由此丧生

D 萨尔贡被一名灌溉工抚养长大

4.《奥德赛》如何体现女神的归返？

A 宙斯、阿波罗和其他奥林匹斯神的形象最为突出

B 以战争和成就为主导

C 忒勒马科斯从少年成长为男人，脱离母亲，走向父亲

D 奥德修斯那些转折性的重要经历都与女神有关

 扫码获取问题答案，
了解女神的故事。

Goddesses

Mysteries of
the Feminine Divine

引　言

大女神

GODDESSES

Mysteries of
the Feminine Divine

　　当今女性面对的许多困难都源于她们正在进入新的领域，而这一领域从前只为男性所有，因此不存在女性的神话模式。由此，女性发现自己处在与男性竞争的关系中，且在这种竞争关系中，女性会失去自身的天性。在过去的 400 万年中，女性保持了其专属的特质，这种性别特质使得两性的关系并不是相互对抗的状态，而是一直彼此合作、彼此支持着，共同承担生活的磨难。女性的生物学属性使她们承担起生育后代的职责，而男性的职责则是支持与保护。这两种职责都具有生物学与心理学的典型性。如今，吸尘器等机器的发明使女性在某种程度上摆脱了传统的家庭束缚，她们正在步入"实现自我价值"的丛林之中。但是在这里，却没有属于女性的范式。此外，在追逐独特的个人事业的过程中，女性逐渐形成了不同的个性，抛弃了过去的生物功能的窠臼，但心理上仍然没有摆脱其束缚。麦克白夫人在行动前向魔鬼祈祷："去除我的性别！"（Unsex me here!）[①] 这句话也是新晋

---

① 朱生豪《莎士比亚全集（8）》中将该句翻译为"解除我的女性的柔弱"。——译者注

的丛林竞争者们未发出的呐喊。

其实大可不必如此。当下，许多人都面临这样的挑战，女性们勇敢接受，并以女性而非男性的方式回应它。这种挑战十分个人化，既不遵循传统的生物学范式，也并非对男性特征的模仿。此外，在我们的神话中，并没有为个体女性的追求而存在的神话模式，也没有为男性与个性化的女性之间的婚姻所提供的模板。在这一问题上，我们必须一同努力，以同理心（compassion）而非一成不变的激情（passion），耐心地协助彼此成长。

我曾读过一句古老的中国俗语："宁为太平犬，莫作乱离人。[①]"（May you be born in an interesting time!）当下就是一个"太平盛世"（Interesting Time）：任何事情都没有固定不变的模式。一切都在变动，雄性的丛林法则亦然。这是一个如自由落体般抵达未来的时代，每个人都不得不为自己开辟道路。旧的模式不再有效，新的模式又尚未出现。事实上，我们正是在塑造个人生活的过程中塑造了新的模式，而这正是当前这一挑战的神话意义所在：我们是即将到来的时代的"祖先"，尽管自身并不知情，但是我们缔造了新时代的神话，将成为启示着新时代的神话模型。因此，当下就是一个开创性的时刻。"也没有人把新酒装在旧皮袋里。恐怕酒把皮袋裂开，酒和皮袋就都坏了。惟把新酒装在新皮袋里。"[②]正如这句话所言，我们要开始为一种令人沉醉的新酒制造全新的酒囊，而我们早已初尝这酒的滋味。

旧石器时代的女神

约公元前 30000—前 10000 年，在法国南部和西班牙北部的旧石器时代洞穴艺术中，人们用小型"维纳斯"一般的裸体雕塑来塑造女性。她的身体就是她的魔力（magic）所在：它既召唤男性，又是全体人类生命的容器。因此，女性的魔力主要来源于自然。相反，男性总是在某种角色、职能中呈

---

① 冯梦龙《醒世恒言》第三卷。——译者注
② 引文为《马可福音》第二章第 22 节，译文选用和合本。——译者注

现这种魔力。事实上，即使在今天，我们仍然以美丽来称赞女性，而评价男性时，主要看他能做什么、做了什么以及他的工作是什么。

旧石器时代的部落生活主要依靠狩猎和觅食。女性的主业是收集根茎和浆果、捕猎小型动物，而男性则从事更危险的大型狩猎活动，同时保护自己的妻子、女儿，以防她们遭到掠夺者的袭击——女性是那个时代最有价值的战利品。彼时，弓箭尚未制造出来，人类却要去狩猎和战斗。很多动物身形巨大，如猛犸象、犀牛、熊、狮子和野牛，数十万年以来的自然条件都是如此。事实上，正是由于这样的环境，我们的身体才得以进化，并确立了种种机能，这也使得两性的世界和利益之间产生了巨大的分歧——不仅仅是生物学上的选择，也是社会功能上两种完全不同的导向。

有彩绘的大型洞穴是男性举行仪式的地方，这些洞穴里并未发现小型女性雕像。实际上，这些小雕像通常存在于家庭生活的庇护所中，没人会在幽深、潮湿而危险的洞穴中生活。这些洞穴是为了举行男性的奇特仪式而存在的：将小男孩变成勇敢的男人，并在狩猎仪式中引导他们。通过安抚野兽的仪式，男人们答谢自己赖以生存的野兽，让它们的生命以这种奇妙的方式重返万物之母——大地，并在其幽深、巨大的洞穴子宫中获得重生。在人类最早的庙宇（大地女神的子宫，正如后来的大教堂是母教会的子宫）中，人们绘制美丽的动物图案，这些图案是地表兽群的"种子形式"。

进入这些洞穴后，人将会在绝对的黑暗中丧失所有的方向感，此时洞穴外世界的光亮只是记忆和虚影。现实就在洞穴中，地表之上所有的生物都是次要的：它们生于洞穴，也必将重返洞穴。在一些比较大的洞穴中，我们可以看到萨满、巫师的形象，或者任何他们可能成为的样子。但他们并不像小型"维纳斯"那样赤身裸体，而是穿着衣服、戴着面具，其中的典型代表是"三兄弟洞穴"（Les Trois Freres）①中的巫师。当然他们也有其他的形象，但通常都戴着动物面具，像大型狩猎中的魔法师一样。

————————————

① 位于法国比利牛斯山区。——译者注

女性与男性魔力：冲突与和谐

有证据表明，在原始狩猎和采集阶段，男性与女性的魔力不仅富有张力，而且有时还会引发身体上的暴力冲突。在很多原始部族，如刚果的俾格米人、火地岛的奥纳人等群体的神话中，我们发现了这样的传说：最初，女性掌握了所有的魔力，而男人将她们全部杀害了，只留下一些年轻女孩，这些年轻女孩还没有学习她们母辈所掌握的知识，男性由此得以将所有的知识占为己有。事实上，在法国南部一个旧石器时代的大型庇护所里（位于现法国劳塞尔）发现了许多女性雕像的碎片，这表明它们可能在某一时期遭到了蓄意破坏。

在这些男性传说和男性社会的秘仪存在之处，当男人们进行仪式时，女人们通常会因为仪式上那些戴着面具的故意创造出来的"幽灵"而感到极度恐惧。然而，令人意外的是，正如科林·特恩布尔（Colin Turnbull）所言[1]，在一些罕见的最为神圣的场合，妇女也会完全参与到男性的仪式中。事实上，她们了解这些男性的仪式，并且知道自己仍然是更大且更重要的力量的拥有者。男性主导的信仰体系是次要的，并非发乎自然，而是来自社会秩序，只不过它在一种复杂的、有利于社会运作的"虚幻游戏"中获得了两性成员的认可。

种植发展初期的女神

在人类文明的晚近时期，培育植物和驯养动物的技术得到了发展，生物属性的天平从男性逐渐转向女性，随之而来的是权力的转移。人们最重视的不再是狩猎与屠宰，而是种植与养殖，并且由于大地与女性拥有同样的生殖与养育的魔力，女神在神话中愈加重要，妇女在部落中的地位也得到了提升。虽然我仍持怀疑态度，但倘若真有类似于母系制度的社会，它应该存在于某个早期农业中心，现在看来似乎曾经存在过三个此类地区[2]：约公元前10000年或更早的东南亚，即泰国等地；约公元前10000年的东南欧和近东；距上述时间 4000 年或 5000 年后的中美洲和秘鲁地区。

在这些地区中，一个地区是否可能对另一个地区产生了影响这个大问题尚未解决。但是，一个在东南亚、太平洋群岛和美洲广泛传播的神话似乎是早期种植文化的基础。

东南亚地区驯化培育的植物，如山药、芋头和西米棕榈等不是通过播种，而是通过扦插得以繁殖的，这里饲养的动物也是常见的猪、狗和家禽等。神话故事发生在一个永恒的不受时间影响的神话时代，即我们祖先的时代。那时男女之间没有区别，甚至人和动物之间也没有区别。这个无差别的、如梦一般的时代继续向前推演，直到被杀戮终结。在一些神话中，一个群体杀死了一个个体，在另一些神话中则是个体相杀。受害者的身体被切成碎片掩埋起来，而掩埋尸体的土壤里则生长出人类如今赖以生存的食用植物。也就是说，我们的生命建立在牺牲的神的肉体之上。牺牲发生之时，当死亡降临，时间随之流淌，男女两性在其中产生了分离。因此，死亡带来了繁衍和生殖的可能。

在神话时代结束之时，通过神话中的杀戮行为，男性与女性、生命与死亡的对立，可能还有《圣经》版本中呈现的对善恶的分辨，与食物一起降临于世，由此也演变出一个受时间影响且存在分化的世界。这种时间系统赖以维持的神圣仪式通常表现为重现神话行为的祭祀。从象征意义上说，在十字架上献祭的耶稣"肉可食，血可饮"，也是这一神话学主题精神化的一部分。正如十字架是地球的天文学符号（⊕），十字架上的基督、在 Pietà 中伏在母亲膝上的基督①，以及在母神大地子宫中埋葬的牺牲，都是相同的符号。

月亮每个月都会"死"于太阳一次，又在太阳中重生，正如第一个被献祭给大地的生命，作为食物在大地上获得重生。因此，在早期以女神为中心

---

① 米开朗琪罗创造了三个名为 Pietà 的雕像，表现了耶稣受难被卸下十字架后，圣母玛利亚看到死去的儿子时的悲痛。此处的描述与米开朗琪罗于 1498—1499 年创作的第一座雕塑的形象相仿。——译者注

的神话中，太阳与地球都被视为女性。或者，根据另一个意象来解释，作为男性的月亮在太阳中创造了自己：太阳的创造力之火与子宫和月经的创造力之火是相同的，祭坛之火也一样。

种植文化的神话中的大女神形象，最早并非来自东南亚，而是来自约公元前7000—前5000年的欧洲和近东。其中有一座小石像，来自安纳托利亚南部（即现今的土耳其南部）一个叫加泰土丘（Çatal Hüyük）的村庄遗址。这座石像完美地呈现了女性在这一背景中的神话角色：她一面拥抱着一个成年男性，一面怀抱着一个孩子。她是一个"转换器"，接收过去的"种子"，并通过身体的魔力将其转化为未来，男性则象征着这种被转化的能量。因此，男孩延续了父亲的生命，或者用印度佛教的术语来说，他延续了父亲的"达摩"（dharma），即责任与法律，而母亲是这一奇迹发生的容器。

通常来说，狮子象征太阳的力量，而公牛象征月亮，它闪亮的牛角喻示着新月的形状。在加泰土丘文化中，我们看到一座陶制小塑像，它所展现的是王座上正在分娩的女神，两侧有狮子守卫；在6000年后的罗马，我们又看到了同一位安纳托利亚女神库柏勒（Cybele）的大理石雕像，她同样在王位之上并由狮子守护。在加泰土丘文化出现的另一幅位于神殿墙壁上的浅浮雕图像中，我们再次看到了分娩的女神，但这次出生的不是人类婴儿，而是一头公牛。月亮消失在太阳的光辉中：狮子捕杀了公牛。月亮是祭品在天空中的征象：公牛在大地上被祭献于祭坛的火焰中。这火焰在大地上对应着天空中的太阳，也对应着子宫之火。与之类似的是，死者的尸身要重获新生，要么被埋葬于大地的子宫里，要么被投入火葬。

在一部公元前700年的印度奥义书（Upaniṣads）中，尸身被火葬之人有两条灵魂之路：一条是烟雾，一条是火焰。[3] 第一条路将死者带向月亮，死者将在这颗"父"性之星重生；第二条路则通向太阳，而金色的太阳之门通向永生，并使死者脱离时间的束缚，获得解放，永不复还。大女神以太阳的形象将能量与光芒投向表象世界，这些光与能量创造并维持着这个世界。

因此，对那些臣服于她强烈的爱之火焰的信众们而言，这位女神也可以成为通往"完美智慧"（Perfection of Wisdom）的使者和黄金门户。

据说佛陀乔达摩·悉达多在 30 岁的时候，曾静坐于启明智慧的菩提树下，生命幻象之魔神波旬接近了他。波旬的法力来到了这个世界，并以三种形式分别出现，其名为伽摩（欲望）、摩罗（死亡：对死亡的恐惧）和达摩（责任与法律）。伽摩带来了三个丰满的女儿，佛陀不为所动；摩罗用恶魔军团所有的神兵利器攻击佛陀，他亦不为所动；达摩声称自己对王子冥想之地拥有权利，以此挑战冥想中的佛陀，佛陀则用右手尖触摸大地，呼唤大女神见证他的权利。伴随着响彻寰宇的雷霆之声，有千万声怒吼为佛陀做证，达摩所骑的大象也向佛陀躬身致敬。

随后，宇宙之蛇目支邻陀（Mucalinda）上前敬拜佛陀，此蛇生活在菩提树根茎之间的大洞穴中。此时，伴随着寒冷的大风和恐怖的黑暗，一阵巨大的闪电风暴袭来。巨蛇七次用身体紧紧缠绕着佛陀，同时七次伸展头上巨大的眼镜蛇冠，以保护专注打坐的佛陀，直到天空放晴。最后，巨蛇舒展蛇身，展现出自己年轻温柔的样貌，躬身敬拜这位受赐福之人，随后回到了自己的洞穴中。

女神的黄金时代

两河流域与尼罗河流域文明诞生之初，女神迎来了第一个鼎盛期，她享有至高无上的权力和荣耀。这两个地区最早的女神形象出现于公元前4000—前 3000 年，都是一位怀抱婴儿站立的母亲。她在神话中形态角色各异，展现了其多面性，她既是变形的推动者，也是保护着变形过程的包容的守护者。

埃及早期的女神是包罗万象的牛面女神哈索尔（Hathor），其名由"荷鲁斯（hor）的居所（hat）"衍化而来。一种说法是，她是一头野牛，四肢撑地，肚皮上星光闪耀；另一种说法是，她是高高拱起的天空女神努特（Nut），头和手触及西方的地平线，腿和脚伸展到东方。大地之神盖布（Geb 或 Keb）是她的配偶。

两河流域的宇宙布景和埃及的恰恰相反：男性在上为天，女性在下为地。泰初有"海"，海洋深处崛起一座宇宙之山。海以女神纳姆（Nammu）命名，山以天－地"安－基"（An-ki）命名，安（上）和基（下）生下大气神恩利尔（Enlil）。恩利尔将父亲推上高空，隔开天地。赫西俄德（Hesiod）的《神谱》（*Theogony*）中也有类似情节，天神乌拉诺斯（Ouranos）原本和地母盖亚（Gaia）密不可分，后来被儿子克洛诺斯（Kronos）分开。分属于东南亚农耕区的新西兰毛利人的神话故事亦是如此：天父兰奇（Rangi）紧紧压在地母巴巴（Papa）身上，他们的子女被困在母亲子宫里无法降世，直到森林之神坦恩－麻忽他（Tane-Mahuta）背靠母亲，双脚抵住父亲猛力上蹬，才将二者分开。但是，埃及的"分离之神"并非天地之子，而是这对宇宙夫妇中的男性一方，即空气之神舒（Shu）。他的配偶是狮头人身女神泰芙努特（Tefnut），有时人们也把她认成另一位狮头女神赛克迈特（Sekhmet），但赛克迈特象征毁灭性的烈日，丈夫是暗月之夜的木乃伊神卜塔（Ptah）。

在人类文明最初的几个世纪里，人们赋予与自己相关的万物以女性人格，女神的影响力贯穿当时整个人类社会与男神的行为方式中。古埃及第一王朝的法老被尊为奥西里斯（Osiris）的化身。包罗万象的奥西里斯佩戴有前后装饰象征王权的腰带，身侧佩带印着哈索尔牛面的徽章，腰带后面挂着的尾巴暗示着月亮公牛神荷鲁斯（Horus），即哈索尔的配偶，奥西里斯的亲生儿子。鹰头的荷鲁斯也是太阳神，他经由女神努特之腹穿梭于天穹，日落时从西方进入她的口中，黎明时从其子宫降临于东方，因此荷鲁斯可以说是由童贞之女自孕而生的。

女神不仅包罗万象，也是一切变形的媒介。在奥西里斯死亡与复活的传说中，他被弟弟赛特（Set）的妻子奈芙蒂斯（Nephthys）引诱，这第一位法老王便由此丧生。人们把奥西里斯封进棺材投入尼罗河，后来他忠贞的妻子伊西斯（Isis）找到并复活了他，他便作为亡灵的判官永远统治冥界。这是一个奇异漫长的故事，简而言之就是，伊西斯找到奥西里斯后，悲恸地躺在他的尸体上，然后构想出了荷鲁斯的模样。荷鲁斯后来在人间扮演法老的角色，而奥西里斯在冥界的统治也得到了奈芙蒂斯和伊西斯的拥护。阳间的法老荷鲁斯实际上源自伊西斯本人之躯，就像救世主坐在圣母玛利亚膝上一样，我们也能看到法老受哺于女神的肖像。

女神的衰落

大女神文明主要存留于以农耕村镇为主的整个新月沃地中心地带、从小亚细亚到巴尔干半岛，与之毗邻的南北大片区域，包括南部的锡罗－阿拉伯沙漠，北部的欧洲、西亚草原，都驻扎着剽悍的游牧部落。南部是牧羊的闪米特人，他们早期也驯服了骆驼；北部散居着各印欧部族，包括战斧人和牧牛民族等。北部的印欧部族在公元前 4000 年开始使用青铜武器，在公元前 3000 年驯养马匹、发明战车，在公元前 2000 年制造出铁器，到公元前 1000 年末，侵略的版图已从欧洲爱尔兰海延伸到西亚锡兰地区。这些尚武部落并非吃苦耐劳的土地耕种者，而是游牧的武装掠食者。他们的主神是雷击神，神祇的行事作风与他们高度一致：闪族有马杜克（Marduk）、阿舒尔（Ashur）和雅赫维（Yahweh），印欧民族有宙斯（Zeus）、托尔（Thor）、约夫（Jove）和因陀罗（Indra）。

印欧游牧世界的战士征伐到某处，就会让本部落的男神与当地的女神联姻，这也是宙斯有如此多奇遇的原因之一。他在这个谷地娶一位女神，到了另一座山谷又娶其他女神。这本身无可厚非，但当这些地区的文化统一后，宙斯就有了一部生动的情史。你当然也可以说，这在神话史上纯属偶然现象。

闪族的神话属于另一套系统。他们从锡罗－阿拉伯沙漠侵袭而来，进入迦南和美索不达米亚平原，掀起了战争巨浪。与此同时，印欧部落也正在北方攻城略地。如果对比来自印欧民族和闪族的神话传统，人们会发现二者之间存在着奇妙的并行性和同步性，但是在打压本地女神方面，闪米特人要比印欧部落无情得多。

公元前 2350 年左右，闪族在美索不达米亚平原的首位国王是阿卡德的萨尔贡（Sargon）。关于他身世的传说广为人知：萨尔贡原本出身卑微，母亲秘密地生下他后，把他放进一个垫着灯芯草的篮子里，用沥青封住置入河中。约 1500 年后，这一传奇成为摩西（Moses）身世的故事原型。"是这条河托起了我，"萨尔贡说："篮子顺着河水漂到阿克库，一名灌溉工从河里捞起了我，把我当成自己的儿子抚养长大，并教会了我园艺。而当我还是园丁时，女神伊什塔尔（Ishtar）就爱慕我，后来我统治了整个王国。"[4]

巴比伦的汉谟拉比（Hammurabi of Babylon）是闪族的第二位圣王，有人认为他可能是《创世记》中提到的君王，即"耶和华面前英勇的猎户"宁录（Nimrod）。在汉谟拉比统治期间，巴比伦诞生了关于太阳神马杜克的史诗。马杜克击败古老的原始深渊女神提亚玛特（Tiamat），是男神取代女神成为部落主流信仰的转折点。这标志着世界上四分之一的人，从普遍尊崇自然女神转而推崇男性部落创建神。

巴比伦帝国在汉谟拉比的统治下达到全盛，马杜克是他们的守护神，但是这位新兴英雄的外形令人十分费解：他有 4 只眼睛、4 只耳朵，张开嘴巴可以喷出烈焰。当他向提亚玛特发难时，圣殿里的旧神们就战战兢兢地坐在她旁边。提亚玛特浑身发抖，发出狂野、刺耳的尖叫声，四肢也随之战栗。她一边向前走，一边念咒语。但马杜克展开他的战斗之网，牢牢地困住了她。提亚玛特大张着嘴，一股邪风飞进了她的肚子。马杜克向她射了一箭，这箭撕裂了她的五脏六腑，刺穿了她的心脏，彻底消灭了她。

马杜克无情地用棍棒敲碎了提亚玛特的头颅，用弯刀把她像贝壳一样剖开。他把一半放在上面，作为天穹，这样天空的水就不会流溢出去，又把另一半置于混沌的深渊之上。创世工作完成后，马杜克把天神分配到天空、地面和混沌深渊等不同地方。最后，他创造出人，来专门侍奉众神，这样神仙们就可以休养生息了。[5]

这真的太有趣了！在旧有观点中，女神的宇宙是活着的，她自己的机体便是大地、地平线和苍穹。现在她死了，宇宙不再是一个有机体，而成了一座建筑，众神奢侈地在里面休憩：他们不是能量运转的化身，而是享受服务的豪华租户。因此，人类来到世上，不是作为能够徜徉于永恒真理、把握自我命运的孩童，而只是为神服务的机器。

在汉谟拉比统治时代的第二部巴比伦史诗巨著《吉尔伽美什史诗》（*Gilgamesh*）中，男性精神原则对女性的彻底胜利变得更加显而易见。吉尔伽美什对死亡产生了恐惧，开始追求永生。他经历了一系列冒险，得知原始海洋的海底长着一株永生之草后，便潜入海底捞取。上岸后他疲惫不堪，还没来得及吃掉永生之草就睡着了。一条路过的蛇偷吃了这株草，这就是蛇能够在月夜蜕皮重生，就像月亮能由缺转圆，而人必须面临死亡的原因。

萨尔贡一世深受女神喜爱，汉谟拉比时代的马杜克却杀了女神。而在巴比伦的下一部编年史中，女神又遭到了诅咒。

我们知道，在伊甸园里，夏娃和蛇引诱亚当偷吃了生命之树上的智慧果。这果子原本是上帝为自己准备的，于是他诅咒蛇用肚子行走，女人在痛苦中分娩，男人在尘土飞扬、荆棘丛生的大地上挥汗劳作。后来的故事就如《圣经》中所写："现在恐怕他伸手又摘生命树的果子吃，就永远活着。耶和华便打发他出伊甸园去……又在伊甸园的东边安设基路伯（cherubims）和四面转动发火焰的剑，要把守生命树的道路。"

显而易见，上文提到的两棵树正是开悟与永生的菩提树，乔达摩王子曾坐在树下悟道，宇宙之蛇目支邻陀住在树的根基中，女神（这里简化为蛇的信使，夏娃）证明了人有获得知识的权利，虽然这在当下是被禁止的。

女神的归返

人们不禁会问，为什么希伯来人和地球上所有其他的民族，都如此坚决地背弃了女神和她照耀下的光辉世界。亚当生活的大地布满尘土（"你本是尘土，仍要归于尘土"），迦南人称女神为"可憎之神"，实际上，"除了以色列之外，普天下没有神"，而这位独一无二的神就是当地部落信仰的雅赫维："我们的神是唯一的主！"

在公元前4000—前1000年的残酷岁月里，还有一批在城镇中发展农耕的战斗部落。他们对神话的解读方式与其他部落的神话体系截然相反。例如，沙漠中的贝都因人，他们也是尊崇父权的游牧民族，信仰的主神是战神。然而这个神最终也必须臣服于更强大的自然力量，以及司职生死轮回的命运女神莫伊拉（Moria），甚至连宙斯也受她的制约。

当印欧部落带着自己的众神攻占下新的领土时，他们通常会保留当地的神祇圣殿，并视其为易名的自然神或变形的女神，让自己的神接管当地神殿、迎娶当地女神，甚至使用本地神的名字并承担起对方的职责。这种方式使原本相对野蛮好战、拥有雷霆手段的众神逐渐温和下来，与当地的农耕文明相适应。

弗洛伊德在《摩西与一神教》（*Moses and Monotheism*）中问到，为什么在所有地中海东部的其他民族正诗意地理解神话时，犹太人却比以往任何时候都更坚定地用具体化、"宗教"的方式解释上帝。[6]我觉得个中原因是显而易见的，在《创世记》第一章的前两节中，埃洛希姆（Elohim）把生命的要素和气息注到水面上，犹太人和神都没有意识到提荷姆（Tehom）不只是水那么简单，她其实是古巴比伦原始深渊女神提亚玛特①。埃洛希姆没能领会她诗性的存在，是他对自身和万物所有误解的开端。包罗万象的提亚玛特本是埃洛希姆的配偶，他在偶然把《圣经》扔向不听话的人类前，本该先听听妻子的意见。

有意思的是，印度和希腊在遭受印欧游牧民族致命性的打击后，女神逐渐归返并再度掌权。塞缪尔·巴特勒（Samuel Butler）认为公元前8世

---

① Tehom是海洋的拟人化名字，意为"混沌"，词源上与Tiamat同义，at是阴性词缀。——译者注

纪的希腊史诗《奥德赛》很可能是由女性所作的。史诗中的女巫喀耳刻（Circe）能用编织锁把人变成猪再变回来，她为英雄奥德赛揭开了一系列谜底：她的床笫、冥府、日神岛以及她的父亲。同时代的《何故奥义书》（*Kena Upanisad*）也有类似的记载。乌玛（Uma）为印欧吠陀万神殿中的三位主神阿格尼（Agni）、伐由（Vayu）和因陀罗阐释了婆罗门（brahman）；即"超然内在"的奥义。在奥义书中，他们的真实面目其实是无知的。

在希腊的埃留西斯（Eleusis），德墨忒尔（Demeter）和珀耳塞福涅（Persephone）的古神殿影响深远，德尔斐（Delphi）女祭司的神谕同样伟大。印度崇拜的宇宙女神迦梨（kālī）①有许多不同的名称和形态，它们也逐渐衍化成了这片土地上最主要、也是最具特色的宗教。

公元前 327 年，亚历山大大帝进入旁遮普（Punjab），打开了贯通东西方的大门，他还征服了整个近东地区。因此，埃及、希腊和安纳托利亚等地的神秘教派得以交融互通。约公元前 100 年，古丝绸之路沟通了叙利亚、印度和中国，而到了公元前 49 年，尤利乌斯·恺撒征服了高卢。因此，基督诞生时，全世界不仅进行了商品交换，思想和信仰也早有交融。

当时整个近东地区供奉女神的圣地是以弗所（Ephesus），此地现隶属于土耳其，这位女神是阿耳忒弥斯（Artemis）。公元 431 年，玛利亚在这里被尊奉为圣母，享有与原始女神同样的地位。

女神从自己的时代开始，历经了数千年的风雨浮沉，如今，她又怎会无法让她的女儿们知道自己是谁？

---

① 迦梨，梵语的"黑暗"或"时间"，据说劫末之时迦梨女神将以黑暗笼罩寰宇，因而又称"迦罗罗陀利"，意即"时光之暗夜"。——译者注

Goddesses

Mysteries of the Feminine Divine

第 一 章

女神的初始：
旧石器时代

G O D D E S S E S

Mysteries of
the Feminine Divine

旧石器文化时期的女神

在之后我所深入探讨的神话中，女神是最为重要的。这毋庸置疑。在新石器时代早期的种植传统中，女神最简单的形态就是大地之母。大地孕育生命、滋养万物，发挥着与人类女性相似的作用。

然而，原始神话有两大序列：女神与种植业社会相关，而男神则通常与游牧民族有关。在早期社会中，妇女一般与植物世界联系在一起。在较早的狩猎与采集传统中，女性负责采集植物或捕杀小型动物，而男性则肩负大型狩猎任务。因此，男性与杀戮密不可分，女性与孕育生命紧密相关，这就是原始神话中典型的"A-B-C"关系。

在人们发展种植业和园艺并驯化动物之前，世界上所有的人都只是简单地以采集和狩猎为生，狩猎中心从欧洲平原一直延伸到西伯利亚的贝加尔湖。这些游猎民族沿着北极地区蔓延开来，后来又迁居到北非。当时的撒哈拉沙漠还是一片放牧平原，撒哈拉平原沙漠化后，他们就进入了非洲南部。

而在赤道地带，人们主要的食物是果蔬。饮食的差异塑造了两类截然不同的群体，以及他们迥异的文化重心。

在狩猎过程中，男性必须冒着生命危险猎杀动物取食。截至公元前 1500年，他们甚至没有弓箭，只能直接向毛犀、猛犸等庞然大物发起猛攻。这些游猎部落崇尚行动、勇气等男性气概，为有能力带回食物的人举办庆贺仪式。

但是在赤道地带，任何人都可以摘到香蕉，所以庆贺个人成就的活动便少之又少。此外，女性在生理上孕育与滋养生命的能力，将她们以神话的方式与大地联系在一起，因此这种"魔力"在热带地区就显得尤为强大。

一般而言，捕猎者崇尚男性神话，植物采集者则看重女性神话。

我们现今持有的有关男性神话的最早例证是古奥瑞纳洞穴艺术（Aurignacian caves），它可以追溯到公元前 40000 年左右。而我们发现的最早的艺术品是女神裸体雕像，也就是我们如今所说的"旧石器时代的维纳斯"（Paleolithic Venuses）。

在狩猎社会中，男性主要是人们奉承和恭维的对象，因为一个小伙子是否是个好射手、是否能奋勇杀敌对部落的生存发展有重要的影响。他们的对手可能是凶残的动物，也可能是正在捕杀同一批猎物的相邻部落，所以人们竭尽所能地迎合男性心理。

在狩猎文化中，男性猎手得到了女性的支持。民族学者列奥·弗罗贝纽斯（Leo Frobenius）[①] 在非洲观察到一个相当有趣的仪式。[1] 那时，他去刚果探险，身边有三个俾格米人同伴，两男一女。俾格米人是非常优秀的猎手，因此当旅行途中需要更多的肉食充饥时，弗罗贝纽斯就让他们三个去猎一只羚羊回来。然而，当这三个俾格米人得知当天就要把肉带回来后震惊万分，因为他们必须先举行一项仪式，于是弗罗贝纽斯就决定跟在后面观看。

---

① 德国人类学家和非洲学家，提出"文化圈"概念，认为人不是文化的创造者，而是文化的体现者。——译者注

这三个俾格米人先爬上一座山，把山顶上的杂草清理干净，然后在这块空地上画出要射杀的羚羊。次日清晨，日出时分，当阳光洒向羚羊画像时，一个小勇士拔出箭顺着光线掷出去，射中羚羊画像，此时女人举起双手，发出某种哭喊声。在此之后，他们才去射杀羚羊，并用箭击中与画像上羚羊被射中的同一位置。第三天早上，他们把被宰羚羊的一部分血和毛抹在画像上，当太阳升起，阳光再次照射上来时，他们才擦掉画像。

这就是神话中的一个基本观念：**个人行为不是由自我冲动产生的，而是要符合宇宙秩序**。太阳总是代表着杀戮、干燥和枯萎，所以杀手总是与太阳之力联系在一起。在这个仪式中，箭通过光线发挥作用，男性只是在表演自然的仪式，而女性的角色则通过那声哭喊体现出来。

那么，女性的行为意味着什么呢？

从旧石器时代开始，回溯到 30000 多年前，已有证据证明女性在神话中既被视为炉灶的守护者，也被当成个体成熟和精神生活之母。

在旧石器时代北非的壁画艺术中，有一个非常引人注目的画面，画面中的女人摆出这样的姿势（见图 1-1），脐带从她的身体里延伸出来，与战士或猎人的肚脐相连，而后者手持弓箭，正在射杀一只鸵鸟。换句话说，**女人的力量支撑着男人，这力量源于自然母亲，也来自太阳的照耀**。

那些站立式的维纳斯小雕像出土于旧石器时代人们生活的庇护所中。相比之下，**男性的成年礼都在无人居住的洞穴深处举行，女性基本不来这里**。[2] 这些无人居住的洞穴幽邃寒冷、黑暗恐怖，有的甚至还有绵延数公里长的黑暗走廊。在洞穴的墙壁上，我们可以看到男巫站在众多动物之间，这与杀死动物的仪式有关。对狩猎民族来说，这是一个基本的主题：动物们甘愿成为牺牲品，所以主动献祭，因为它们知道生命可以通过某种仪式回归母源[3]，比如这项仪式就会把它们的血液送回大地。女神崇拜可以追溯到此类早期洞穴，女性就是洞穴本身，所以在地下深处举行成年仪式的人正在归返并重生于女性子宫。

图 1-1　女人的脐带与狩猎者相连（石雕，旧石器时代，阿尔及尔，年代不明）

女性在神话中所扮演的角色包含着这样的原则：她孕育了我们的身体，也赐予我们第二重生命，即内在精神。这是童贞女生子这一母题的基本内涵，即我们的身体是自然降生的，但在某一时刻，我们的精神本性获得了觉醒，它是更高的人性，而不是对动物性的冲动、情欲、权力欲和睡眠的世界的简单复制。她唤醒了我们的精神诉求和精神生活：一种本质上专属人类的、神秘的生活，它超越了食物、性、经济、政治和社会学的层次。在这个神秘的维度，女性作为分娩者，代表了唤醒者，男孩们在这些洞穴里接受启示，从他们生身母亲的孩子转变成宇宙母亲之子，在地球的子宫里，他们经历了象征性的重生。

这种象征性在比利牛斯山地区的"三兄弟洞穴"中得到了十分生动的表现。洞中有一条长长的水槽，这条水槽形成于玉木冰川期，当时水流在岩石上冲刷出一条长达 46 米、高不到 60 厘米的蜿蜒的水道，这条水道通向一间开阔的内室。男孩们被送过水道，能够获得象征性的重生——他们不是由自己的母亲所生，而是由超越个体的、引人走向成熟的宇宙母亲所生。

能够确定的最早的女神形象是我们所说的"维纳斯"。她们是旧石器时代晚期马格德林文化的女性雕像，从法国西部一直到贝加尔湖都有零星分布，如图 1-2 的彼得费尔斯的维纳斯。这些雕像重点突出了臀部和胸部，强调了女性生殖和滋养的奥秘。大自然赋予了女性这种力量，让她去表现自然本身的神秘性，因此，女人是人类世界中第一个被崇拜的对象。

图 1-2　彼得费尔斯的维纳斯
（黑玉雕刻的护身符，旧石器时代晚期，德国西南部，约公元前 15000 年）

在艺术史上，维纳斯雕像是最早的三维立体形象，也是最早的神像，她们是标准的缪斯女神，是女性身体作为生命转换器的力量所在。这些雕像没有出现在男性狩猎仪式的洞穴中，而是出现在人们居住的岩石庇护所里。她们共有的特点是没有典型和特定的面孔，所以其强调的神秘性不在于个性，而是把原始女性当成大自然的载体来表现，如图 1-3 的怀孕女神。这些雕像的脚总是缺失的，这表明它们被制成的时候是直接立在小神龛和地面上的。

图 1-3　怀孕女神（石雕，新石器时代，希腊，约公元前 5800 年）

　　尽管在史前时期地球母亲受到极大重视，但她只是早期神圣女性原则的一个重要方面。人们强调地球母亲的一个原因可能是，她贯穿了整个欧洲农业社会并幸存至今。民族学家长期以来认同的另一个事实是，前工业化时代的农业仪式在土壤肥沃和女性创造力之间呈现出明确的神秘联系。在所有的欧洲语言中，"地球"这个词都是阴性的。欧洲古老的怀孕女神可能是谷物女神的原型，她们有年轻的，也有年迈的，比如德墨忒尔，以及所有欧洲民间传说中的大地之母。作为大地之母，她也是死者之母，她的年纪或许象征着土地的肥沃与子宫的多产与否。

——马丽加·金芭塔丝 [4]

　　劳塞尔的维纳斯（见图 1-4）位于比利牛斯山一块突出的岩石上，这是一个十分重要且具有启发性的形象。她的右手高举起一只野牛角，牛角上刻着 13 条竖线 [5]，表示第一轮新月和满月之间的夜晚数，另一只手则放在腹部。尽管我们没有这一时期的任何文字，但是这表明当时人们发现了月经和月亮周期之间的对应关系，这是我们第一次认识到天人生命之间的节律。

　　这尊雕像强调的是怀孕这一奇迹，女人通过孕育生命，被赋予不可穷尽的生命容器的特质。除动物之外，她们是人类最早崇拜的对象，代表着自然的力量，是自然力量的容器，而非自然本身。

图1-4 劳塞尔的维纳斯（石灰岩浮雕，奥瑞纳文化，法国西南部，约公元前25000年）

还有一些内涵丰富的女神雕像，如图1-5身刻迷宫纹的女神。

图1-5 身刻迷宫纹的女神（赤陶，新石器时代，罗马尼亚，约公元前5500年）

这尊女神雕像全身都是迷宫式的条纹，最重要的是中心位置。她的肚脐就是世界的肚脐，世界是从这一点辐射出来的矩形，向东南西北延展开来。根据马丽加·金芭塔丝的说法，女神腹部的菱形是与方形世界相关的意符，是"大地万物永恒的象征"[6]。

值得注意的是，所有这些女性雕像都是赤身裸体的，而所有洞穴中的男性雕像都身着某种服饰，打扮成萨满。这意味着，女性在体现神性时，以自身的自然特性运作，而男性的魔力不是源于自然的身体，而是通过他在社会中所扮演的角色发挥作用。

这就引出了一个关于女性在整个神话史中的重要观点：女性代表自然法则，我们从她的身体里生出来；而男性代表社会原则和社会角色，这在弗洛伊德的精神分析理论中有所体现，如父亲是孩子进入成人角色的引领者。

在孩子生命的最初几年里，父亲只是母亲的助手。然后，大约在第三年或第四年的某个时候，孩子身上显示出性别特征。此时男孩必须明白自己是个男人，和他父亲的角色密切相关；而女孩则要意识到自己是女性，现在要学会的不是如何成为母亲，而是如何成为女人。父亲是帮助孩子融入社会的引领者，指导孩子实现生命价值，而母亲则代表生命的原则本身，她在这一原则中扮演了既仁慈又可怕的角色：地球赐予生命，母亲滋养万物，但是她也会把我们带回去。母亲也是死亡之母，是我们每晚都会回归的夜眠。

在美国蒙大拿州黑脚部落的狩猎传统中，神话取向主要是男性化的，有一则故事生动地讲述了女性在这些狩猎文化中的神话角色。[7]

每年秋天，有那么一段时间，人们必须储备大量肉食过冬，他们惯常的做法是把水牛群驱赶下悬崖，当掉下悬崖的水牛摔断了背，就更容易屠宰了。但是，在特殊情况下，水牛就是不掉下悬崖，这似乎预示着人们将要度过一个艰难万分的冬天。

一天清晨，一个年轻女子起床为家人汲水。她走出门后，看见悬崖上有一群水牛，突然一阵欢悦之情油然而生。女孩说："啊，如果你们能从悬崖上摔下来，我就嫁给你们中的一个。"这奖励简直太丰厚了！令她惊讶的是，水牛群真的跳了下来！所有水牛都倒在地上，摔断了脊背。

然后，一头身形巨大的公水牛走过来说："好的，姑娘。"

女孩说："啊！不行！"

公水牛答道："是吗？你好好瞧瞧这里发生的一切吧。你许下承诺，我们尽了自己的责任，现在你却退缩了？赶紧给我过来吧！"于是，公水牛就把女孩带走了。

过了不久，女孩的家人醒过来，惊讶地发现所有水牛都倒在地上任人宰割。他们高兴极了，赶忙投入工作，忙完后才意识到女孩消失了。

女孩的父亲通过地上遗留的脚印，发现女儿跟一头水牛走了。于是他穿上步行便鞋，带上弓箭，顺着脚印走上悬崖。走了一段路程后，他来到一片泥坑处，水牛喜欢在这里打滚来驱赶跳蚤，这附近还有很多水洼，他坐下来陷入了沉思。

过了一会儿，一只喜鹊飞了过来。在当时，喜鹊是一种非常聪明的鸟。特别聪明的动物，如狐狸、喜鹊、乌鸦等都是萨满动物。因此，当这只喜鹊飞下来的时候，女孩的父亲问道："漂亮的小鸟，你在这附近见过我女儿吗？她跟一头水牛跑了。"

喜鹊说："见过，那边就有一个年轻女孩，身边跟着一头水牛。"

父亲说："你能帮我去告诉她，她父亲在这儿吗？"

然后喜鹊飞到女孩坐的地方，她大概是在织布，所有的水牛都在附近睡觉，而那头又大又老的公水牛就靠在她身边。喜鹊在附近啄来啄去，慢慢走近她，说："你父亲在泥坑边上，他想让你过去。"

"你叫他等一下，我马上来。"

不久后，公水牛醒了，它对女孩说："去给我弄点水来。"于是，她摘下它的一只角，走到她父亲那儿汲水。

父亲对她说："快回家吧。"

女孩说："不！不行！这太危险了，等它再次入睡，我就过来，它们刚刚睡醒。"

父亲说："那好吧，我在这儿等你。"

然后，女孩取了水回到原处，但是公水牛闻了闻说："哞，哞哞……我闻到了印第安人血的味道！"

她说："不！你闻错了！"

公水牛说："没错！"它站起来，咆哮着，到处跺脚，所有的水牛都跟着站了起来。你们知道后来发生了什么吗？它们走到泥坑边，把那个可怜的父亲生生践踏死了！它们踩啊踩啊，直到把他整个人踩得稀碎、一点儿不剩才停下来。

女孩大哭："啊！父亲啊！"

公水牛说："你就哭吧，你是失去了父亲，那我们呢？瞧瞧我们，我们的父亲、母亲、妻子、孩子，所有的亲友都离去了！"

可女孩一直在说："但是我的父亲不在了！"

公水牛说："那好，如果你能让你父亲起死回生，我就放你走。"

于是，女孩对喜鹊说："你四处找找，看能不能在某处找到我父亲的一点儿残骸。"

喜鹊四处搜索，找到了一小节女孩父亲的脊梁骨。

女孩放下骨头，盖上毯子，唱起一首有魔法的曲子。此时，毯子下面明显有了人形，她掀起毯子看了看她父亲，他还没有活过来。于是她放回毯子，又唱了几首，最后她父亲站了起来。

水牛群惊呆了，公水牛说："如果你能让你父亲活过来，为什么不帮帮我们呢？我们向你展示我们的舞蹈，如果你能跳着我们的舞救活因你而死的水牛群，我们就和你订立一个契约。"

这就是古代狩猎者和动物之间的基本契约，契约通过祭祀仪式神圣化，其力量来源于年轻妇女的行动，她是连接两个世界的纽带。类似的故事有数百个，女人既是动物的妻子，也是部落中的成员，她沟通着两个世界，是男性外出所捕猎物的最终提供者。

当然，正如弗罗贝纽斯所认识到的，这就是俾格米妇女哭喊的意义：她的力量给予动物被杀和重获新生的信心，代表着降生和重生的原则。

作为自然的女神

在大多数神话中，无论原始文明还是高等文明，神都是自然力量的化身，力量是首要的，而神是次要的。

自然的力量不仅存在于外部世界，也存在于人体内部，这是因为我们也是自然界中的粒子。因此，当你默想某个神的时候，也是在沉思你自己精神和心灵中的力量以及外界的力量。研究发现，世界上几乎所有宗教传统的目的都是让个人符合自然，符合自身的自然，达到身心健康，这就是传统中所说的自然宗教。神不是终极形式，他们指向的是精神能量，因此，当我们对神话有了正确的理解后，受崇敬的对象就并非终极形式，而是个人内部能量的化身。神话指向两种模式，一种是意识，另一种是个人体内的精神潜能。

如果神话不具备这一特点，那它会是什么呢？人们对神话的一个误区就是把神的形象当作终极形态，这是一神论体系中存在的问题，即认为神是可见的，是一个终极形态。如果神本身就是终极形态，而非超越可见形象的存在，那么敬拜者本人也是终极形态，不能超越可见的形象，这种宗教崇拜仅仅停留在个人之于神的关系上。但是你一旦"敞开"神，意识到他是某种能量的化身，你也能继而"敞开"自己，成为这种能量的另一个化身和载体。在这样的系统里，人们就可以达到《歌者奥义书》（*Chāndogya Upaniṣad*）中所说的"梵我同一"之境 [8]，而神在"封闭"时就成了异端。

既然谈到了异教徒，我们这些信奉《圣经》传统的人必须意识到，他们不是偶像崇拜者，实际上，我们才是偶像崇拜者，因为我们忽视了神话指涉的象征性。我认为，在我们内心深处都知道这是偶像崇拜，这就是我们四处称别人为偶像崇拜者的原因。坚持让他们以我们的方式信仰，我们才能重新确认和保证自己的神话是完好的。

我对神话的定义是"他人的宗教"，这就意味着我们的宗教是别的东西。我对宗教的定义是"被误解的神话"，这种误解在于错把象征符号当作所象征之物。因此，在我们的传统中，所有重大历史事件，除非作为我们内在力量的象征，对我们而言都不应该是重要的。

你走进一座教堂，经常会在四周看到耶稣受难像。毫无疑问，它们代表着拿撒勒的耶稣在受难日所经历的一切：耶稣先被彼拉多定罪，然后背起十字架、跌倒等等，直到被安葬在墓穴中。耶稣受难像系列中没有展示耶稣被埋葬之后的故事。如果有的话，这座雕像应该是复活，而在此之后，还应该有一座象征飞升天堂的雕像。

现在，如果你都按照字面上的意思去理解，那就麻烦了。读完一本现代物理学书，你会好奇耶稣去哪了，即使他以光速穿行，也无法离开银河系。然后我们发现，上帝在现实中无处容身，所以我们说"这不是真实的"。如此，我们便失去了宗教，失去了象征符号。

以这种具体的方式解读符号是得不到任何信息的，如果引导我们深入内在生活的象征符号丢失了，我们将失去联系的工具。人们普遍将"神话"这个词解释为"虚假"，然而神话在我所说的意义上，是智慧的终极形态。它可以揭示出隐匿于生命之中的奥秘，这就是我在这里要讨论的：不仅探讨女神的历史，还要通过女神的历史探究我们自身的奥秘。

游牧神话有自己的传统和完整性，有代表部落力量的神，也有特定的神话。不同的部落具有不同的特征，虽然我们不该再这么想，但这种差异的确存在。一般而言，部落主神的地位仅次于伟大的自然神。

根据闪米特人和他们留给我们的信仰，部落里的主神是唯一最高的神，我试图弄明白为什么会这样。亨利·弗兰克福（Henri Frankfort）等人合著的《哲学之前》（*Before Philosphy*）[9]是一本论述古代思维的优秀著作，我读了这本书的一个早期版本，并从中得出一些结论。在最后一章里，弗兰克福指出，生活在沙漠中的人并不会对母神充满感激之情，人们完全依赖于部落，部落神就成了主导神。

这种情况引发了一种非常奇怪的现象：当我们主要关注的力量是自然力量时，可以从希腊前往印度，并且在印度可以说"你们称之为因陀罗的神，我们称为宙斯"。亚历山大的士兵们立刻就能明白这些印度神是谁。而那些留在巴克特里亚的统治者和官员在没有诉诸任何武力的前提下，结合自己的神话系统，接纳了当地神祇，正是因为这些都是拥有不同名称的相同神灵。在《高卢战记》（*The Gallic Wars*）第6卷中，恺撒征服了凯尔特高卢人，谈及当地宗教时，他都以罗马名称呼当地神，所以我们不清楚他谈论的究竟是哪位凯尔特神。[10]这就是所谓的融合主义，它是世界上大多数宗教的模式。印度教徒是积极的调和论者，佛教徒也持此态度，埃及祭司亦是如此。当尼罗河沿岸的小村庄融合成一个大帝国，形成北埃及和南埃及两个王国时，他们可以轻易地把地方神话结合起来。因此，伊西斯、奈芙蒂斯和奥西里斯的神话是组合而成的，但他们在神话形态上能够达到和谐连贯。

但是，试想一个古希伯来人说："你们称为阿苏尔的神，我们称之为雅赫维。"这是行不通的！当地方神是主神时，就有了排他性。《旧约》认为：别人的神不是神，而是恶魔（demons）。在西班牙基督教徒征服美洲的故事中，他们称美洲原住民的神为魔鬼（devils），使用 devil 这个词有点奇怪，还是用 dīmon 吧。在希腊语中，dīmon 是生命的能量，这种能量并不一定遵守你头脑中的规则，因此对于那些沉溺于精神享受的人来说，dīmon 变成了危险的 demon，所以人们称这种力量为魔鬼。在这些神话中，我们看到的是一个充满 dīmonic 力量的世界，所有这些力量都是我们自己的生命力量。

当闪米特人以征服者的身份进驻时，他们驱逐当地神灵为自己让路，而希伯来人则极力反抗代表大地能量的女神。在《旧约全书》中，迦南本地的女神被称为可憎之神，这种观念在基督教传统中根深蒂固。

新教徒认为天主教徒最糟糕的事情之一就是崇拜圣母，天主教徒则明确表示，他们不崇拜（worship）圣母，而是崇敬（venerate）圣母。二者是存在区别的，诵经的时候，他们请求圣母"怜悯我们吧""为我们祈祷吧"，所以圣母是一种媒介，这是女人一直应该在的位置。

我们谈论女神时，所探讨的力量存在于世界上每个女人体内。我记得我在印度的时候，了解到所有女人都是神圣的。那里的三大罪行是杀牛、杀婆罗门和杀女人，因为这三者都代表着神圣的力量。当然，如果你去印度，可能会发现自己可以非常神圣，但社会地位仍然相当低下，这就是生活的不协调性的奥秘所在。

我们看到，最早的女神形象仅仅作为大地之母，但在埃及，大女神努特代表整个天空。在文明传统中，女神不仅代表土壤和大地，还身系以某种数学规律穿梭于星座中的行星。女神成为我们赖以居住的整个界域，我们就像在女神的子宫里一样，里面生活着一切有形体、有名字的生物，也包括众神。因此，当玛利亚被称为上帝之母时，她的地位得到了提升，在古老的传统中，这意味着她不仅是化身之母，也是宇宙之母，是宇宙中所有力量得以运转之因，她赐予万物以形和名，不论它们是具体实在的，还是神话中的。在这些传统中，众神存在于女神的界域内，他们都只是她在各个方面的表现。

18世纪末，人们开始将印度教典籍译成欧洲语言，其间发生了一件十分有趣的事。在译本问世之前，欧洲哲学由于康德的著作问世而向前迈进了一大步。世界上有两种哲学家：懂康德的和不懂康德的。康德研究了洛克曾提出的问题：我们怎么知道自己通过感官所体验到的东西是真实存在的？我们的感觉有没有错乱？康德从他所谓的先验逻辑范畴着手，认为离开主客体、对错等二元对立的逻辑范畴，我们将无法思考任何问题，没有这些范畴，也就没有什么可讨论的了。康德提出一个观点，即我们的感官所做的就是把时间和空间放在我们周围，万物通过时间和空间的先验形式呈现出来，假如没有时空，万物则无法分离。人们在时空中彼此分离，否则我们将和一年前、一个世纪前，或者世界另一端坐在同一位置上的人合而为一。总之，正如尼采所说，时间和空间就是使我们区别于他人的"个性化原理"。

叔本华发现，康德的先验感性形式和先验逻辑范畴恰好与印度的摩耶（Māyā）思想相呼应，因此，欧洲理性主义和印度神秘主义这两种哲学在19世纪德国浪漫主义作品中奇妙地融合在了一起。叔本华在《论道德的基础》（"The Foundations of Morality"）中问道，为什么一个人可以对他人的痛苦与危险感同身受，以至于忘记自我保护，自发地去救助他人？[11] 当看到一个小孩即将被撞倒，你也可能会是那个被撞倒的人，我们所认为的第一自然法则，即保护自我这一独立个体，瞬间就土崩瓦解了，取而代之的是一条新的法则，即叔本华所说的"同理心"。他说，实际上，产生同理心的原因在于，个体产生了一种形而上的认知，它打破了分离的局面——你意识到自己与另一个人是一体的，你们共同的生命以不同的形式展现出来，这就是通往神之所在的突破口，神只是这些不可思议的共情的神话表征。

圣保罗写道："现在活着的，不再是我，乃是基督在我里面活着。"[12] 他表达了什么？拿撒勒的基督，独立的化身，早已升入星系。圣保罗是认为耶稣已经回来了，住在他体内吗？当然不是。这里基督的形象涵盖两个方面：一个是暂时的化身耶稣；另一个是永恒的原则基督，是神圣三位一体的第二个人，其超然于时间，真实地存在于昨天、今天和明天。基督教传统教义的一个特点是，耶稣等同于基督，是唯一活着的人。另外，伟大的佛教思想认为我们都是佛陀，只是我们自己不知道，或者不表现出来，所以当圣保罗说"现在活着的，不再是我，乃是基督在我里面活着"时，他真正表达的也是每一个佛教徒要说的。

在禅宗哲学家铃木大拙（Daisetz Suzuki）的著作中，我读到了一个奇妙的小故事。一个禅宗学生问他的师父："我拥有佛性吗？"

大师说："你没有。"

学生说："但是我听说石头、花、鸟、人等众生都有佛性。"

"你说得对，"禅师说，"众生都有佛性，石头、花、鸟、动物、人都有，唯独你没有。"

"为什么我没有？"

"因为你正在问这个愚蠢的问题。"[13]

学生试图确证自己的思想，他通过思想所看到的世间万物与他内心的真实不一致，而神话的功能就是让我们与自己、与所处的社会群体、与生活的环境保持一致。

纳瓦霍神话是帮助我们懂得这个道理最简单有趣的途径之一。纳瓦霍人住在茫茫沙漠之中，这片土地的每一个细节都被神化了，这里之所以成为圣地，是因为它充满了神化的启示。当你认识到自然母亲的神性时，你就把自然本身变成了一个偶像、一幅圣像，所以无论你走到哪里，都会得到这样的信息：神圣的力量正为你服务。

现代文化淡化了这种景观，我们认为要去圣地，就必须去耶路撒冷。纳瓦霍人会说："这就是它，你就是它。"我现在说的是神话，而不是异端，因为我不相信它们是准确的、具体的和真实的。我曾有过一次十分奇怪的经历，我被邀请到长岛上的一所培训牧师的神学院演讲。写信请我来的牧师说，他非常期待我的到来，因为我的作品向他介绍了内在生活。当我到了那里，发现这些人学习的都是禅宗，我感到十分震惊，因为我从小是天主教徒，如果是 40 年前，我绝不会这样受欢迎。冥想和在自己体内找寻基督、发掘力量相关，这就是"坐禅"的意义所在：认识自己的佛性。

你知道是什么激发了我的灵感吗？这段时间我在各种地方教书，经常去教堂演讲，我意识到自己要谈论的都是一些"异教神"，那些早期基督教徒耗尽心力要砸碎的神。若你去地中海、埃及或者希腊，随处可见破碎的图像，现在我把它们带回到这个环境里，尽力弄清楚这些问题，让自己和周身的景观和谐共处。

在最简单的层面上，女神就是世界；在另一个古老的层面上，她是周围的天空；在哲学层面上，她是摩耶，是感知的形式，是包围我们的感官局限，所以我们所有的思想都发生在她的范围内，她就是圣地，是时空世界内意识的终极边界。

Goddesses

Mysteries of
the Feminine Divine

第 二 章

女神的发展：
新石器时代和青铜时代早期

GODDESSES

Mysteries of
the Feminine Divine

从石头到铜器：安纳托利亚和古欧洲

一般而言，在研究神话的过程中，我们首先要区分出无文字的、口头的民间传统和有文字的社会文化。书写的发明使人们的生活、思想和精神体验发生了巨大的变化，并催生出高等文化。

根据有关记载，女神历史主要源于种植文化世界。在那里，女性与大地女神联系在一起，为大地带来果实，给予世界生命和营养。这种观点认为，女性的生理特征赋予她们一种神奇的力量，使她们能够激活并贴合这些力量。因此，我们发现，无论在哪里，只要种植世界成为人们赖以生存的主要资源，女神和女性就占主导地位。世界上有三个主要的种植文化发源中心：约公元前 10000 年或更早的东南亚；同一时期的欧洲东南部和近东地区；中美洲。[1] 下面我以东南亚和欧洲东南部地区为中心，讨论新石器时代女神的传统。

自 20 世纪 70 年代以来，欧洲东南部和亚洲西南部的景象焕然一新。碳 -14 年代测定系统可以检测出已有材料的确切年代，它也是帮助我们确定古物年代的唯一手段。科学家们发现，进入地球大气的宇宙射线每年都不同，这些射线改变了碳-14的读数，所以对这些变化的测定是基于树木的年轮分析出来的。以此方法，可测年代能再往前推1000到1500年，这使得欧洲女神崇拜的年代可以追溯到公元前7000年。我们发现，直到公元前2500年左右，印度才出现类似的社会组织或文化规模，这证明欧洲的女神传统比印度早了约5000年，这个发现改变了我们对世界的一些认识。

正是在这样的背景下，我决定探索女神最早的形象。在公元2世纪罗马帝国阿普列乌斯的黄金时代，人们尊崇的女神有许多名字。在古典神话中，她以阿佛洛狄忒（Aphrodite）、阿耳忒弥斯、德墨忒尔、珀耳塞福涅、雅典娜（Athena）、赫拉（Hera）、赫卡忒（Hecate）、美惠三女神（The Three Graces）、九位缪斯、复仇女神等形象出现；在埃及，她是伊西斯；在古巴比伦，她作为伊什塔尔出现；在苏美尔，她的形象是伊南娜（Inanna）；在西闪族，她是阿斯塔特（Astarte），这些都是同一位女神。首先要知道的是，她是一位全能的女神，因此，她与整个文化体系都相关，后来，这些不同的关联愈发具体化，分离成各种专职的女神。

在旧世界，最早出现植物培育和动物驯化的两个地区，一个是东南亚，另一个是亚洲西南部和小亚细亚。此外，最早的城市出现在美索不达米亚和埃及地区。多年来，对于东南亚和亚洲西南部哪里才是最早开始驯化动植物的中心，人们一直争论不休。早在19世纪末，列奥·弗罗贝纽斯坚持认为东南亚一定是第一个中心，加州大学伯克利分校的人类学家卡尔·索尔（Carl Sauer）在他的《农业的起源和传播》（*Agricultural Origins and Dispersals*）中也支持这一观点。[2] 现在看来，沿着流经东南亚的河谷，农业、园艺和动物驯化的年代可以追溯到公元前11000年甚至更早，而确切的时间依然存在争议。生活在这里的都是渔民，显然这些群落中的妇女是第一批种植作物的人，所种的植物包括西米棕榈、芋头和红薯等。这些作物不是通过播种，而是通过接枝和插条培育的，而家庭驯养的动物有狗、猪和鸡。

苏格拉底在饮下毒鸩前，对他的朋友说："我欠阿斯克勒庇俄斯（Asclepius）一只公鸡。"他的意思是想把公鸡作为祭品，拜托朋友帮他献给药神阿斯克勒庇俄斯。公鸡是从东南亚来的，我总是说，公鸡能运输到哪里，思想就可以传播到哪里。

随着农业发展进入阿比西尼亚、近东及欧洲地区，嫁接农业逐渐转变成播种农业，人们开始用犁开沟种地。在最早的种植过程中，妇女是主要劳动力，她们用棍棒在土地上挖一个小洞，然后放入插条。随着播种和犁地的发展，人们意识到种植过程与性行为十分相似，于是播种的工作就被移交给了男性。事实上，美索不达米亚早期用犁开沟播种，是对人类生育行为的一种宇宙式重述。

这里驯养的动物主要是绵羊和山羊，后来以大规模的牛群为主。这些动物最早在伊拉克北部、伊朗、安纳托利亚南部（土耳其）和叙利亚山区开始养殖。

卡尔·索尔指出，欧洲家养猪身上的虱子来自东南亚，这是表明东南亚对欧洲产生影响的证据之一。

种植业和家畜驯养这两个系统之间的对比，将对女神产生关键性的影响。

在土耳其南部，也就是古时候的安纳托利亚，有一处平原。英国考古学家詹姆斯·梅拉特（James Mellaart）所带领的小队在这里发掘出一座名为加泰土丘的古城。[3] 它是近东甚至是世界上最早的农业社区之一，看起来有点像美国西南部的普韦布洛村落。这里的房子都建在彼此的顶部，出入要通过屋顶上架起的梯子。如果没有农业或园艺业，不可能集成这么大的定居点，而当地人种植的作物是一种早期的小麦，养殖的牲畜主要是猪、狗和牛。

梅拉特在这里发现了公元前 6000 年的陶器，这让加泰土丘变得至关重要。有陶瓷器皿的地方，就会有女神形象。

像加泰土丘这样的小城是很难攻取的，外人必须拆毁整座城才能将其攻占下来。但是在公元前 4000 年左右，城镇周围筑起了城墙，由此我们知道这里当时遭遇了侵袭。南方的闪米特人从沙漠中席卷而来，侵略战争就此打响。公元前 2350 年，萨尔贡一世成为第一个真正意义上的征服者，这里有庆祝他胜利的文字：

> 我占领了这个人的城，杀了城里所有人；我夺了那个人的城，
> 杀了城里所有人；我又攻下了一个城，杀了城里所有人。然后，我
> 在海里清洗武器。[4]

"我在海里清洗武器"这句话变成了一句可怕的魔咒。大家若想了解这些战争的场面，可以去看《约书亚记》和《士师记》。

在加泰土丘有一块绿色的片岩（见图 2-1），岩石上的女神扮演了两个角色。她背靠着自己，左边拥抱着一个成年男性，右边怀抱着一个孩子。在整个神话中，这是女神作为转换者的关键所在，她是将精液转化为生命的媒介。女神先接收种子，再通过身体的奇迹，将其转化成未来的新生命。作为女性，她是转换者，而男性则是被转换者，女性是孩子和父亲之间的媒介。

图 2-1 双面女神（雕刻片岩，土耳其，公元前 6000—前 5800 年）

圣子是圣父能量的再生这一看法，生发出孩童是由自己转化而成的观念。当你在但丁的《神曲》中读到圣伯纳德向圣母祈祷时，圣母被赋予了同样的角色。她生下的圣子就是圣父，他们是同一个神的不同显现。下面是女神所有故事的开端。

童贞的母亲，你儿子的女儿，卑微与崇高超过一切创造物，永恒的天意的固定目标，你使得人性如此高贵，以致它的创造者都肯使自己成为它的创造物。在你的子宫中，爱被重新燃起，这种爱的温暖使得这花在永恒的平安中这样发芽开放。你在这里对于我们是爱的正午的火炬，你在下界，凡人们中间，是希望的活的源泉。圣母啊，你那样伟大，那样有力量，谁要是想获得神的恩泽而不向你求助，谁的愿望就如同企图无翼而飞。你的慈悲不只对祈求者必应，而且屡次在祈求以前先应。你心里充满怜悯，你心里充满同情，你心里充满慷慨施舍的意愿，凡是创造物所有的一切美德都集于你的心里。[1]

这个临盆女神的陶块（见图2-2）是在一个粮仓里发现的，所以我们知道她不仅是孩子的母亲，也是植物之母，是人们渴望农作物丰产的祈求对象。她坐在王座上，旁边有两只猫科动物，可能是花豹或母狮。狮子、花豹和老虎这些猫科动物与女神的联系是持续的，甚至可以延续到后来的女巫传统，因为女巫总是带着一只黑猫。

图 2-2　王位上的临盆女神（赤陶，新石器时代，土耳其，公元前 6000—前 5800 年）

[1] 但丁，《神曲》，田德望译，人民文学出版社，1990 年，第 224 页。——译者注

　　6000 年后，罗马安纳托利亚的女神库柏勒（见图 2-3）也坐在同样的位置上。大约公元前 2 世纪，迦太基战争期间，库柏勒崇拜从小亚细亚传入罗马，成为一种非常流行的崇拜。她头上戴着城市的王冠，所以她是城市的女神。这座城是"母亲之城"，它的城墙象征着"时间之墙"和"空间之墙"，将人们包围在其中，所以城市是一个微观世界，一个小小的宇宙。她手里拿着太阳圆盘，象征着轮回重生和太阳门的循环，灵魂可以穿过这扇门进入无限。两头狮子守护在女神两侧，这表明了狮子和太阳的关系，以及女神与太阳的联系，而在这一传统中，月亮属于男性。[5]

图 2-3　库柏勒，众神之母（大理石雕刻，罗马晚期，约公元 3 世纪）

伟大的弗里吉亚女神库柏勒，是那位被杀害又复活了的青年神阿提斯（Attis）的母亲。库柏勒崇拜很早就传入了希腊，被人们当成瑞亚（Rhea），她通常被称为山岳之母或众神之母，圣所常在山洞中。她的动物是狮子，随从是半人半兽的科律班忒斯（Corybantes），她的祭司加利（Galli）阉割了自己，身着女性装束，留着长发，散发出香膏的芬芳。[6]

　　对神的冥想可以从各个方向激发其化身所代表的各种力量。在加泰土丘的一座小圣堂里供奉着一位女神，一只雄豹和一只雌豹面对面地守在其两侧，我们必须通过它们才能到女神跟前，所以它们也是门槛的守护者。这两头彼此相对的豹子象征着什么呢？它们代表了从世俗思维领域进入超越两极思维的世界的门槛。在世俗思维中，"我"和"你"在亚里士多德哲学的意义上是彼此分离的，即"a"并非"非a"，而超越两极的思维更像是梦的逻辑，做梦者和梦境尽管看起来互异，但实际上是同一的。当你穿越这扇"活动的门"时，必须通过这些成对的对立物，在另一个语境中，它们也被称为"撞击之岩"①。

宇宙的终极奥秘在于对现象世界的超越，而现象世界是由对立面以及康德的先验思维范畴构成的。亚当和夏娃堕落时，经历的第一件事就是区分善恶，也就是认识对立面，此前他们不知道万物的区别。我们能区分对立的事物，所以不能进入乐园。抛开这一切，回归纯真的超然领域，超越对"这"和"那"的理性区分，就可以穿过"撞击之岩"，穿过圣殿门槛的守护者。

我们再来看一下豹子。猫科动物的皮毛上点缀着一些斑点（见图2-4），另一幅浮雕的豹子身上的斑点呈三小片叶子状。有趣的是，这种"三"的原则在涉及时间和空间的领域中不断涌现。我们必须通过时空才能到达超验，沐浴在母亲的光芒下：女神是超验的，给予时间生命，也将它从世界上带走。数字"三"代表过去、现在和未来，以各种方式出现在许多神话中。

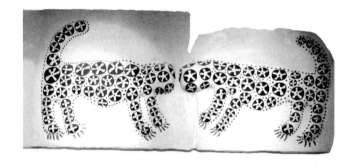

图2-4　斑豹（赤陶浮雕，新石器时代，土耳其，公元前6000—前5800年）

---

① 原文为Clashing Rocks / Symplegades，也被称为Cyanean Rocks，是博斯普鲁斯海峡撞击到一起的一对石头，后来被伊阿宋（Jason）和阿尔戈英雄击碎。——译者注

当你走进日本的寺庙时，就会发现里面有各种各样的守护者。一个张开嘴，一个闭着嘴，[7] 它们通常代表男性和女性。但在佛教领域，它们也象征着将我们束缚在生活之中的两种情感：恐惧和欲望。这一理念表明，如果你想在神庙中经历永生，就必须把这两种情感抛诸身后。

在印度，据说婆罗门的神圣能量在时间上表现为摩耶，其能量共有三种功能或性质，被称为"三德"（guṇas）：能量、惰性与和谐。罗阇（rajas guṇa）的特性是能量；答磨（tamas guṇa）制约能量的发挥，具有压迫和惯性的特质；萨埵（sattva guṇa）则是前两者的调和。中国哲学中有阴阳之分，阳能量类似于罗阇或推力，阴能量则是答磨或惰性，阴阳之间有一个平衡状态，维持二者平衡的就是萨埵。当你看中国阴阳太极图时，会看到能量、质量与和谐的运动。在爱因斯坦公式 $E=mc^2$ 中，E 是能量，m 是质量，c 是光速。当你意识到这些豹子代表守护者时，它们可以被解读为感性的形式，而我们必须通过这种逻辑，去理解康德所谓的"自在之物"（Ding an Sich），即"事物本身"，以及印度人所说的"婆罗门"，即那唯一的生命意识，而我们都是它的表现形式。

加泰土丘有一尊陶制的女神塑像，她的胳膊和双腿向上抬起，摆出分娩的姿势，生出一个象征性的月亮公牛（见图 2-5）。我们之前看到的女神生出的是婴孩，现在她生出了一头象征性的月亮公牛神，二者是同一力量的不同化身。牛角以敬拜的姿态朝向女神或寺僧，似乎形成了某种崇拜仪式。有了神的概念，就会产生信徒，信徒拥有一系列的依据，以表明自己与神共在的事实。现在，公牛角代表新月这一死而复生的天体，月亮以它日益增大的阴影携裹着自己的死亡，这就像我们所有人一样。然而，月亮能够摆脱阴影，获得重生，因此对我们来说，月亮代表重生的希望，代表生命在时空中摆脱死亡获得重生的力量。生殖的过程抛弃了死亡，种子通过女性的身体获得重生，肚脐就是这一奇迹的证明，这就是这座女神塑像中的意象所表达的意义。

对肚脐的强调突出了降世者与生身母亲，以及大地之母与世界肚脐之间的联系。例如，对希腊人来说，德尔斐神庙的中心就是世界轴心，是神圣的原则所在，任何教派的圣地都被构想为肚脐。

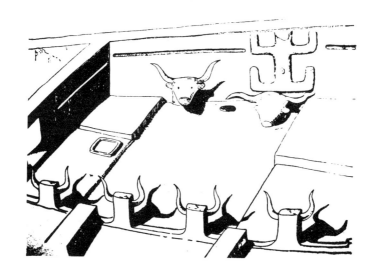

图 2-5　生育公牛头的女神
（艺术家用灰泥和木头重建而成，新石器时代，土耳其，公元前 6000—前 5800 年）

从神话的角度来看，这个奇迹的下一阶段在加泰土丘的另一个圣祠中得到了解释（见图 2-6）。圣祠里有一个公牛头。牛头下方是一块人的头骨。在这些圣祠中，头骨都是真的，象征着死而复生的公牛头。墙上挂着一幅画像，一只兀鹫扑向一具被斩首的尸体，牛头下方的头骨正是来源于此，而这具尸体即将被女神的化身吃掉。兀鹫代表了女神，它把尸体吃掉，投入轮回，这就是兀鹫女神奈荷贝特（Nekhbet）在埃及扮演的角色。在《法华经》后部分，就像耶稣在橄榄山上和门徒交谈，佛陀也在山顶与菩萨交谈，这座山就叫灵鹫山，尸体就是在这里被女神吃回腹中的。

金芭塔丝观察到：“兀鹫身上的人腿……暗示着它不仅仅是一只鸟，而是化身为兀鹫的女神，她是收割生命的死神，是生育女神邪恶的孪生姐妹。她展开巨翅飞翔，给生命带来噩兆。尽管有死亡的化身存在，但加泰土丘的兀鹫场景并不代表死亡的哀恸战胜了生命，相反，它们象征着死亡与复活是密不可分的。”[8]

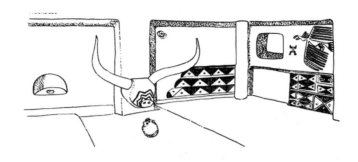

图 2-6　公牛头和兀鹫
（艺术家用灰泥和木头重建而成，新石器时代，土耳其，公元前 6000—前 5800 年）

头部作为意识的中心，作为轮回的代表性部位被置于公牛头之下。如果有人要为圣祠里所象征之物写一篇祈祷文，他会说："愿我的身体回到母亲身边，在月亮公牛神重生时获得新生。"这里，我们看到一条明显的重生和转世教义：月亮象征着死亡和复活。地中海地区所有死而复生的神都与月亮有关，比如奥西里斯、阿提斯、阿多尼斯（Adonis）和耶稣。神话中的月亮有三个晚上是黑暗的，就像耶稣在坟墓中的三个夜晚，坟墓入口处压着暗色石头。

在加泰土丘和欧洲东南部，我们见证了整个女神神话的根源所在，即女神在死亡和复活这两个方面发挥的作用：她带走种子，赋予其生命；她吃掉尸体，让它重生。

印度《鹧鸪氏奥义书》（*Taittirīya Upaniṣad*）告诉我们：

> 哦，太好了！哦，太好了！哦，太好了！
> 我是食物！我是食物！我是食物！
> 我是食用者！我是食用者！我是食用者！
> 懂得这一点的人，拥有一盏灿烂的明灯。
> 这就是神秘的教义！
> 凡向世人隐瞒他是食物的，就是囤积者。
> 这是使身体变形进入轮回的问题。[9]

在加泰土丘的另一个圣祠中，也出现了公牛头。三个牛头下方是乳房，里面是盖着灰泥的野猪下颌（见图 2-7）。

图 2-7　牛头圣祠
（艺术家用灰泥和木头重建而成，新石器时代，土耳其，公元前 6000—前 5800 年）

梅拉特在这些乳头敞开的乳房中发现了兀鹫的头骨，兀鹫的喙就在乳头的位置上，图像上说："她哺育，也进食。"在这里，死亡图腾不是兀鹫的头，而是野猪下颌，野猪代替女神，将尸体吃回腹中。

在东南亚的所有神话中，猪都与死亡女神联系在一起。在新几内亚北面的塞兰岛（Ceram），我们发现在新赫布里底群岛（New Hebrides）的马勒库拉（Malekula）神话中，野猪的獠牙代表新月，头代表黑夜。

在早期的种植社会中，男人的秘密社团非常重要。女人负责抚养孩子、种植庄稼、盖房子，而男人无所事事，开始变得神经质，他们聚在一起寻求心理保护，组成秘密社团。在马勒库拉的男子秘密社团里，他们饲养公猪，将其奉为神圣动物。这种宗教仪式包括敲除猪的上犬齿，这样就可以让一根獠牙长成一个完整的圆圈，有些甚至可以长到三圈。随着獠牙长到下颌，猪会感到相当痛苦，因此不会变胖，由此，它成为一头"精神"上的猪。此外，獠牙发育的每个阶段都需要祭献其他的猪。在这些社会中，献祭的意义是，被献祭动物的力量和能量流入主人的猪体内。因此，当主人得到一头有三圈獠牙的猪时，它已变成了一头有力量的猪，猪的主人在精神上的等级也变得更高，他的名字也随之更改。通过这项仪式，人们可以得知通往冥界的迷宫形式，学会永生的秘诀：

一个人死后，走向通往火山的死亡之路，不朽者正在火山的火焰中起舞，一位女神站在半路上，等着吃掉死者。在东南亚文化中，她的名字叫作赛弗（Sevsev），是宇宙之母。当死者走近时，她就在地上画一座迷宫，再擦掉一半，死者只有知道如何画出另一半，才能经过她。而他唯一能学会补画迷宫的地方就是这个秘密社团，如果他能再次画出迷宫，就把猪留给赛弗吃，自己通过这一关。

因此，这种崇拜中蕴含着一个巨大的奥秘：它把你从死亡女神的口中拯救出来。

约翰·莱亚德（John Layard）在《马勒库拉的石人》（*The Stone Men of Malekula*）中描绘了猪的另一种用途，这是整个系统中的另一项主要研究。在像马勒库拉这样的社会里，女人的存在感是直接而强烈的，小男孩很难将力比多从母亲那里摆脱出来。如何变成主观积极的行动者是男性所面临的问题之一，直到他把力比多从母亲身上解放出来，才能成为这样的人。于是，父亲接管了这个问题——送给小男孩一头猪让他去爱，让他发现母亲以外的其他事物。当小男孩非常喜爱这头猪时，父亲就帮助他祭献这头猪，让他学会如何牺牲所爱之物。因此，猪实际上是男孩走向成年的向导和脱离个人母亲的手段。后来男孩又得到了另一头猪，这头猪最终也会被献祭。这是一种有趣的心理操纵，因为在男人的一生中，有时候情爱原则不一定占据主导地位，但其侵略性十足。然后就有了养猪和构造三圈獠牙的比赛，它可以帮助男孩度过母亲的"死亡"，而当男孩摆脱了生身之亲的束缚时，男人也就从象征死亡的大地之母口中解脱了出来。

我们必须意识到，对女神崇拜的强调在某种程度上是为了摆脱她，因为她代表着时间和死亡的束缚。人们献祭猪，是因为认为它代表了神圣的男性力量。将个人和自己的猪等同起来，是为了让猪代替自己祭献和获得拯救，这与个人自己献祭在本质上是相同的。我们沿着农业文明的发展脉络探源整个神话，在这样的背景下，其根源就在于女神崇拜。

到了后期，牛文化传入亚洲西南部和欧洲东南部，公牛就取代了猪的角色，但是我们会看到，猪保持了与地下教派的联系。猪的獠牙朝下，而牛角朝上，正如简·埃伦·哈里森所指出的，古典希腊有两条主要的崇拜路线：一条是阴间的，指向地下；另一条是阳间的，指向天空。[10]

马丽加·金芭塔丝在她的著作《古欧洲的女神和男神》（*The Goddesses and Gods of Old Europe*）中展示了最早的女神形象星座。她称新石器时代的克里特岛和马耳他为"古欧洲"，这两个地区都是旧石器时代女神崇拜的重心，包括巴尔干半岛北部、捷克、斯洛伐克、匈牙利、罗马尼亚、保加利亚等。金芭塔丝说：

> 早在公元前 7000 年，欧洲东南部就出现了以培育动植物为生的村庄。伴随着经济与社会组织变革所产生的精神力量，它们从新石器时代新兴的艺术传统中展现了出来……在公元前 7000—前 3500 年，当地居民产生的社会组织，要比他们西部和北部的邻居复杂得多，常常形成相当于小城镇规模的聚落。这不可避免地涉及工艺专业化，以及宗教和政府机构的建立。[11]

然而，大约从公元前 4000 年开始，第一批印欧部落就从俄罗斯南部的大草原穿过顿河与伏尔加河来了。古老平原上的猎人（此时是牧牛人）的后代席卷而来，带来了男性化的、战争导向的神话，整体文化的走向发生了变化。尽管如此，爱琴海仍然存在女神崇拜，并一直延续到公元前 1500 年左右。

图 2-8 展示了女神最早的一类形象，她身上包含三个重要元素：第一要观察的是胸部，显而易见，这是一位女性，并且具有人类特质；第二是鸟头；第三是长长的柱状脖颈。女神是世界的轴心，是宇宙的支柱，她代表了支撑整个宇宙循环的能量。鸟飞行时不受世界的约束，象征着精神生活。

人们通常只把女神看作生育之神，事实并非如此。她也是缪斯女神，是诗歌的灵感源泉，是精神的激励者。因此，她有三个功能：其一，赐予我们生命；其二，接引我们死亡；其三，激发我们精神和诗意上的自我实现。

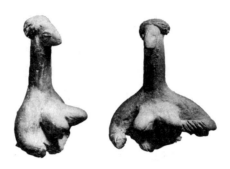

图 2-8 长颈女神（陶瓷，新石器时代，希腊，公元前 5900—前 5700 年）

在早期传统中，神祇的形象是半人半兽，后来人们逐渐意识到人类与动物之间的区别，愈发强调"人性化"，动物成为女神的载体或同伴。女神的第三种功能，即精神上的能量，以鸟类的形式呈现出来。鸽子是阿佛洛狄忒的圣鸟，孔雀是赫拉的圣鸟。通过将动物肢体与人体相关联，这些鸟类表达出某种隐喻，这就是图像所"书写"出的内容。

在图 2-9 中，我们可以看到一个戴着面具的男性形象。"面具"母题表明，你所看的人是两个人，他是戴面具的人，也是他所戴的面具，也就是说，他也充当着面具上的角色。镰刀的使用可以追溯到公元前 5000 年，它由铜制成，是世界上最早的使用金属的实例之一。镰刀与收获有关，收割草表明这里是农耕生活地带。我们在这里发现的所有同时期的铜器，都是用来耕种土地的工具，没有一件是武器。在以男性主导的印欧人到来之前，这里基本上是一派和平。金芭塔丝强调了这一点：

> 以女神形象为中心的艺术中没有战争和男性统治的形象，它反映了这样一种社会秩序，在这种秩序中，女性作为氏族首领或女祭司王起到了核心作用。古欧洲、安纳托利亚以及克里特岛都是吉兰尼社会（gylany）[①]。宗教、神话和民间传说，以及对古欧洲和米诺

---

① 理安·艾斯勒（Riane Eisler）在《神圣的欢爱》（*Sacred Pleasure*）中创造了 gylany 这个组合词，指代两性之间的伙伴关系、男女合作的社会模式，代替有等级区分的父系制度和母系制度。——译者注

斯文化的社会研究，都证明了一个平衡的、非父权的和非母系的社会制度曾经存在，并且古希腊、罗马、巴斯克和欧洲其他国家的母系制度要素的持续性也支撑了这一看法。

图 2-9 手持镰刀的人（赤陶和铜，红铜时代，匈牙利，约公元前 5000 年）

这些作品的重点在于审美风格化。在《艺术中自然的形态变化》（*The Transformation of Nature in Art*）一书中，A.K. 库默拉斯瓦米（A. K. Coomeraswamy）说，自然的转化与其神秘维度的显现有关，自然就自然地处在那里，所以呢？你在照片上观赏自然，又在田野里见到它，但是艺术家所做的是通过自己的组织和有节奏地表述，让某些神秘的维度放射出光芒，再触动我们（见图 2-10）。塞尚说过一句话："艺术是与自然平行的和谐。"[12] 艺术中所表达的和谐是自然的，它既是我们生活的自然，也是超然的自然。因此，我们了悟于心，可以感叹："啊！我一直都知晓这一点。"

我们已经看过鸟形的女神，此外还有鱼形的女神（见图 2-11）。鱼女神变成了宁芙（Nymphs），鱼代表了力量，后来这些力量化身为各种不同的女神。例如，阿耳忒弥斯以人形在水中沐浴，她作为水神，从自然形态中分离出来化身为人。在早期，人类形体与自然形态是结合在一起的。金芭塔丝称青蛙女神为"生育守护神"，因为青蛙是无尾两栖类动物，既可以栖居于水中，也能生活在陆地上，它显示了水陆两个领域之间的关系，即子宫和外部世界的关系，图 2-12 是蟾蜍女神。

图 2-10　哈曼吉亚的沉思者（赤陶，红铜时代，罗马尼亚，约公元前 5000 年）

图 2-11　鱼女神（砂岩雕刻，新石器时代晚期，塞尔维亚，公元前 6000 年）

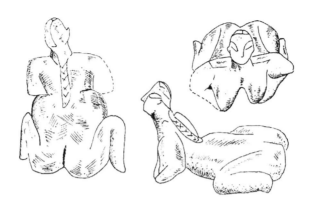

图 2-12　蟾蜍女神（陶瓷，新石器时代晚期，土耳其，公元前 6000 年）

孪生女神是两个世界的母亲，也是我们两次生命的母亲，我们生活在时空的世界，也生活在死亡的世界。在死亡世界里，生命延伸向神秘的地带，它们存在于我们生活的迷宫之外，"迷宫"母题使女神成为这些力量的化身。图 2-13 为双头女神。

图 2-13　双头女神（赤陶，红铜时代，罗马尼亚，公元前 6000 年晚期）

在罗马尼亚、保加利亚、马其顿、希腊北部和迈锡尼（Mycenae），人们把猪和女神联系在一起。[13] 如果你观察图 2-14 中的这尊小雕像，就会发现女神不仅带着猪面具，身上还标记着几何图案，神秘的纹路形成了一个迷宫。正是通过女神，人们得以进入精神世界，她是迷宫，也是指引生命的向导。

图 2-14　带着猪面具的植物女神（赤陶，红铜时代，罗马尼亚，公元前 5000 年中期）

　　早在 1890 年，詹姆斯·弗雷泽爵士（Sir James Frazer）在《金枝》（*The Golden Bough*）一书中指出，埃留西斯的大女神德墨忒尔和珀耳塞福涅是猪的女神。[14] 珀耳塞福涅被哈迪斯（Hades）绑架时，一大群猪跟着她一起下到冥界。当她的母亲去找她时，因为她的足迹被猪的脚印盖住了，所以母亲找不到她的踪迹。德墨忒尔和珀耳塞福涅与冥界、死而复生、迷宫和猪的联系一直可以追溯到新石器时代。

　　迷宫是一扇门，只有知道的人才能安全通过。它从很早的时候就与死亡之旅有关，尤其是在东南亚。穿越迷宫是一次决定性的冒险，在这个过程中，你自己决定是否要经历永生。

　　有一个来自印度尼西亚西塞兰岛的传说，它是种植文化的原型：在世界之初，男人会跳迷宫式的舞蹈，女人则站在中心。迷宫舞阵由 9 层螺旋组成（9 与月亮有关），在迷宫中心，一个名叫海纳韦勒（Hainuwele）的小女孩分发槟榔，让舞者们振奋起来。一天晚上，她没有发槟榔，而是开始赠送漂亮的礼物，夜复一夜，礼物越来越漂亮，直到人们变得非常嫉妒和恐惧。海纳韦勒竟然是取之不尽的源泉，实在太可怕了，所以他们把她踩死在迷宫里，埋葬了她。后来，女孩身上长出了供人们食用的所有农作物。[15]

　　我们往往认为死亡是生命的终结，但死亡和生命是相对应的。因此，万物之形都是神的身体，这是农业神话的要点。所以在吃植物的时候，我们实际上吃的是神，耶稣在圣餐上说："这是我的身体，这是我的血液。"迷宫击倒了海纳韦勒，女神对人们的谋杀行为感到愤怒，于是设计了一个形为螺旋式迷宫的门。对于那些能穿过大门的人，女神用海纳韦勒的手臂击打他们，直到打死为止；而那些不能通过的人，要么变成动物，要么变成幽灵。那些死去的人依旧是人，动物死后的灵魂是一种消极力量，而人类能够经历并接触死亡之象。因此，无论走哪条路穿过迷宫，人都要经历一场心灵或精神的危机，而后才能变成一个完整的人。在这个故事中，迷宫带你走向死亡或永生，无论如何，这都是一段危险而艰辛的旅程，只有那些知道的人才能走完。图 2-15 是抱着孩子的迷宫女神。

图 2-15　抱着孩子的迷宫女神（希腊新石器时代晚期的陶俑，公元前 5900—前 5700 年）

　　在世界上所有的植物文化中，蛇扮演着极其重要的角色。蛇可以蜕皮重生，所以它与生命摆脱死亡的力量相关。蛇蜕皮就像月亮蜕掉身上的阴影一样，月亮是时间维度绝对的生命能量，以公牛为象征的月亮是死去的神灵。

《圣经》则是一个奇特的转折，蛇、女人和自然在其中遭到了谴责。对其他文化来说，蛇虽然危险，却是生命力量在时间维度的三大象征之一。蛇、公牛和月亮：太阳扑向月亮，月亮死在太阳里；狮子扑向公牛；鹰、太阳鸟扑向蛇。这是三组配对的基本符号，月亮、公牛和蛇所代表的是摆脱死亡而重生的力量。因此，就像猪在美拉尼西亚一样，公牛成为欧洲主要的祭祀动物。

从铜器到青铜：克里特岛

公元前 3500 年以来，印欧人开始涌入古欧洲，改变了这里整体的社会体系，古欧洲就此发生了急遽的变化。印欧人横扫巴尔干半岛进入希腊，但直到大约公元前 1500 年，他们才穿过希腊大陆进入克里特岛，所以在爱琴海附近依然有古老的母神系统在延续。

第二次世界大战后，有一个名叫迈克尔·文特里斯（Michael Ventris）的年轻人，他在战争期间曾是飞行员和翻译员，后来转而破译线性文字B，即一张在米诺斯文明的宫殿中所发现的公元前 3000 年的手稿。自 20 世纪初，阿瑟·埃文斯（Arthur Evans）在挖掘克诺索斯时首次发现线性文字 B 以来，它就一直困扰着科学家们。文特里斯发现，线性文字 B 是希腊语的一种非常早期的形式，是印欧语系的一种语言，展现了印欧人在群岛上的影响，尽管他们在这里还没有像在大陆上那样占据主导地位。

在克里特岛，主要的神灵是女神。在图 2-16 所展示的壁画中，女神两手各拿一把双刃斧站在那里，祭祀的斧头被称作 labrys，后来 labyrinth（迷宫）这个词就以此命名。双刃斧是克里特岛的主要标志，这是一把刻有月亮曲线的双头斧，寓意"去旧迎新"。因此，这位女神是最终的死亡之神，也是最初的生育之神，生与死是同一的。女神手持双刃斧，明显占据主导，无论是以动物献祭还是以人献祭，洒下的鲜血都是母亲的。主要的祭祀动物通常是公牛（见图 2-17），人们不会祭献雌性动物，因为女性本身不是死而复生的，而是转死为生的转换者。

图 2-16　手持双刃斧的女神（壁画，米诺斯文明，克里特岛，公元前 2000 年）

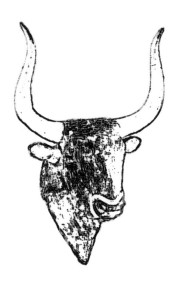

图 2-17　拥有新月形牛角的牛头环
（饰有珍珠母和黄金的皂石雕刻，米诺斯文明，希腊，约公元前 1500 年）

在此，需要讲一下女性的太阳和男性的月亮。

稍后我们将谈到以男性为主导的神话，在这些神话中，太阳是阳性的，月亮是阴性的。但是，在较早的新石器时代和青铜器时代的全盛期，太阳是女性的，而月亮是男性的。在德语中，"月亮"der Mond 是阳性的，"太阳"die Sonne 是阴性的；而在法语中，"月亮"la lune 是阴性的，"太阳"le soleil 是阳性的。如果你对这两个系统有同等的了解，就会发现德式悲剧中那深沉而黑暗的品质的根源所在是一种拥有神秘语言的神秘文化；而法语的突出特点是清晰，散发着高卢的理性之光。

在北极地区的原始人中有一则关于太阳妹妹和月亮哥哥的小神话：一个年轻女子每天晚上都会被一个她不认识、在黑暗中也看不见的情人接近，最后她下定决心要找出这个人是谁，于是在炭火上抹黑了双手。一天晚上，她拥抱了他，把手印留在了他的背上。第二天早上，她发现那个人是她哥哥，便吓得落荒而逃。而哥哥则满怀热情地追寻着，时不时追上她，然后就出现了日食。这是一个古老的故事，也是一个极具悲剧色彩的神话，完全不同于我们接下来要谈到的太阳神话。

在克诺索斯宫（见图 2-18）的一幅壁画上，描绘了著名的米诺斯斗牛游戏（见图 2-19）。这是真实发生的还是只是一个幻想？

我在法国读书时，曾去波尔多看过一场斗牛表演，那里的公牛是不会被杀死的。比赛的规则是让一头犄角像针一样尖的公牛冲向斗牛士，斗牛士必须站在一边，只移动一只脚来闪避。这真的太令人毛骨悚然了！如果牛角比斗牛士预想的要长一点，斗牛士的衣衫就会被扯下来，或许还会带着皮肉。

但令人兴奋的是，当公牛疯狂冲向那个小伙子时，他开始朝公牛跑去！公牛近在咫尺，他一个跟斗翻过了它。多年之后，我心存疑惑，我是真的看到了吗，还是只是一场梦？几年前，我偶然看到一本书，书里有法国南部这种斗牛比赛的真实照片，它表明这是真的可以做到的。

图 2-18 克诺索斯宫

克诺索斯宫并不是一个艺术统一体，正如希腊神庙揭示了一个民族在特定时刻的精神，这座宫殿就像哥特式大教堂或卡纳克和卢克索的神庙一样，揭示了建造者的历史和进步。旧的结构适应了新的计划，旧地基一旦建成，就被埋进土里，再被铁锹挖出来时，乍一看就好像是迷惑人的迷宫。

——J. D. S . 彭德尔伯里（J. D. S. Pendlebury）[16]

表示米诺斯文明的词 Minoan 源自著名的米诺斯国王，考古学家用米诺斯文明来描绘克里特岛上包括整个铜器和青铜时代的各个文化时期。

这样的比赛有什么意义呢？有趣的是，如今，作为赛事的一部分，斗牛士会杀死公牛，他必须越过牛角，发出致命一击。在这场戏剧性的对抗中，斗牛士就是太阳神，太阳每个月杀死月亮一次。在新石器时代和青铜时代的传统中，能够死而复活的月亮是阳性的，而太阳是阴性的。

弗雷泽在《金枝》中指出，在古老的早期王权中，最主要的祭品是国王本人。金星出现在天空中的同一点上，大约需要 8 年的周期，在这个周期结束时，国王将被处死。（我们将看到，金星与女神有关，无论是被当作阿佛洛狄忒、伊西斯、伊什塔尔，还是伊南娜。）

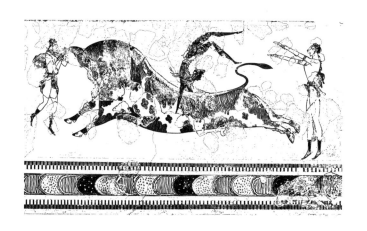

图 2-19　公牛舞者（壁画，米诺斯文明，克里特岛，公元前 7—前 5 世纪）

我们可能无法完全理解古代对祭祀的态度，献祭的动物或年轻人必须是完美的，任何有缺陷的人都不能成为祭品，所以国王本人成为主要的祭品。由此，没有人能找到国王年迈的肖像。国王的王座（见图 2-20）下方有月亮图形，两侧各有一只狮鹫，这样的形象一直延续到中世纪晚期。但丁认为，半鹰半狮的狮鹫象征着基督的双重性质，他既是真人也是真神，因此，国王可以跨过这个世界和另一个世界的边界。

在伯罗奔尼撒的皮洛斯城附近，我们发现了一只金圆盘（见图 2-21），阿瑟·埃文斯爵士以皮洛斯传奇国王之名为其命名，称之为"内斯特之环"。

金圆盘的中心有一棵树，"这枚图章由多枝节的生命之树构成，这棵树生长的土丘上覆盖着新芽，它的两条侧枝将整个场景分割成下面的冥界和上面的来世两部分"。[17]

图 2-20　克诺索斯宫殿的王座（壁画，米诺斯文明，克里特岛，约公元前 1500 年）

图 2-21　内斯特之环（金图章，米诺斯文明，希腊，约公元前 1500 年）

这群戴着狮鹫头的女性舞者与女神有关，而这位女神有可能掌管着区分或判断凡间与永生之界的权力。凡是主要崇拜女性的地方，都强调宗教的经验方面。宗教的狂喜自然地演变成有节奏的运动和舞蹈，而不是通过教条表现出来，因为宗教的理论方面将随男性神话出现。女性寻求体验感，并通过舞蹈唤起这种体验。在经过多年的压抑后，这种体验感又随着酒神巴克斯的女祭司们（Bacchae）和再度爆发的酒神舞蹈归来。图 2-22 为生命之树旁手持双刃斧的女神。

在女神系统中，经验常常与植物世界联系在一起，这一母题后来在希腊神话中得到重现。在植物世界里，一个重要的母题是腐烂，分解的植物中可以诞生新的生命。因此，死而复生的母题通常与植物、月亮和蜕皮的蛇相关联。

图 2-22　生命之树旁手持双刃斧的女神（黄金雕刻，米诺斯文明，克里特岛，约公元前 1500 年）

图 2-23 中的这两条蛇象征着只要生活在时间之中，就有出生和死亡的二元性，而女神头上的狮子代表月亮死亡与诞生的另一原则。月亮代表着意识和生命在时空中的力量，既可以赋予身体，也能夺走它们。正如《薄伽梵歌》（Bhagavad Gītā）中所说："灵魂接受一具新的身体，就像一个人穿衣脱衣。"[18]这种公牛、蛇和月亮的原则代表着时空中的生命，其中包含可见的和不可见的生命形式；而另一方面，太阳只有在日食时，才会被遮蔽，所以不会携裹死亡，因此它代表脱离了时空维度的意识。

图 2-23 持蛇的女神（彩陶，米诺斯文明，克里特岛，约公元前 1600 年）

女神双手各举一条蛇，这是神圣的仪式化手势。她裙子上的网状图案，汇集了旧石器与新石器时代祖先那里的重要信息。图纹表明她是生命之网的编织者，她的子宫将永远编织着它。她的裙子共有 7 层，是月亮周期天数的 1/4，这个周期分为渐圆与渐缺的两半，就像新石器时代圆环中的十字架。虽然 "7" 也是可见行星的数目，但它更可能与月亮体系相关。所以如果坐到女神腿上，通过她长袍上重叠的嵌板，人们将会体验到永恒的时间和时间的永恒。

——安妮·巴林（Anne Baring）与朱尔斯·卡什福德（Jules Cashford）[19]

　　现在，这是青铜时代符号学中的一个基本母题，这个母题贯穿了印度传统中所有高度发展的象征文化。在瑜伽中，有左脉和右脉两种神经，一个代表月亮原则，另一个代表太阳原则。伟大的神秘领悟在于洞悉意识的两个方面其实是同一个意识，它既在此处，也不在此处，个人作为真实存在的实体，如果能将这两个方面的悖论联系起来，就能达到伟大而神秘的平衡状态。这是一条危险的道路，就像是剃刀锋利的边缘，处在自我认知的 "此在" 与 "非在" 之间，如果你倾向其中一条路，就会产生不恰当的态度，或者陷入膨胀，或者过于收缩。

　　所有冥想和神秘旅程的目标都是在对立的事物之间穿行。13 世纪初，沃尔弗兰·冯·埃辛巴赫（Wolfram von Eschenbach）创作《帕西法尔》（Parzival）时，把圣杯描绘成一个由中立天使从天堂带下来的石器。天堂发生过一场战争，上帝与路西法博弈，双方阵营站于两侧，但是中立天使没有参与其中。一个问题是，当上帝和魔鬼同时存在时，便存在一对对立事物，而超然者超越了这个对立，所以圣杯跌落凡间。事实上，在埃辛巴赫的诗歌中，英雄帕西法尔的名字来源于法语 Perce le val（穿透山谷），意为 "中间之路"。

　　因此，我们拥有女神，她双手持蛇，掌握着一切。万物都是她母神意识的一部分，她的存在融合了太阳和月亮两个方面。

女神的形象经常出现在山顶上，整座山就是女神。这种观念可以追溯到古老的苏美尔时代，那时金字塔代表宇宙之山。在印度，帕尔瓦蒂（Parvatī）是山上的女神，甚至她就是山本身，她的名字就是"山"的意思。

在图 2-24 中，两头狮子是女神的侍从，一个男性恭敬地站在她面前。整幅图构成了完整的聚焦：一对对立面；对立面之间的三叉戟符号，它穿越了生死，忽视了时间维度的现象；牛角象征月亮；狮子象征太阳。三叉戟象征着神，也象征带你走向女神祭坛的"中间之路"。

图 2-24　世界之山上的女神（黄金雕刻，米诺斯文明，克里特岛，公约前 1400 年）

女神既代表了太阳的绝对时间，也反映了太阳的连续性和时间维度的能量。现在，如果你认为世界中心是某一特定崇拜符号的中心，你就只是把自己和社会传统联系了起来，而没有和精神的神秘性联系起来。正如我先前所说，这是象征符号的一个重要观念，即它们不涉及历史事件，而是通过引用历史事件，去观照昨天、今天和明天的精神或心理的原则和能量，这些法则和能量是无处不在的。

"我看到，我的人民的圣环是众多环中的一环，它们围成了一个圈，广如白昼、如星光。"[20] 黑麋鹿（Black Elk）的话与 12 世纪从希腊语翻译成拉丁语的《二十四哲学家之书》（*The Book of the Twenty-Four Philosophers*）中赫耳墨斯主义的文字完全吻合，书中写道："上帝是一个可理解的球体，其中心无处不在，圆周则处处不在。"[21] 拉瓦利（Ravalli）、尼古拉斯·库萨（Nicholas of Cusa）、伏尔泰、帕斯卡尔（Pascale）以及许多其他人都引用过这句话。

但是宗教信仰会为你提供一个中心，那是历史性的时刻。所有神话研究都涉及两个方面：一方面是地方性、社会性的，它通过社会群体把你和超越个人的力量和原则联系起来；另一方面是超越社会的、不可定位的，是通过社会指向精神原则的，所以符号有两种功能。而既然符号来自心灵，心灵就会着迷地辨别出它们。莎士比亚说，艺术"犹如一面反映自然的镜子"[22]，这种自然也是内在的自然，它就像一面 X 射线镜面一样。你着迷地看着这个符号，而当它起作用时，你就会被深深吸引。不需要告诉你它的意思，你便能知道它意味着什么，但同时你又不知道。当这种魅力通过成组的符号呈现出来时，它将个体连成群体，并通过群体到达超出个人兴趣的原则。

总有一天，这个群体会把你排斥出去，并说："我们曾经有你，但现在有了新一代。"而且，你可能已经受够了，有一天也会说："告诉我点新鲜事吧，所有这些我以前统统都见过，我有点厌倦了。"因为脱离了群体，你开始转向内在，并发现社会中所传递出的信息的真正源头。

现在，印度传说和神话的社会方面被称为"德西"（deśī），意思是说它有地方性的定位；一般的或普通的方面被称为"玛迦"（mārga），mārga 的词根是 mrg，指狩猎留下的路径。所以玛迦的意思是路径，即灵性动物留下的轨迹，沿着这条路，你可以发现符号的超验意义。

这两种关系同时运作，一种把你和社会责任与历史世界联系起来，另一种把和你超越责任、超越对立面、超越善与恶的事物联系起来。它通过那扇由两只豹子象征的"撞岩之门"，把你引到太阳狮子和月亮蛇的王国。在那里，女神作为我们所有人的母亲，同时具备了这两个方面的特质。这就是整个话题的重点，一旦你明白了，一切全貌在你面前展开；而若你还没有明白，就依然只处在历史活动的层面，这有时会让你发疯。

约公元前 1480 年，一次火山爆发炸毁了锡拉岛（Thera，现称圣托里尼岛）腹地。著名的锡拉岛与克里特岛被人们并称为"爱琴海女神文化"之都。

从那以后，再没发生过那么大规模的火山爆发，唯一堪比那次的是 1883 年 8 月 26 日印度尼西亚的喀拉喀托火山爆发。科学家估计，喀拉喀托火山爆发引发的海啸可能高达 274 米。在之后的几年里，整个大气层几乎填满了火山碎屑，在日出和日落时会出现奇异的景象。在锡拉岛上，更大规模的火山爆发摧毁了该岛大部分地区，巨浪席卷了克里特岛以及巴勒斯坦和埃及地区。我们听到的关于那个时期大灾难的信息可能就是反映了这一事件。

直到那时，希腊世界的统治力量仍然是克里特人，迈锡尼人也受到了克里特文化的影响，但这次火山爆发标志着青铜时代以前的古老传统的终结。在爱琴海地区，米诺斯人，即早期的克里特人的统治结束了，紧接着是迈锡尼人和希腊人的崛起。公元前 3500 年，印欧人从北方进入欧洲，锡拉岛被摧毁后，迈锡尼人开始统治希腊，所以信仰的重心从母神变成了男神，女神和男神虽然都在场，但女神不再是主角。也就是从这一时期，即公元前 1500 年之后不久，随着米诺斯人权力的衰落，男性主导的青铜武器文化占据了主导地位。

Goddesses

Mysteries of
the Feminine Divine

第 三 章

女神的衰落：
印欧人和闪族的侵入

GODDESSES

Mysteries of
the Feminine Divine

　　马丽加·金芭塔丝进行了大量的考古挖掘和研究，证实了印欧人从北方涌入她称之为"古欧洲"的新石器时代农业社会。

　　与此同时，阿卡德人和其他闪族部落开始从南方向美索不达米亚推进。公元前3500年左右，美索不达米亚的种植业者陷入了两股夹击势力之间，一股是来自沙漠的闪米特人，另一股是来自北方的印欧人。闪米特人主要是放牧绵羊和山羊的牧民，随着时间的推移，逐渐壮大起来。萨尔贡和汉谟拉比两位国王愈发强调男性重心，并将其带入闪米特部族中，而希伯来人也走向了彻底拒斥女神的极端。

　　印欧人也是牧民，但他们不牧羊，而是牧牛。在古欧洲新石器时代早期，畜牧业以养猪为主，猪的神话具有月亮的特征，现在却变成了公牛的神话。简·埃伦·哈里森在《希腊宗教研究导论》(*Prolegomena to the Study of Greek Religion*)中指出，牛角朝上，奥林匹斯山诸神的祭品都指向上空；而猪的獠牙向下，因此早期养猪人的祭品都是献给大地或冥界的。

在这一章中，我们将探究印欧男性武士文化对马其顿和希腊产生影响的历史证据，并说明在公元前 1200 年左右特洛伊战争时，这种影响是如何达到高峰的。在后面的章节中，我们将看到在大约公元前 700 年，女性力量如何以一种新的模式再次回归，不是以生育和大地的形式，而是以神秘女神的身份——引领我们进入精神转化的神。以前的启蒙更为物质化，但在古典时代，我们将看到一种精神上的方法，这是印欧文化和古欧洲文化这两个体系二元结合的结果。

长矛和语言

约公元前 4000 年，有两种主要的青铜合金投入使用。在开采铜矿的里海山脉，铜与砷制成合金，形成一种比铜更坚固的青铜。后来，由铜与锡制成的更典型的伟大的青铜最早出现在美索不达米亚。于是，在亚洲西南部，我们迎来了"青铜时代"的曙光。

最初的铜器不是武器，而是用来塑造物品与耕作的工具。黑海以北的印欧民族是牧牛的武士，也是最早驯服马匹的人。他们接触到青铜后，把这种新金属锻造成武器。这类武器十分关键，大约从公元前 4000—前 3500 年开始，它们在哪里出现过，就表明印欧人曾到过此处。

公元前 4000 年左右，印欧人开始侵入古欧洲世界，也就是我们所说的中欧、东欧和巴尔干半岛。然后他们行至近东和东方，进入印度和波斯。攻入印度的印欧人撰写了《吠陀经》（_The Vedas_），到了波斯的印欧人变成了拜火教教徒（Zoroastrians）。拜火教的赞美诗所使用的语言与梵语十分相似，我们知道，雅利安人入侵后，波斯人和印度人产生了分化。

18 世纪，英国人攻占印度后，打算在保留印度传统的基础上，尽可能地实施统治。他们试图了解印度法律，再接手过来，使之适应当代世界。但是人们发现，谁也读不懂梵文，更无法将其译成英文。一群婆罗门学者聚集在一起，合著了一本名为《跨越争议之海的桥梁》（_Vivādārṇavasetu_）的作

品。你可以想象那是怎样的场面，没有人能直接翻译梵文，他们只能先将其
译成波斯文，再把波斯文译成英文。最终，这部作品作为《印度教法则》（*A
Code of Gentoo Laws*）于 1776 年出版。

显然，必须有英国人学习梵语，所以一个叫查尔斯·威尔金斯（Charles
Wilkins）的人去了贝拿勒斯，和那里的婆罗门一起上学。1785 年，他翻译
出版了英文版的《薄伽梵歌》，这是印度传入欧洲的第一条信息。《薄伽梵歌》
像闪电一样击中人心，歌德等德国人为之着迷，英国的卡莱尔、美国的爱默
生和梭罗激动不已，他们受其影响，在基督教传统中发现了神秘主义思想。
之后，创作于公元 5 世纪的《沙恭达罗》（*Śakuntalā*）的英译本问世，这是
一部魅力无穷的戏剧，其作者迦梨陀娑（Kālidāsa）被称为"印度的莎士比
亚"。歌德再次欣喜若狂，他说："如果你想要春天和秋天，花朵和果实，就
去读《沙恭达罗》吧。"[1] 歌德也在《浮士德》中融入了《沙恭达罗》的某些
特色，这部轰动一时的作品究竟如何呢？它是一种宗教，让人在各个方面都
回归自然。

1783 年，英国律师威廉·琼斯爵士（Sir William Jones）被派往加尔
各答担任法官。琼斯通晓拉丁语、希腊语以及欧洲的一些基本语言和历史。
在从欧洲来到印度的人中，他是第一位能力卓著的语言学家。他发现梵语
与欧洲语言有关联，于是在 1786 年发表的一篇论文中，首次提出"印欧"
（Indo-European）一词，讨论了这一广泛分布的语系的背景。[2]

威廉·琼斯还发现，印度的吠陀万神殿与希腊的奥林匹斯山诸神相对
应。印欧部落侵入欧亚大陆时，也带来了自己的神话，所以此处的神话都互
有关联。我们偶然发现，在这些地区，侵入早先女神崇拜的都是武士民族的
神话，他们的主神，不论是宙斯还是因陀罗，都是雷电投掷者。雅赫维与之
相比并无太大不同，大约在同一时期，他的子民也在从沙漠向美索不达米亚
平原进发。

印欧语系主要有东西两个分支，分界线是铁幕落下的地方。[3] 东面的人
讲咝音类语言（Satem），Satem 是梵语中的"一百"；西面的人讲腭音类语

言（Centum），Centum 是拉丁语中的"一百"。这些语言之间存在一定的变化规律：C 变成 S，E 变成 A 等，因此二者有类似的词汇。

在讲咝音类语言的东部，主要语言是斯拉夫语（俄语、捷克语、波兰语等）、波斯语和印度的语言（意为"融合"的梵语、作为早期佛教语言的巴利语，以及包括印地语、马拉地语、拉贾斯坦尼语、乌尔都语和孟加拉语在内的印度北部所有语言）。在讲腭音类语言的西面，主要语言是希腊语、意大利语或拉丁语言（由拉丁语演变而来的法语、西班牙语、意大利语、莱茵语、普罗旺斯语和葡萄牙语）、凯尔特语（存在于不列颠群岛的苏格兰语、威尔士语、曼岛的曼克斯语和爱尔兰语）和日耳曼语（包括英语、斯堪的纳维亚语、德语、荷兰语和古老的哥特语）。琼斯认为所有这些都显示了相关民族的语言轨迹，这些语言都来自同一个世界，即北欧平原。不同的语言表达了同样的神话，不论他们扩张到何处，这个神话都是在母神崇拜的基础上传播开来的。

发现印欧语系后，我们又把同样的比较语言学方法应用于闪族。现在，这一研究领域十分受限，与印欧语相比，闪米特语更像是其他语系的语言。讲印欧语言的种族广泛分布，但是相比之下，闪米特语要整合得多。早期的闪米特语系包括阿卡德语、巴比伦语、阿拉姆语、希伯来语和阿拉伯语，这些部落的语言都已渗透到亚洲西南部各地。

乌拉尔山脉以东还有另一个语系，说这一语系的有乌拉尔－阿尔泰人，以及东部的蒙古人、斯堪的纳维亚的芬兰人、东欧的匈牙利人和土耳其人。

与以上这些欧洲和西亚的语族不同的还有汉藏语系，以及延伸到波利尼亚语族的南岛语系，等等。这些语言系统是统一的、整合的，并且总是容易接触并融入当地的语言文化系统，这是我们在研究比较神话的时候需要注意的。

在我们所讨论的这些地区中，印欧民族都是以征战沙场的男性形象出现。19 世纪，当早期人类学家发现所有后期的高级文明似乎都有这样的起源后，关于雅利安人或印欧人霸权的思想应运而生。"雅利安"（Arya）是一个梵语词汇，意为"高贵"，似乎承认所有这些后期的文明都是雅利安人带来的，就能够证明他们思想的优越性。

然而，进一步的考古研究证明，印欧人所带来的发展年代相对较晚，在此之前，苏美尔、古埃及，以及我们所知的古欧洲都早有发展，这些都参与改变了当时的社会图景。

如我们所见，印欧人作为战争侵略者而来，他们摧毁了所到之处已有的文明，后来他们吸收了早期文明的影响，从中催生出希腊的黄金时代。早期的文明属于女神，而晚期的文明属于男神。同样的情况在亚洲西南部完美复制，闪米特强悍的游牧战车一路征伐到达美索不达米亚和埃及等地。

约公元前1800年，来自北方的印欧人驯养马匹、发明战车，当时，他们是绝对不可战胜的。战车随后出现在欧洲、埃及、波斯和印度等地，公元前1523年左右，中国商代也出现了战车。在整个欧亚世界，这些人的攻击力都是极其震撼的。

古坟与殉葬

土墩墓是印欧人独具特色的坟冢，俄罗斯人称之为库尔干（Kurgan），如图3-1所示。金芭塔丝将各地的这种文化类型统称为"库尔干文化"。印欧人一拨接着一拨地涌入古欧洲、东波罗的海和地中海地区，此前这些地方都早有女神文化存在。

图3-1　亚历山大库尔干（古坟，红铜时代，俄罗斯，公元前4世纪）

随着库尔干文化的涌入，曾经的农业和贸易区陡然变成了战争堡垒，出现了所谓的"卫城",也就是武士据点。而这里的墓地也展示了一种新的社会阶级，正如金芭塔丝所说：

> 通常情况下，王室陵墓与社会其他成员的墓地是分开的……墓葬仪式不仅体现了社会差异，也表明了男性在社会中的主导地位：第一个位于中心的墓穴通常属于男性，他可能是家族中的父亲或村里的长老。妇女和儿童的墓穴占次要位置。古老的印欧风俗认为，妻子儿女是完全属于男主人的个人财产，妻子理应为丈夫陪葬。考古学家总是发现一些双墓穴，墓中同时埋葬着男性与女性，一个成年人和一个或多个孩子，骨骼分析表明他们是亲子关系。[4]

在这些武士神话中，太阳神占主导地位，女神则被分配到不同的行星和月亮上。在印度，农村也还有这种殉葬习俗存在。在马其顿的"寡妇墓"里，妻子与武士葬在一起，他们一起下到冥界，妻子的英雄行为就是为丈夫献出生命，这样两人就能永远在一起。夫妇是一体的，丈夫和妻子是一体的两面。通常，男人先阵亡于战场，下到冥界，然后他叫来妻子，一起走向永恒。女人成了死去英雄的救助者。所以当女神以伊什塔尔和布伦希尔德（Brunhilda）的身份下到冥界时，就开启了一场英雄之旅，这场旅行可以将男女二人带往永生。

值得注意的是，suttee（寡妇随死去丈夫的活埋或献祭仪式）一词来自梵语 satī，这个词是动词 to be 的阴性分词。换句话说，如果说女人是 satī，就是说她"是"（is），指为人妻、为夫死的女人。因此，不履行这一职责的妇女"什么都不是"（a-satī，a 表否定）。在这样的社会传统中，一个人通过遵守规矩、恪守社会法则来获得个体人格。另外，还有一些确切的神话与之呼应，比如在印度，在一些古时候遗存下来的殉葬墓碑处，会有一只女性的手被举起来，进行祈祷祝福。这是爱神维纳斯的手，女人通过这样的行为，同时救赎了自己和丈夫。这里所强调的是，他们携手走向生命的永恒，而不只是停留于表面现象。

后来，在美索不达米亚平原、埃及和中国，我们发现了数百人被活埋。[5]

这些墓葬抹去了所有的个性与个人经历，扼杀了一切痛苦与欢乐，消解了个人判断力。这些人都有军人品格，好士兵服从命令，不为自己做了什么负责，只为自己做得有多好负责，这就是这些社会的生活方式，也是我们在讨论这些神话时期时需要重点理解的东西。

而今的问题是，我们如何在不被这世界的规则吞噬的情况下实现个人价值，履行对世界的责任。如今，当印度大师来美国教书时，他实际上是在以压抑个人思维的方式授课，这与他所代表的神话是一致的。然而，重要的是，殉葬墓穴不仅与男神有关，也与女神有关。

迈锡尼

锡拉岛火山爆发后，雅利安人对这里的影响是显而易见的，印欧迈锡尼成为爱琴海周边文化的主要源头。图 3-2 中的迈锡尼石碑上雕刻着战车的图像，值得留意的是，在这辆宽敞的双轮战车上有曼陀罗式的车轮和轮轴。轴心十分重要，它是所有物体旋转所围绕的中心，对其而言，运动和停止是一样的。轮轴象征所有运动发生的点，是心灵中心固定的、静止的点。如果一个人正在活动，无论是在做体育运动或表演戏剧，还是在进行创作，他都必须找到这一点；如果一个人不完全处于运动状态，就在中心的静止和周围的运动之间保持了一种平衡。车轮象征着中心的精神点，而马象征着身体中剧烈的动态能量和掌控心灵的驱动力。

图 3-2 战车（石雕，迈锡尼，希腊，公元前 1500 年）

在迈锡尼的大门前（见图 3-3），中间的柱子是女神的抽象象征，两只动物守护在两侧。在这一构图中，女神就是轴心。根据侧翼动物头部的缺失以及头部所在的位置，考古学家认为它们可能不是狮子，而是与克里特岛上所见的一样，是狮鹫格里芬。[6]

图 3-3　迈锡尼的狮子门（石雕，希腊，公元前 1500 年）

在迈锡尼发现的战士死亡面具（见图 3-4）展现了印欧人的身体多么结实强壮，而爱琴海人则柔弱得多。这两个截然不同的种族在迈锡尼走到了一起，构建出这一新文化。

图 3-4　战士死亡面具（黄金，迈锡尼，希腊，公元前 1500 年）

这段时期的发展过程十分典型，也同时适用于闪米特人和雅利安人的入侵。一开始，这些游牧民族作为战争侵略者攻城略地，然后他们开始接纳屈服者苦心经营的文化系统，侵略者的神话被引入并嫁接到本土以女神为中心的神话之上，再发展成为古典时代以男神为主导的神话。这种对古老的更高级文化的吸收以及对神话的改造，是为了达成新起的、欠发达的文化的既定目的，这一点在《出埃及记》和《约书亚记》中尤为明显。

迈锡尼世界也经历了同样的发展历程，但是，女神逐渐开始重新确立自己的地位。到公元前7世纪，即希腊《荷马颂歌》（*The Homeric Hymni*）的年代，或者说在迈锡尼遭到最后一次入侵约500年后，女神再次回归。另外，印度几乎在同一时间也发生了同样的事情。

一些学者试图厘清欧洲史前文明的变迁，他们发现，随着印欧文化与新石器时代古欧洲文化的交汇，父系世界并没有完全取代本土的母系制度，印欧人选择的是将自己的文化叠加在古欧洲文化之上。

正如金芭塔丝所写：

> 对神话意象的研究提供了最好的证据，证明古欧洲世界并非原始的印欧世界，现代欧洲人没有畅通无阻的发展道路。最早的欧洲文明遭到父权因素的无情摧毁，再也没能恢复过来，但它的遗产却停留在基层，滋养欧洲文化进一步发展。古欧洲的创造并没有消失，而是经过改造，极大地丰富了欧洲人的心灵。[7]

在图 3-5 展示的象牙雕刻中，有两个女神带着一个小男孩，小男孩从一个女神的身旁走向另一个，这是古老的双女神，即生命之母和死亡之母。女性原则同时体现在这两个侧面，而男性（小男孩）所代表的是能动力量从一个到另一个、从黑夜到白天、从死亡到黑暗。我要强调的是，这是一种既存在于男性也存在于女性身上的力量，就像是雕刻中的这两位女性所代表的自然力量也存在于小男孩身上一样。这个小男孩可能是波塞冬（Poseidon），对他的崇拜可以追溯到这个时期。

图 3-5　女神和孩子（象牙，迈锡尼文明，希腊，公元前 1300 年）

波塞冬掌管海域，他手中的三叉戟是两个对立面之间的中心点。波塞冬所代表的不是海水，而是从地下深处涌出的淡水，滋养着土壤。在某些描述中，波塞冬有一只牛脚，因为他的动物就是公牛。在基督教传统中，手持干草叉、长有马蹄的魔鬼继承了这种象征手法。这就是主的遭遇，他原本充满生命的热忱与动力，却被一种体系接管了过去，这种体系认为任何自然冲动都是罪恶的。

湿婆（Śiva）与波塞冬是同一个神，他的武器也是三叉戟，动物也是公牛。湿婆代表林伽（Liṅgam），林伽是一种把世界的创造力注入女神子宫的神圣力量。湿婆的主要标志是林伽和尤尼（yonī），尤尼是男性穿过的女性器官。湿婆和波塞冬共同代表着母神时期，也就是最早期社会形态中的古老传统。

在印度教图像学中，湿婆通常与萨克蒂（Śakti）一起出现，后者也是雪山女神帕尔瓦蒂。湿婆有三叉戟和圣牛南迪（Nandi），帕尔瓦蒂常身着豹皮或狮皮，于是我们就又回到了之前所说的：男神与月亮公牛神相关，而女神与太阳狮子神相关。这是一个古老的故事，是传统的延续，不像《圣经》传统中那样压制女神。《圣经》传统把女神排除在外，而在印度传统中，女神被尊奉为母亲；在希腊，女神本身也很强大。

最重要的是要认识这些神话之间的联系，这样当你研究某一神话的同时，也在研究另一神话的含义。大土墩墓、卫城和殉夫墓葬都属于同一综合体系。

关于这种连续性，另一个线索是线性文字 B 手稿，迈克尔·文特里斯将其破译为一种早期的希腊语。当他打开克里特人后期和迈锡尼人之前的希腊文明的大门时，发现了狄俄尼索斯（Dionysus）、雅典娜和波塞冬的名字。这些并不是吠陀万神殿的神，而是早期克里特人的神。我们由此知道，在雅利安人到来之前，这些神就已经存在了。

印欧人分批侵入希腊大陆：首先是爱奥尼亚人（Ionians），然后是伊奥利亚人（Aeolians），最后是多里安人（Dorians），多里安人是最后一批定居在希腊的人。他们不仅侵占了希腊半岛，还进入小亚细亚地区，因此，遭希腊人袭击的特洛伊人实际上就是印欧人。印欧人在博斯普鲁斯海峡（Bosporus，据说欧罗巴曾以牛形穿过这里，所以也称"牛海峡"）入口处定居下来。这里是亚洲和欧洲交汇的交通要塞。因此，特洛伊城十分富裕，又因为它过于关键，所以必然招致灾厄。约公元前 1200 年，特洛伊遭到袭击，战争从公元前 1190 年一直持续到公元前 1180 年。这里的文明几乎消失殆尽，直到公元前 8 世纪才恢复过来。此时的艺术中出现了战车。这也是荷马的时代，与《创世记》最早的文本同时代。

多里安人带来了两种不同的作战方法与武器，一种装备是青铜剑或长矛，以及绘有公牛纹饰的盾牌，武士支起盾牌作掩护，从后方发起攻击；稍晚出现了另一种武器，即相对较轻的铁制盾牌，武士把它戴在左臂上。这两种完全不同的武器在《伊利亚特》中极具代表性，这本书起始于青铜时代，结束于铁器时代晚期，所以这两种武器在书中均有出现。

在希腊皮洛斯的古内斯特宫殿里，有一组与军队分布相关的线性文字 B 石碑。它们表明，在特洛伊战争和多里安入侵时期，侵略者都是从北方来的。雅利安人一拨又一拨地涌入爱琴海南部地区。所以记住，袭击和保卫特洛伊的都源自雅利安族群，所以在内斯特宫殿的泥板上有在雅利安人到来之前的希腊文明时期的最后通报：入侵者正在逼近，做好前哨的布局，以及标示出保护妇女儿童的避难所。剩下的就是沉默。

Goddesses

Mysteries of
the Feminine Divine

第 四 章

苏美尔女神和埃及女神

G O D D E S S E S

Mysteries of
the Feminine Divine

抽象领域：文明的兴起

为了了解故事的下一部分，我们需要回到公元前4000年左右，把焦点转移到两河流域与尼罗河流域。在古欧洲，农业和动物驯养可以追溯到公元前10000年左右，而所谓的新月沃地文明直到公元前4000年才兴起。新石器时代早期，人们定居在小亚细亚和欧洲东南部地区，后来移居至两河流域，这就是高雅文化的开端。邻河而居，需要大量社会组织疏洪引流，但也有显著的优势，即洪水每年可以滋养土地，恢复土壤肥力，推动社区大幅发展。

约公元前3500年，美索不达米亚平原涌现出第一批城市，首次出现分工不同的大型社会。在简单的游牧社会中，每个成年人都完全掌握着整个文化遗产。当人们可以在一个地方持续发展农业时，大型社区就发展了起来，而这种大型城市社区最终会遇到严重的神话问题。因为人们分工明确，有专职的统治者、祭司和商人等，关注点也更专业，比如做生意的人就从来不碰犁杖。因此，印度有四级种姓：祭司、统治者、富人和仆从，这意味着一群不同的人聚集在了一起，曼陀罗就是在这个时候出现的。

在这些城市中，最显著的特点是出现了有祭司的寺庙。一种书写系统，以及一种基于十进制和六十进制的数学计算系统发展了起来。从那以后，人们就一直用六十进制计算所有的圆。观测天象时，观测者可以通过书写记录他们所看到的，并借此识别固定的恒星、星座和可见行星的有序排列。人们首先观测了地球和太阳，后来祭司天文学家们开始注意到月球、水星、金星、火星、木星和土星，并用这七个天体来命名一周中的七天。他们发现行星以某种数学规律运动，并由此产生了全新的观念，即宇宙规律在本质上是数学性质的。[1]

一直以来，人们都知道行星是运动的，特别是太阳和月亮，但是现在他们把这些运动与数学系统联系起来。我认为，这可能是人类认知史上对宇宙概念最重要的转变。早期，人们与动植物世界联系紧密，对异常现象充满兴趣，认为奇异的动物、神奇的树或某个池塘会传递出某种信息。但是现在，这一切都不再反常，而是变得协调有序且可预测。人们关注的重点转移了，随之而来的是一个全新的文明发展。我们已经从大地母亲和她的孩子们之间跳到了宇宙母亲和宇宙秩序中，数学在某种程度上是打开世界母亲女神本质的关键。

我早先讨论过，环绕整个世界的数学宇宙秩序的概念在女神形象中有所体现：不是作为大地母亲，而是宇宙女神，即我们居住在她的封闭球体或子宫的范围之内。女神成为主导形象，命运女神摩伊赖（Moirai）和诺伦三女神（the Norns）是掌管生命历程的女神，这种超越个人的力量与女性原则有关。这是早期阳具意象的一个象征意义。在印度，这种意象一直延续到林伽和尤尼的象征中。在这些意象里，男性器官从下方穿入女性器官。当我们站在那里观察这个象征符号时，它将神圣的超验能量倾注到我们居住的时空范围内，我们就像是在女神的子宫里，注视持续创造的神秘，欣赏超验原则不断涌向时间领域。我们都居住在时空的范围内，在成对的对立之中和思维的范畴里，逻辑女神和时空女神限制了我们的思维和行动。因此，凡有敬拜神之处，神之名即其子女之名，神之形即其子女之形。她是主神，是母亲，她的子宫包围着我们。

我们第一次看到这样的女神，是那些在古老的洞穴艺术中最早期的雕像，而现在，我们拥有她。在早期神话中，我们所有的传统都是从她身上衍生出来的。她是世界之母，甚至众神都居住在其中。超越了她的界限，你就超越了所有的概念，甚至超越了存在与非在的范畴，她就是一切的原初。

公元前4000年左右，在苏美尔的城市艺术中，第一次出现了有组织、有限定的美学概念，以和谐有序的方式组成各种抽象形式。图4-1中所示的瓷盘来自苏美尔城市哈拉夫（Halaf），瓷盘中心有一朵花，它是一朵宇宙之花。花位于中心位置，城市的中心则是寺庙。对四分法的强调至关重要，它构成了一个单元，整座城市的布局也分出四个等级。你在新石器时代的艺术中是不会找到这种有界限的组织形式的，那时的洞穴和还算写实的动物形象都是另一种结构。协调的四个板块也就是四个种姓，这在本质上是一种赏心悦目的美学构图。我们现在要研究的问题就是这"四点一心"，其中，中心是重点。

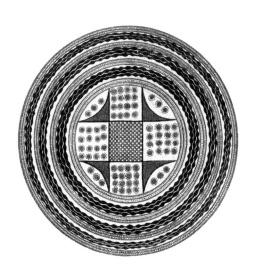

图 4-1　抽象场（陶瓷，红铜时代，伊拉克，约公元前 5000 年）

十字形图案常被人们解读为万字符的主题。罗盘的四个点围绕着一个轴心转动，这个以轴为中心运动的图像象征着时间维度上的世界。这幅来自萨马拉（Samarra）的图像（见图4-2）典雅优美，形式简单，中心的宇宙之树是世界的轴心，也是女神，动物们都围绕在她身边。

图 4-2　身伴动物和万字符的女神（陶瓷，红铜时代，伊拉克，约公元前 4000 年）

图 4-3 中展示的另一件萨马拉器皿的整体构图，更像我们在图 4-1 中看到的模式。这种组织以四为单位，四加四等于八。女性被吹拂的头发创造出一个抽象符号，而且女性依然是运动的中心。

图 4-3　蝎形女性（陶瓷，红铜时代，伊拉克，约公元前 4000 年）

在最早发掘和重建的寺庙中（见图 4-4），有两座十分相似的寺庙坐落于海法吉（Khafaje）和阿尔欧贝得（Al-Ubaid），庙里供奉的是宁胡尔萨格女神（Ninhursag），其历史可以追溯到公元前 3500 年左右。[2] 在古老的苏美尔城市中，寺庙位于社区中心，是最大的建筑，供奉女神的神庙呈母牛外阴状。[3] 圣牛如今在印度仍然存在，它是宇宙母亲的动物形态，一切福泽、能量和人都是由它生成的。

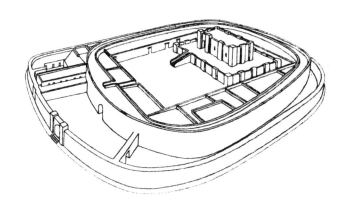

图 4-4　海法吉的椭圆形神庙（艺术家重建，苏美尔，伊拉克，约公元前 3500 年）

安妮·巴林和朱尔斯·卡什福德在《女神的神话：女神形象变迁》（*The Myth of Goddess: Evolution of an Image*）中指出：

> 基-宁胡尔萨格（Ki-Ninhursag）是苏美尔的一位主神，是"众生之母"：她是众神之母和人类之母，是大地之母，是土地和岩石以及由此产生的所有植物和庄稼等等之母。
>
> 有人认为，妇女分娩时所躺的地方与神庙有关。神庙内有羊圈、牛栏和谷仓，所有的农产品和动物生命首先属于作为伟大母亲的女神，因此也属于她的寺庙。在神庙里，祭司把食物分配给她的子民和动物。[4]

需要注意的是，在苏美尔语中，羊圈、子宫、外阴、腰和大腿是同一个词。[5]

　　与此同时，在阿尔欧贝得开始出现金字形神塔（见图 4-5）。在这些寺庙的院落里，祭司是一群非常特殊的牧牛人，牛产出的奶是女神的乳汁和仙馐（sacred ambrosia）①，专门供给统治阶级。这是一种象征性饮食，通过象征性的联系唤起人们的思想，使人们去思考生命的神秘之源，以及人服务于社会的奥秘。

图 4-5　阿尔欧贝得神庙的檐壁（石雕，苏美尔，伊拉克，公元前 3000 年）

　　据我们所知，苏美尔人是世界上第一批文明高度发展的人之一。在很长一段时间里，人们认为闪米特语是最早的语言，后来我们又发现了苏美尔语，学者们一直认为"这只是闪米特祭司的秘密语言"。他们固守这一观点，但是最后不得不改变观点。苏美尔语既不属于闪米特语，也与印欧语无关。

　　现在，我要给大家重新介绍一下狮子女神。在乌鲁克（Uruk）的苏美尔公牛神庙的横幅图画上（见图 4-6），正预演着一个古老的主题：太阳雄鹰吞噬掉月亮公牛。狮子和鹰象征太阳能量，是女神。这头公牛是神话中的牛，它的腿关节处散发出能量，右前方是宇宙山顶上的新月。它正在生产大地能量，就好像公牛使大地女神受孕一样。它介意被吃掉吗？不，它正在笑。就像月亮每个月死而复生一样，公牛代表了能量的奥秘，这股能量注入世界，不断被撕裂再复活。

　　就像我们在克里特岛上看到的，图 4-7 中的巴比伦图章上也有蛇女神。它在 20 世纪 20 年代被发现时，人们一度认为它是《圣经》故事的先声。

---

① Ambrosia，豚草。在古典神话中，豚草是神的食物和饮料，吃了它的凡人可以长生不老。——译者注

图 4-6　月亮公牛和狮子鸟（赤陶，苏美尔，伊拉克，约公元前 2500 年）

图 4-7　生命之树旁的男神和女神，女神身后有一条蛇
（泥图章，苏美尔，伊拉克，约公元前 2500 年）

然而，这个神话中并没有"堕落"，这棵树是永生之树，是女神世界的轴心。牛角所代表的男性月亮神似乎下来接受了女神的果实，而女神的身后有一条蛇。这幅画可以转译成《圣经》神话中的意义：夏娃与蛇是果实的赐予者，他们把果实赐给男神。然而，在苏美尔神话中，这不是一种"堕落"，女神说的是："走进我者，获得新生。"

实际上，《创世记》是将 1000 多年前的苏美尔神话转译成了希伯来父系神话。

如图 4-8 所示，在乌鲁克古城著名的瓦卡花瓶的瓶身上，祭司们赤身裸体，把器皿抬到金字塔或山庙顶。国王站在花瓶裂口处，正在传递信息或祭品。其中一位祭司站在国王面前，把城中的祭品献给女祭司。女祭司可能是女神的化身，她在乌鲁克的名字是伊南娜，她身后的两根立柱彰显了寺庙在这一文化中的重要性。[6]

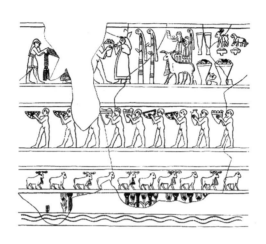

图 4-8　瓦卡花瓶（雪花石膏雕刻，苏美尔，伊拉克，约公元前 3000 年）

　　无论被称为伊南娜还是伊什塔尔（《吉尔伽美什史诗》中的女神），她都是苏美尔文化中至高无上的神。在图 4-9 所示的头部雕刻中，她是缪斯女神，发挥着极其重要的作用。与这个时期的其他物品不同，这张面具最早表现了女性头部的精致和魅力。女神的眼睛无疑是由天青石制成的，眉毛可能是天青石或乌木，头上可能曾戴着假发。

图 4-9　瓦卡头像（大理石雕刻，苏美尔，伊拉克，约公元前 3200 年）

在旧石器时代和新石器时代早期的女性形象中，乳房和臀部被重点突出，女性被视为生育女神。此外，女神还代表另一种生育力，那就是精神的生育力，就像女神将过去转化为未来一样，她把物质生活转化成精神生活。在这里，女性不是物质生活的缔造者，而是缪斯，是精神的转换者。

这里所表达的是童贞生子和精神生活的诞生。关于女神在这方面的特质，其他的表现形式虽然不如瓦卡头像精细，但它们的确也能传递给我们某些信息。

在图 4-10 所示的眼睛女神雕像中，我们看到了女神重心转变的另一种表现，即从物质生产的源头转向精神生产的源头。其中一些雕像的眼睛看起来是蓝色的，蓝眼睛是天穹之眼。关键在于，它表明女神不再仅作为大地女神，只与生育和大地相关联，而是形成了一整套女神符号的体系，所指代的远远超过物质的大地。生命的全部灵感，无论是物质的还是精神的，都源于她。

图 4-10　早期苏美尔的眼睛女神雕像（雪花石膏，叙利亚，公元前 3500—前 3000 年）

现在，你可以跟随眼睛女神来到不列颠群岛和斯堪的纳维亚半岛。在青铜时代初期，青铜是铜与锡的合金。特兰西瓦尼亚、巴尔干半岛、康沃尔，无论何处，只要发现锡，就会有采矿区。精美的黄金和青铜制品不一而足，这就是青铜时代。

20 世纪 20 年代，著名英国考古学家伦纳德·伍利爵士（Sir Leonard Woolley）在乌尔（Ur）的金字形神塔前挖掘出一片土地，在那里发现了著

名的乌尔王陵。[7]他发现，不仅国王和王后葬在这些墓里，整个宫廷都埋在
这里，包括牛车、车夫、宫廷贵族、舞女和音乐家。[8]根据骸骨的状况，人
们推测这些人是活葬的，目前尚不清楚国王是自然死亡还是死于宗教仪式。
国王与整个宫廷葬在一起，填上土，然后在其上面一层，王后（见图 4-11）
与她的宫廷葬在一起，她的名字"普阿比"（Puabi）印在天青石上。女人是
宇宙的秩序，也是未来生命的觉醒者，男人死后，女人下到冥界把他救活，
这就是"殉葬"的母题。

图 4-11　献祭的普阿比女王的头饰（黄金，苏美尔，伊拉克，公元前 2500 年）

英雄本质上是什么？英雄不是一生中击出 600 次全垒打的人，而是为
某项事业或他人献出生命的人。在这里，这种生命的贡献通过女性角色表达
出来。作为妻子，她和丈夫是一体的，为丈夫进入冥界，带他回到永生，"伊
什塔尔的地狱之旅"的伟大故事便体现了这一点。伊什塔尔复活了自己的丈
夫坦木兹（Tammuz），她下到冥界为配偶和自己带来永生，这便是女神的
伟大神话。这种女性形象是古老传统的基础，她不仅是宇宙的创造者，也是
宇宙的援救者。

据记载，最古老的"英雄之旅"故事可能早于《吉尔伽美什》，它就是
苏美尔人关于天空女神伊南娜下到冥界的神话（见图 4-12）。[9]公元前 1750
年左右，史诗《伊南娜的降临》（The Descent of Inanna）被镌刻在石碑上。

尼普尔（Nippur）是苏美尔的精神文化中心，这些石碑在尼普尔废墟中沉睡了将近 4000 年。[10]

图 4-12　伊南娜（赤陶，苏美尔，伊拉克，约公元前 2300—前 2000 年）

> 她来自"崇高的上苍"，却心系"壮阔的下界"，
> 女神，她来自"崇高的上苍"，却心系"壮阔的下界"，
> 伊南娜，她来自"崇高的上苍"，却心系"壮阔的下界"，
> 我的夫人放弃天堂，舍弃大地，她下到了冥界，
> 伊南娜放弃天堂，舍弃大地，她下到了冥界，
> 她放弃统治，屈尊降贵，下到了冥界。

伊南娜进入冥界要下七个门槛，每跨过一个门槛，她都必须脱去一件衣物或珠宝，这样她才能在下到她姐姐的王国时变得赤身裸体，摆脱所有世俗的东西。当伊南娜到达最深处时，她统治冥界的姐姐埃列什吉伽尔（Ereshkigal）用"死亡之眼"杀死了她，并把她挂在钩子上吊了三天。

伊南娜没能从冥界回来，她的同伴宁舒布尔（Ninshubur）就去寻求工艺之神恩基（Enki）的帮助，恩基派帮手进入冥界解救女神。当恩基的仆

从到达时，埃列什吉伽尔正遭受分娩的痛苦，他们十分同情她，从而赢得了伊南娜的释放。伊南娜升到人世时，除了她的丈夫坦木兹，所有人都在为她的失踪哀悼。伊南娜必须找到一个在冥界顶替她的人，于是她选择了坦木兹。

闪米特人的涌入：萨尔贡和汉谟拉比

显然，青铜时代的到来预示着侵略者的到来。美索不达米亚遭到闪族阿卡德人的入侵，他们带来了武器和男性主导的神话。

第一位伟大的闪米特君主是萨尔贡一世（见图 4-13），他在位的时代是公元前 2350 年左右。他的故事大家应该耳熟能详：他的母亲住在河边，生活简朴，当儿子出生时，她准备了一个装有灯芯草的小篮子，用沥青将其密封起来，然后她把儿子放到里面，篮子顺溪流而下，来到了国王的花园。

图 4-13　阿卡德的萨尔贡（青铜，苏美尔，伊拉克，约公元前 2300 年）

花园里的园丁把萨尔贡从河里救了出来，女神伊什塔尔爱上了他，国王也尊重他，他长大后成为萨尔贡一世。

汉谟拉比直到公元前 1750 年去世前，一直都是巴比伦新城邦的统治者。在记录了他著名的法典的石碑上（见图 4-14），可以看到汉谟拉比从太阳神沙玛什（Shamash）那里接受法律，而沙玛什的肩上正有光芒升起。在武士的神话中，我们第一次发现太阳是男性，月亮是女性。

图 4-14　汉谟拉比从沙玛什神那里得到法典
（花岗岩雕刻，巴比伦，伊拉克，公元前 1780 年）

闪米特人在萨尔贡和汉谟拉比的带领下，从沙漠侵袭而来，标志着男性传统侵入美索不达米亚城邦。他们是冷酷无情的斗士，不会问星星"我该进坟墓了吗"，而是让别人替他们死亡和献祭，自己扮演统帅角色。

闪米特人的出现，使女神的旧世界被一种新的神话表达出来：在马杜克的伟大故事中，他是阳刚的太阳神和天空神，与深渊女神提亚玛特相抗衡，而提亚玛特是众神的祖母。[11] 男性诸神取得了控制权，现在他们要求成为世界的创造者。接下来发生了什么？提亚玛特走出深渊，马杜克攻击她，她被称为恶魔。马杜克杀死了她并将其分尸，把她的上半身变成天空，深渊变成冥界，再用她的血液创造出男人。

唉，对"祖母"这样做可不太好。从此，男性开始扮演创造者的角色。

当我第一次读到这个故事情节时，我想："如果他再等上几分钟，提亚玛特就会自己这么做了。"她确实成了世界，她心甘情愿献出自己的躯体，但看起来一切就好像是马杜克做的一样。另一个有趣的事情是，男性所到之处即有分裂（division），而女性则带来了联合（union），这也是我们从心理学中学到的。例如，人类和动物的世界看似对立，水牛的妻子却把它们联合起来；母亲把她所有的孩子都聚集在一起。当人们意识到父亲和母亲不同的时候，分离和分化就产生了。

因此，在这些男性化的闪族神话中，我们第一次看到人与神的分离，这是神话史上最重要、最具决定性的母题之一：永恒的生命和宇宙统一从此不再属于我们，我们与神分离，神与他的世界分离，人与自然对立，自然与人对立。

在大母神的神话中，是没有这种分离的。

关于闪族神话，还有另外一个有趣的地方。我所知道的所有其他神话，都把那些代表自然的天神和地神以及自然的力量作为主神，这些神灵在我们的内心，也存在于外界。在这些神话中，部落的祖先总是次要的神。

在闪族神话中，情况恰好相反。在所有闪族传统中，最主要的神祇都是当地的祖先神。正如我前面所指出的，当你拥有和其他人一样的神灵时，就可以说"你称之为宙斯的神，在我们这里叫因陀罗"。但是，当你的主神是当地的部落神时，就不能这么说了。

因此，这里便出现了一种排他性的模式：这种模式重视社会法规，反对自然。《旧约全书》的整个历史就是雅赫维反对自然崇拜的历史，女神是"可憎之神"，她和她的神性被称为魔鬼，不再被认为是神圣的。随之而来的感受是，神圣的生命不在我们体内，而在外部世界。祈祷的姿态是向外的，而在过去，它是转向内在的神圣。这种变化发生后，你只能通过某些特殊的社会群体找到神，比如部落、种姓和教会。

这是男性重心对女神重心的抵御，这种情况在个人心理学上体现为抗拒自然、否定女性、过分强调父亲的角色。这就是尼采所说的"哈姆雷特体验"，哈姆雷特向父亲鞠一躬，说："奥菲莉亚，你可以去淹死自己。"

"啊！这不洁的肉体终会消逝。"[12]人们痛恨自己的身体，痛恨自然，想要摆脱它，这与女神崇拜的态度完全相反。《圣经》传统是闪米特人传承下来的最后一个伟大传统。在这个传统中甚至没有一位女神存在，只有父神而没有母神，这是十分奇怪的。

母神发生了什么？她被降格至元素级别，她是宇宙之水。男神的灵魂在水面上盘旋，男神被人格化，而女神没有。混沌正是深渊女神提亚玛特，她的人格甚至也遭到剥夺，这给我们的文化带来了巨大的压力。

可能你还会想到，在犹太传统中，割礼是人与上帝立约的标志，而女人则被排除在外。

因此，在各地的文明史和神话史中，男性原则与女性原则彻底分裂，人们赋予男性原则一切力量，剥夺女性的一切权力，她的自然世界与自然之美遭到质疑。在这个传统中，甚至美也被拒斥为干扰和诱惑。

埃及

埃及对世界历史的影响绝对令人震撼。公元前 4000 年左右，尼罗河谷开始有人定居，小村庄和女神一起散落于此处（见图 4-15）。埃及历史始于北部，中期在中部，晚期在南部。尼罗河就是全部的中心，河两岸都是沙漠，这使得埃及受到了很好的保护。任何想要进入这里的人和力量都只有一条路，那就是穿过尼罗河三角洲。

图 4-15　女神雕像（赤陶，前王朝，埃及，约公元前 4000 年）

希拉孔波利斯（Hierakonpolis）的一座小型墓穴可以追溯到 5000 多年前，那时还没有出现第一位法老。墓穴中有描绘动物的墙壁装饰（见图 4-16），动物进行圆周运动，其主题与伊拉克的图像有相似之处，这表明埃及很早就吸纳了来自美索不达米亚的高等文化。可以确定的是，美索不达米亚的文化起源更早。我们看到，大约公元前 3200 年，埃及式风格还没有出现。

图 4-16　希拉孔波利斯墓的墙壁装饰
（绘画和灰泥，前王朝时期，埃及，约公元前 3500 年）

埃及北部先经历了从史前新石器时代文化到公元前 3200 年左右的历史阶段。公元前 3200—前 2685 年，埃及出现了一些早王朝，然后是古王国时代，也就是建造金字塔的时期。历经第三王朝到第六王朝，就到了约公元前 2280—前 2055 年的第一个中间期，这 200 年间埃及动荡不安。对于埃及历史，每个学者都有自己的划分标准。

中间期之后是第二个关键时期，即公元前 2055—前 1650 年的中王国统治时期。从第十一王朝到第十三王朝，埃及的首都都是现在的底比斯（Thebes）。正是在这一时期，因为金字塔被盗墓者洗劫，法老被埋葬在山腰上。

然后是第二个中间期，也就是公元前 1650—前 1580 年。这是一段非常特殊的时期，在汉谟拉比之后的 100 年，西亚人入侵了尼罗河三角洲地区，人们认为希伯来人可能就是此时进入埃及的。

然而，这些西亚人在公元前 1580 年左右被驱逐出境。遭到入侵后，埃及人决定自卫，于是他们沿着海岸线出发，一直攻到土耳其。这段时期被称为埃及帝国时代，也是出现在所有《圣经》故事中的埃及。

约公元前 525 年，波斯人入侵埃及；公元前 332 年左右，亚历山大大帝征服了埃及；公元 30 年左右，罗马人占领了埃及，那是埃及艳后克里奥佩特拉（Cleopatra）的年代。对于这片狭长的河谷来说，这是一段悠久的历史。

在大约公元前 3200 年，我们所认识的埃及突然出现，这种风格的突然出现令人惊奇。图 4-17 中的纳尔迈调色板显示了上埃及国王打败三角洲国王统一了这两个国家的历史。调色板上方的两个角上雕刻着牛头，这是守护大地的女神哈索尔，她也被称为"荷鲁斯的居所"。法老把她佩戴在腰带四周，这样他就填满了整片大地。这位法老是我们所知的最早的法老，也是最高的神。他化身为神性的最高力量，但哈索尔是他生活的大地，对他产生约束力。法老带着公牛尾巴，因此他是奥西里斯的化身。奥西里斯是月亮公牛神，他死而复生，再死去，再复活，是所有神祇死亡和复活的典范。鹰是荷鲁斯，是代表上埃及国王的图腾，图腾下面的植物是三角洲的纸莎草沼泽，这是他刚占领不久的地方。神秘的符号象征着客观的事实，头戴王冠的国王抓住三角洲国王的头发，杀死了他。得胜的法老戴着下王国的王冠，他身前有代表罗盘四点和他的权能的符号。自此，法老经历了两次加冕，一次是作为南方之主，另一次是作为北方之主，两个王冠合到一起，因此，后来的埃及王冠都是二者的结合体。

图 4-17　纳尔迈调色板（粉砂岩雕刻，古王国，埃及，约公元前 3200 年）

在第四王朝时期（公元前 2613—前 2494 年），吉萨（Giza）的四大金字塔已经建成（见图 4-18）。金字塔的象征意义与尼罗河每年的洪水有关，洪水与奥西里斯的死亡有关：他腐烂的身体中的水分滋养着土壤。当土地被每年一次的洪水淹没时，世界仿佛回到了一片汪洋的原始状态。洪水退去后，出现了象征宇宙种子的原始山丘，那就是金字塔。这座原始山丘是女神，包含了宇宙的所有生成能量。国王在金字塔里，他作为生成能量被埋葬在世界之山中，与死去的奥西里斯相对。这座建筑有一个象征意义：法老是原始山丘中死去的奥西里斯，死而复生的他象征着世界被洪水淹没后生命回归的第一个迹象，他的死体现了滋养的原则。

图 4-18　吉萨金字塔（古王国，埃及，约公元前 2560—前 2540 年）

斯芬克斯（Sphinx，见图 4-19）象征法老权力的延续：法老代代更迭，但它们都是法老权力的载体。斯芬克斯是美丽的狮子女神赛克迈特和卜塔的孩子。卜塔是一位奇怪的神，他总是以木乃伊的形式出现，实际上却是一位月亮神。月光使狮子女神受精，这就是斯芬克斯的来源。

图 4-19　狮身人面像（石灰石雕刻，古王国，埃及，约公元前 2500 年）

在埃及，天空是女神努特，大地是她的丈夫盖布。太阳从她东方的子宫里诞生，白天乘太阳船穿过她，再从西方进入她口中。第二天早上，太阳又从东方的子宫里出生。

在美索不达米亚和希腊神话中，男神是天空，女神是大地，因为雨水从天而降，滋养大地。最初，大地和天空是一体的，后来才被分开，这有时被认为是罪恶的结果，有时仅仅被认为是一场意外。在伟大的希腊故事中，天空乌拉诺斯紧紧地躺在大地盖亚身上，以至于他们的孩子无法从母亲的子宫里出来。所以盖亚把镰刀递给儿子克洛诺斯，克洛诺斯阉割了乌拉诺斯，并把他推了上去。在埃及神话中，情况恰好相反，被推向上空的是女神（见图4-20）。

图 4-20　努特与盖布的分离（纸莎草手稿，埃及，时间不详）

伊西斯和奥西里斯的神话

女神努特生了两对双胞胎，年长的是奥西里斯和伊西斯，年幼的是奈芙蒂斯和她的配偶赛特。奥西里斯是社会文化的主宰和创造者，女神伊西斯是他的妹妹和新娘。她头上有一个王冠，象征法老的宝座，所以埃及的王座是女神，神的化身作为她的代理者坐在上面。这种女神的连续性在埃及十分强烈。

有一天晚上，奥西里斯以为奈芙蒂斯是伊西斯，便与她同床共枕（见图 4-21）。在这类故事中，忽视细节永远不会有好结果，而其后果就是奈芙蒂斯的丈夫、奥西里斯的弟弟赛特决定实施报复。赛特制订了复仇计划，他完全按照奥西里斯的身形制作出一个既漂亮又贵重的石棺。一天晚上，在一个盛大的宴会上，赛特带着石棺走进来说："无论是谁，只要这个石棺完全合他的身，就可以得到它。"

图 4-21　站在伊西斯和奈芙蒂斯中间的奥西里斯（浅浮雕，托勒密王朝，埃及，公元前 2 世纪）

就像灰姑娘的水晶鞋，所有人都试了一遍。当奥西里斯躺进棺材时，赛特的 72 个同伙闯了进来，盖紧棺盖，将其绑好并扔进了尼罗河。这就是奥西里斯的结局。

与美索不达米亚的传统一样，女神必须下去营救她的丈夫，于是伊西斯也去找她的丈夫奥西里斯。奥西里斯漂浮在尼罗河上，被冲到叙利亚的海滩上（我们可能会以为是黎巴嫩），棺材周围长出一棵美丽的树，把它围了起来（见图 4-22）。

叙利亚城附近的国王想建造一座宫殿，当他走到岸边时，这棵树散发出的香味是如此令人沉醉。于是他决定把它砍下来，带回皇宫当客厅的顶梁柱（见图 4-23）。此时，他的王后刚刚生下一个男孩。

图 4-22 石楠树中的奥西里斯（浅浮雕，托勒密王朝，埃及，公元前 1 世纪）

图 4-23 节德柱（浅浮雕，托勒密王朝，埃及，公元前 1 世纪）

伊西斯走了很远的路，神都有感知事物的直觉，她来到奥西里斯被冲上岸的地方，做了宫殿里刚出生的孩子的保姆，而她的丈夫就在起居室的顶梁柱里。到了晚上，她举行了一个小小的仪式：把小男孩放在壁炉里，烧掉他凡人的特质，赐予他永生。然后她变成一只燕子，围绕裹着丈夫的柱子飞来飞去，悲伤地呢喃着。

一天晚上，小男孩的母亲走进来，看见自己的孩子在壁炉里，一只傻乎乎的燕子正围着柱子叽叽喳喳地叫着，却没有保姆在场。她尖叫一声，差点打破了咒语，伊西斯只得把孩子从火中救出来。

燕子又变回伊西斯，并告诉王后，她的丈夫在柱子里，她想带他回家。

于是，伊西斯得到了这根裹着丈夫的柱子，她把柱子放到船上，驶回家乡。然后，她揭开石棺，躺在丈夫身上，怀上了奥西里斯的儿子荷鲁斯。在整个神话中，这是一个非常重要的时刻，奥西里斯的儿子荷鲁斯是奥西里斯死后被生下来的。伊西斯非常害怕赛特，因为他已经继承了王位，所以她留在三角洲，在那里痛苦地生下了荷鲁斯。[13]

伊西斯在纸莎草沼泽上岸，在悲伤和痛苦中生下了荷鲁斯。太阳神阿蒙（Amon-Re）和月亮神托特（Thoth），即死亡的向导，是她在分娩的阵痛中唯一的支柱。伊西斯是基督教传统中圣母玛利亚的主要原型之一。这是在父亲不在场的情况下，母亲生下孩子的母题，而这一标准母题在后来的民间传说和史诗中流传了下来。

与此同时，奈芙蒂斯也生下了她和奥西里斯的儿子。这个孩子长着豺狼头，名字叫作阿努比斯（Anubis）。

有一天，赛特去猎杀野猪，野猪的獠牙向下，来自冥界，代表死亡与复活。赛特跟着野猪进入纸莎草沼泽，发现了伊西斯带着小荷鲁斯和奥西里斯的尸体（见图 4-24）。于是，赛特把奥西里斯撕成 15 块，扔得到处都是。

图4-24　伊西斯与荷鲁斯在纸莎草沼泽（浅浮雕，托勒密王朝，埃及，公元前1世纪）

　　因此，伊西斯不得不再次寻找奥西里斯。幸运的是，这一次，奈芙蒂斯和长着豺狼头的小阿努比斯也加入了寻找的行列。阿努比斯四处嗅着奥西里斯的尸体碎片，他们找到了15块中的14块，第15块恰好是奥西里斯的生殖器官，它被一条鱼吞了下去。因此，死亡的奥西里斯与埃及土壤的丰沃联系在了一起，这种丰沃每年都伴随着尼罗河水的上涨和泛滥而来。当他的尸体被伊西斯重组后，阿努比斯扮演了埃及祭司的角色，对尸体进行了防腐处理。

　　这是一场复活生命的仪式，埃及祭司用香料防止尸体腐烂时，会戴上阿努比斯的面具，重现整个神话。[14] 在古卷和仪式中，死去的人被称为奥西里斯·琼斯（Osiris N 或 Osiris Jones），仪式的目的是让奥西里斯·琼斯去见奥西里斯长老，承认神圣的力量源自奥西里斯长老。

　　荷鲁斯为了替父亲报仇而投入战斗，在战斗中，他失去了一只眼睛。这只眼睛叫作"荷鲁斯之眼"，是复活奥西里斯并使他得到永生的祭品。因此，奥西里斯成了死者的审判官。人们认为，死去的法老是冥界的奥西里斯，而活着的法老是荷鲁斯。

　　人们死后会像奥西里斯一样被防腐处理，然后由阿努比斯引到天平上，用一根羽毛来衡量死者的心脏的重量（见图 4-25）。羽毛是精神的象征，心灵是物质的象征，如果心脏比羽毛轻，那这个人就配得上精神不朽，否则他将被那里的鳄鱼魔怪吃掉。天平上的羽毛是女神玛特（Ma'at）的，她代表整个宇宙的秩序和法则（见图 4-26）。

图 4-25　心脏称重（纸莎草纸，新王国，埃及，公元前 1317—前 1301 年）

图 4-26　玛特（浅浮雕，托勒密王朝，埃及，公元前 1 世纪）

Goddesses

Mysteries of
the Feminine Divine

第 五 章

古希腊宗教中的
男神和女神

G O D D E S S E S

Mysteries of
the Feminine Divine

关于女神的数字

　　神是对超然力量的隐喻。我对神话模式的理解是：需要从隐喻的维度去理解神，还有人，如同我们理解诗歌那样。就像歌德在《浮士德》的结尾所言："一切无常事物，无非比喻一场。"[1] 这种比喻所指之物是超越所有的言语、词汇和图像的。我认为，在探索这些隐喻所指时，那种"散文式"（Prosaic）的思考方式是"神学"，而不是"神话"。在神学思维中，神被认为是一切的终点，一种超自然的存在。当神灵不可见，当他不以超然的形式敞开自身，他就不会揭开我们生活秘密的神秘面纱。

　　而在诗性（poetic）的神话体系中，一个人所表现出的能力，实际上是其内在力量得到放大后的映像。一个人的神性是他体验神圣感的能力，它反映了一个人在精神层次中的地位。正如在公元前 900 年的印度流传的一句话所说的："你就是神。"你的"存在"的奥秘是你无法想象的一种神秘，它超越了言语，藏在你自身"万神殿"的隐喻中。此外，《广林奥义书》（*Bṛhadāranyaka Upaniṣad*）中也记载了这样一句话："人们说'敬奉这位神！敬奉那位神！'——一个接一个的神，整个宇宙本身就是神的创造！"[2] 这些在此寻求崇拜的人无法理解。只有转向内在，你才能发现存在之谜的印记。

这也是我们曾在埃及的《亡灵书》里看到的一个观念：死去的人被称作奥西里斯·琼斯，他在走向奥西里斯的宝座的路上。奥西里斯坐在死者的审判席上，是掌管死亡与复活的神，他正是基督的原型，而在去见奥西里斯的路上的那个人就是奥西里斯本人。在这个过程中，奥西里斯·琼斯意识到，他所敬奉的所有神灵都只是他内在神秘体验的再现。他穿过冥府的一片灰色地带，说道："我的头发是努恩（Nu）的头发，我的面孔是瑞（Re）的脸，我的眼睛是哈索尔的眼睛——我身体的每一个部分都是某个神的一部分。"[3] 然后他又说："我就是过去、现在和未来，我拥有重生的力量。我即是创造了众神的奥秘。"[4] 你在你的神殿中所见的就是你自己，同时你必须承认你存在于自我之中，这便是神话的开端。

但是，在一般的神话，也就是我称之为"神学"的神话中，神往往以他的最终形式出现：他不在你"这里"，而是在"那里"，你并不是在神身上获得"认同"，而只是将自己与神相联系。因此，我试图区别两种神话体系：一种体系重视对神的力量的认同，另一种则重视神秘力量在自我生命中的运作，这些神秘力量往往通过身体器官或是梦境表现出来。在印度，瑜伽修行者在崇拜湿婆时，会身着湿婆的衣服念道："我是湿婆。"此时，你可以作为湿婆的化身生活，只要在足够长的时间里坚持这一信念，你将最终认识到你自身就是湿婆。在神道佛教（Shinto Buddhism）中，这一阶段被称为"觉醒"，经过这一阶段，你就会意识到，存在着这样一种感知与能量的内在生命力，它维系着群星、银河、鸟群和树木，也维系着你。因此，没有人能将这种生命力从你这里夺去，你就是这永恒奥秘的一分子。

从神学的角度来看，创造了你的神身在何处乃是一个外在的事实，如果一个人说"我就是神"，这显然是种亵渎。基督说了这样的话，也因此被钉上十字架，因此，这种话语往往被认为是谎言。亚伯拉罕宗教——犹太教、基督教和伊斯兰教，它们都是基于"关系"而非"身份"的宗教，也都是高度制度化的宗教。那么，信徒如何与神相关联呢？答案是你通过作为某一特定社群的一员来与神相关联。有两种类型的宗教社群：第一种是基于生物属性的社群，这种宗教往往存在于你生长的部族之中；另一种则是世界宗教，在这种宗教中，你通过某种受洗仪式来加入社群，该社群也是唯一能使你与神相关联的社群。

世界三大宗教是佛教（佛教是一种基于"神话"的宗教而非基于"联系"的宗教）、基督教和伊斯兰教。如今，佛教与印度教紧密相连，正如基督教、伊斯兰教和犹太教紧密相连。印度教和犹太教都是部族宗教。印度教信徒生来就是印度人，不仅仅在血统上是印度人，而且生来就是各种不同的种姓。这与犹太人生长在犹太部族里一样，对于那些已经对犹太教神学幻灭了的现代犹太人来说，即使他们已经不再信犹太教，但仍然是犹太人，这是一种进退两难的处境。

犹太教、基督教和伊斯兰教都与印度宗教有着很大的不同。前三者是散文式的而非诗性的，印度教和佛教则在本质上就是隐喻性的宗教。

我们所探讨的古代欧洲女神问题，主要是关于一些种植业和畜牧业起源时期的物质材料。更早时期小规模的游牧民族以狩猎和采集食物为生，与后来那些有着不同社会形式的定居社群相比，这些游牧群体的精神世界完全不同。在早期的游牧社会模式中，每个已知社群中的成年人都掌控着全部的农业财产。在这些社会模式中仍然存在着一些差别，第一个重要的差别就是男女之别；第二个差别则是年龄群体的差别——小孩子、年轻人、成年人和老人；第三个差别则是大部分社群成员和萨满巫师之间的区别。萨满巫师有着深重的精神危机，因为他们总是经受着那些社会神话中不断变动着的能量。

但是到了公元前 3500 年左右，近东地区的城邦开始兴起，一种全然不同的特殊社会形式开始发展。人们有了专业的统治家族、祭司、商人、农夫，后来又有了职业手工业者，如制陶工人和木工。在这一时期，一类非常强大的、社会学意义上的神话诞生了，而它的诞生说明，即使彼此有再多的不同，我们仍然是一体的。这一观点在印度种姓制度中得以体现：我们都属于同一个"身体"，每个人都是这个身体某一伟大器官中的一个细胞。婆罗门，即祭司阶层，是社会之"头"；刹帝利（kṣatriya），即统治者的种姓，乃是社会的手臂及双手，他们有权执行婆罗门颁布的法令；吠舍（vaiśya），即商人，是身体，也就是社会的躯干。这三个阶层被称作"重生"的种姓，他们可以受教育并掌握知识。第四个阶层则与前三者分开，称为首陀罗（śūdra），他们组成了腿和脚，以支撑身体。

在约公元前 3500 年的近东地区，祭司们开始系统地观测天象，书写技术诞生了。而随着我们至今仍在使用的十进制和六十进制系统的诞生，古代人的时空观也开始形成。

由于有了书写和记录体系，人们可以将星座固定下来，并精确地记录行星运动的轨迹。可见的行星包括月亮、水星、金星、太阳、火星、木星和土星，祭司们很快发现，行星们参照那些不动的恒星以一种可以确定的数学规律运动着。以数学规律运动的时间之环成为一种神话、一种宇宙秩序。早期的原始神话往往关注那些特殊的事物，如一棵特别的树、一块奇异的石头、某种怪异的形状和某只习性独特的动物。而在全新的宇宙神话中，人们的兴趣是伟大的秩序，神秘主义的数学也就此诞生。由于伟大的宇宙秩序是一个包含众生的封闭"子宫"，所以它往往以女性能量的形式出现，也就是所谓的女神、宇宙母亲。

宇宙中有一些天然的数学规律，9 这个伟大的数字往往属于女神。缪斯女神有 9 位，9 是 3 的 3 倍，而美惠女神有 3 位，她们乃是阿佛洛狄忒的 3 个位面。阿佛洛狄忒女神那富有节律感的神力进入了世界，随后又归返，这位女神自身就包含了这两种运动。

432 是另外一组有趣的数字，将 4、3、2 这三个数字相加，就得到 9。在印度的《往世书》（Purāṇas）中，43200 是印度古历法中小纪

（Kālī Yuga）的所有年数，小纪的循环组成大纪（mahāyuga），而大纪是4320000 年。我读过冰岛的史诗《埃达》（*Poetic Edda*）。《埃达》是伟大的北欧萨加史诗（Saga）中的一部，其中这样说：在所有战士亡魂所去往的瓦尔哈拉英灵殿（Valhalla）里有 580 只狗，而在时间循环的尽头，在世界毁灭又复苏之时，800 名勇士将穿越每一扇门与神之敌人战斗。我注意到：800×540=432000。

在公元前 2 世纪，一位名叫贝罗索斯（Berosus）的巴比伦祭司用希腊语讲述了巴比伦的迦勒底（Chaldean）神话。他指出，从第一座城市（在这一传统中是基什城）诞生到大洪水（诺亚神话的原型）时代来临之前，总共过去了 432000 年。到了公元前 2 世纪的美索不达米亚，这个奇妙的数字又出现了：在那 432000 年间，只有 10 位国王在位。

在哪里还出现过这么长寿的人呢？我们来看看《圣经》，从亚当到诺亚，一共出现过 10 位族长。亚当和诺亚大洪水之间隔了 1656 年。我花了大约三天的时间，试图把 1656 和 43200 这两个数字结合起来，可惜我不是数学家，没搞出什么名堂。但随后我就发现，有人已经解决了这个问题。

朱利乌斯·奥博特（Julius Oppert）是一位犹太籍的亚述研究专家，我读了他 1872 年的一篇论文，叫作《创世记的时间》（*The Dates of Genesis*）。他在文中指出，贝罗索斯所讲述的古代王族和《创世记》中的族长统治时期的总和都包含 72 年，而岁差现象中春分点在黄道上移动一度所需的时间也是 72 年。432000 除以 72 等于 6000，1656 除以 72 等于 23，所以我们由此可以得出其中包含着数字 6000 与 23 的关系。

犹太历法中一年有 365 天，经过 23 年（加上其间的 5 个闰年）之后，一共过去了 8400 天，即 1200 周。将 1200 乘以 72，得到 1656（23×72）年中有多少周，结果是 1200×72=86400，即 43200 的两倍。

这样的结果太惊人了。这个数字的秘密同时藏在贝罗索斯的讲述和《圣经》的文字里。

　　既然冰岛、印度、巴比伦和《圣经》里都有同样的数字，那么这个数字究竟是从哪里来的？

　　我开始问自己另一个问题：由于岁差，我们正在走向水瓶座时代（Aquarian Age）。我们如今在双鱼座时代，此前在白羊座时代，再往前是金牛座时代……那么走完所有黄道星座的周期是多少年呢？答案是25920年。将这个数字用六进制的方式除以60，就得到432。

　　一个朋友曾寄给我一本《有氧运动》（Aerobics），这本书让我了解自己得做多少运动来保持健康。书中的一个脚注指出，若一个人的身体处于完美状态，他的心跳大约是每秒一次，一分钟60次。12小时后就是43200次。因此，宇宙的节律就是我们心跳的节律，宇宙秩序中宏观和微观的节律是一致的。所以只要你身体健康，你就与宇宙保持同样的节律。当你身体衰弱时，身体的节律也就不复和谐。神的历法富有节律，所以你与宇宙保持着一样的节律。疾病是对节律的背离，而正是神话的节律将你拖回正轨，所以我们才有了那些关于治愈疾病的神话。在纳瓦霍部落中，过去用于狩猎的神话和仪式如今用于治疗，用于使人们恢复和谐的节律——帮助人们显明自身于超然神圣之中。

　　9是伟大的节律之数。4+3+2=9，这就是女神的数字。在印度，女神有108个名字。在祭祀女神的大神殿里，祭司把女性抹在额头上的红色粉末倒进圣坛，然后清点数目，背诵女神的108个名字。用108乘以4，就得到了432。在佛教思想中，有108种世俗欲望把我们束缚在这个尽是幻觉的悲哀世界里。108代表着每时每刻，在春分秋分，在冬至夏至，在黎明，在白昼，在正午，在子夜，女神时刻环绕着你，将你缚于你的生命之中。

　　当然，108中的1、0、8相加也恰好得到9。在欧洲国家，每天你都会听到三钟经（Angelus bell），它的节律是这样的：一，二，三；一，二，三；一，二，三，四，五，六，七，八，九。三钟经这一祈祷仪式是为了纪念圣母玛利亚，主的天使向玛利亚宣告她已经借着圣灵怀上了圣子，这预示着神的能量将注入这个世界。[5]

希腊诸女神是这个神话在地方本土的表现形式。

我们已经看到，在古代欧洲，女神在考古学上的根基非常深厚。从最早的农耕时代起，女神就以主导者的形象出现：她们是宇宙的核心，也是本土的守护者。在公元前 4000 年、公元前 3000 年和公元前 2000 年，印欧血统的武士开始了侵略活动，这使得两个截然相反的神话体系开始碰撞，一种是母系或母系占主导地位的神话，在这种神话中，个人主要与母亲相连；另一种则是父系神话，人们通过父系血缘来标明身份。

在古希腊传统中，这种神话间的碰撞在奥瑞斯提亚的故事中达到了顶峰。在《复仇女神》（*The Eumenides*）中，阿波罗（Apollo）和雅典娜代表男性血统的力量，净化了俄瑞斯忒斯（Orestes）弑母的罪恶。

在《奥德赛》中，我们看到了女性力量的回归，它在权力和荣耀中不断增长。纵观古希腊神话及其流变，我们将看到古希腊诸神如何随着社会的变化改变形象，并以新的面貌重新组合。神话中的诸神是不断变化着的，随着社会变化带来新的需求和新的现实，社会关系和诸神同样发生着变化。神确实受时间和空间的制约，它们由代代相传的社会观念、传统意象塑造而成，也诞生于本土特定的时空之中。

文学传统或《圣经》传统最大的缺陷在于，神和关于神的信息在某个时空节点变得具体和固定。神不会继续成长、扩张，也不会受到新的文化和科学发现的影响，其结果就是我们文化中科学和宗教之间的冲突，而这种冲突并非真实存在的。神话的一个功能在于呈现宇宙的形象：神话自身承载着对神秘的认识，所以无论你在哪里观看它，你都好像在看一个象征图标、一幅神圣的图画。在神话中，时空之墙向更深的神秘维度敞开，那是我们内在和外在的维度。

通过今天的科学研究可以发现，这一神秘维度所能展现的内容远比公元前 2000 年的科学更令人惊叹。科学与宗教情感或者神话之间根本没有冲突——但公元 20 世纪的科学与公元前 20 世纪的科学之间的确存在冲突。

这是我们的基督教信仰所导致的结果，一切都在公元 4 世纪变得僵化了。那是狄奥多西（Theodosius）的时代，拜占庭的统治权威与圣奥古斯丁的思想一同建立了强制人们接受的信仰。由此产生了我们僵化的传统，即科学与宗教的分裂。

在古希腊，情况并非如此。古希腊人最幸运的事情之一，就是他们从来没有《圣经》。相反，他们生活在有着《荷马史诗》、《荷马颂歌》、赫西俄德写的故事的有趣世界中。在一些神话传统中，厄洛斯（Eros）是众神中最年幼的，而在另一些传统（如柏拉图的《会饮篇》）中，厄洛斯是众神中第一个诞生的，也是最年长的神。希腊人有宗教仪式，但并没有宗教权威有权说"必须得这样"。

在某种程度上，印度也是这样的。因为在印度从不存在某个单一的正统教派，不存在某个权威说"这是信仰神的唯一方式"。所以在印度存在大量不同的宗教崇拜，个人可以通过各种各样的神的表现形式找到其信仰的方式。在古希腊世界和基督教最初的几个世纪里，人们对这些符号背后的奥秘进行了大量不同的阐释。

由此，大女神以种种不同的面貌在希腊神话中现身。

阿耳忒弥斯

女神阿耳忒弥斯便是一个例子。古希腊世界的奇妙之处在于，在不同的仪式中，阿耳忒弥斯以不同的形象显现（见图 5-1）。古希腊宗教研究学者马丁·尼尔森（Martin Nilsson）表示，阿耳忒弥斯是古希腊最重要的女神之一。

在我们较为熟知的古典传统中，阿耳忒弥斯是处女神，但这只是对她的特征之一的描述。[6] 关于阿耳忒弥斯，《荷马颂歌》中这样赞颂她：

> 歌咏伟大的阿耳忒弥斯，
>
> 她手持金箭，猎鹿，赞颂弓箭，

图 5-1　勒托（Leto）、阿耳忒弥斯和阿波罗
（红绘双耳喷口杯，古典时代，希腊，约公元前 450 年）

阿耳忒弥斯，处女神，

佩带金剑的阿波罗的姐姐，

穿行在山荫和山顶的风中狩猎，

她伸展那金色的弓箭，

这悲鸣的箭

使山峰战栗，

野兽的呼号在森林中回响。

这恐怖的场景啊，

使整个大地开始晃动，

连同海洋和群游的生命。

但心如磐石的女神

追逐猎物

直至心满意足，

喜爱弓箭的女神就解开了弓，

前往弟弟阿波罗那宏伟的家，

在德尔斐的茵草上，

让美惠女神和缪斯们唱起了歌。

当她放下松懈的弓，

当她收起她的箭，

她换上华服翩翩起舞。

她们的声音宛如天籁，

她们歌咏勒托，

歌咏美踝的勒托如何诞下

言语和行为都最为杰出的神子。

再会啊

宙斯和有美丽秀发的勒托的孩子们，

我在其他的颂歌中将你们铭记。[7]

阿耳忒弥斯最初是与熊相关的神，而世界上第一个被崇拜的动物或许就是熊。在雅典东部的重要圣地布劳隆（Brauron），有一个节日非常盛行。在节庆中，由小女孩跳舞来敬奉阿耳忒弥斯，并且这些小女孩都被称为"小熊"。阿耳忒弥斯的名字在欧洲与阿瑟（Arthur）相关联：这两个名字都与大角星（Arcturus）和熊有关。

阿耳忒弥斯和阿波罗有着截然不同的起源，但是他们在古希腊传统中被视作姐弟，由母亲勒托生于提洛岛（Delos）。勒托是提坦神科俄斯（Coeus）和福柏（Phoebe）之女，赫西俄德称她为宙斯在与赫拉结婚之前的妻子。当勒托怀上阿耳忒弥斯和阿波罗时，赫拉无情地驱逐她。最终勒托来到提洛岛，首先诞下了阿耳忒弥斯，然后阿耳忒弥斯帮助母亲生下了阿波罗。因此，阿耳忒弥斯的头衔是"厄勒提亚"（Eileithyia，有助产者之意，被认为是米诺斯文化中女神的名字之一）。"阿耳忒弥斯厄勒提亚，有着受人尊敬的力量，在分娩的可怕时刻为人们带来解脱。"[8]

勒托的双生子代表着两种力量：阿波罗是理性的捍卫者，而阿耳忒弥斯的力量源于自然。人格化的阿耳忒弥斯拥有掌握整个自然世界的能力。

阿耳忒弥斯常与弓箭联系在一起，这与狩猎相关。阿耳忒弥斯带来的死亡是迅速而甜蜜的。有一句关于死神的谚语广为流传：当死神到来之前，它是可怕的；但当它抵达时，却很可爱。

最初，阿耳忒弥斯本身就是一头鹿，而她同时又是猎杀鹿的女神，这是一体两面的存在（见图 5-2）。生命一直在扼杀生命，因此女神通过献祭她自己的动物这一行为杀死自己。每个生命都是它自己的死亡，若一个人杀死了你，那么在某种程度上，他只是为你完成自己最初命运的使者。无论是像箭猪咬死阿多尼斯一样由动物杀死神明，还是像阿耳忒弥斯猎鹿一样由神明杀死动物，都是同一个生命之谜的两个方面。

图 5-2　阿耳忒弥斯与麋鹿（大理石浮雕，古典时代，希腊，公元前 5 世纪）

阿克泰翁（Actaeon）和他的猎狗外出捕猎，沿着一条小溪走到了水源尽头，阿耳忒弥斯和众仙女们正在一丝不挂地沐浴。可怜的阿克泰翁面对这神圣的躯体，竟以带着欲望而非崇敬的眼光打量阿耳忒弥斯。

这是对神的不敬。阿耳忒弥斯将水泼到阿克泰翁的身上，把他变成了一头鹿，接着他自己的狗狠扑过去将他吃掉了（见图 5-3）。狗本身是最低级的欲望的象征，就像奥德修斯（Odysseus）船上的水手一样。而变成雄鹿，展现了阿克泰翁低下的动物性本能，这正是他在女神面前时所展露的本性，是他的本能杀死了他自己。

图 5-3　阿耳忒弥斯和阿克泰翁（红绘双耳喷口杯，古典时代，希腊，公元前 470 年）

偶遇神明会存在这样的问题：如果你毫无预备，你可能会犯错误，因而被撕成碎片。神是力量的中心，在神话中，个体的精神力量比神的孱弱许多，因此终有一死的凡人必须通过沉思冥想来应对这种力量上的不匹敌，以便自己能够正视神。一言以蔽之，要纯粹地将神视作神。

好比一个电路的保险丝，如果电力超出了它的承受能力，就会发生爆炸，人也是如此。因此，在接近神明之前，人们要采取一些让自己做好准备、让自己隔绝的方式，以便迎接、接受和克制神的力量。

阿耳忒弥斯的力量都凝聚在她多变的形象中，我们把她当作一头鹿，也将她看作水中的仙子，这也将我们引回公元前 6000 年前的鱼女神。

在苏美尔，我们看到了作为野生动物的女神，在这样的形象中，她是世界母亲——整个世界都是她繁衍的后代。在古希腊神话中也一样，阿耳忒弥斯以万兽之主的形象出现（见图 5-4）。正如巴林和卡什福德所言，阿耳忒弥斯成了百兽之主（Potnia Theron）①。《伊利亚特》赋予了她这一头衔，她由此继承了旧石器时代的女神角色。[9]

森林中所有的动物都在阿耳忒弥斯的庇护下。在后来兴起的感伤文学传统中，她被描绘成了女猎手，这是阿耳忒弥斯更贴近宇宙的表现形式。狼和

———————

① 古希腊语，πότνια θήρων，意为"万兽的女主人"。——译者注

鹤与作为创始者的女神联系在一起，而万字符号代表了时间的循环。这便是432000这一数字隐含的意象——天体运转的循环往复。

图 5-4 阿耳忒弥斯是野兽的女主人（黑绘陶瓶，古风时期，希腊，约公元前 570 年）

以上所有特征都聚集在阿耳忒弥斯这一大女神的身上。如图 5-5 所示，雕像头部所饰的鸽子即表现女祭司所服务的女神是万兽之主阿耳忒弥斯。鸽子中间的牛角则暗示了公牛祭祀仪式，这是阿耳忒弥斯崇拜仪式中的一部分。鸽子和公牛的形象象征着女神在生与死两个领域中的力量。

图 5-5 女神祭司（赤陶，米诺斯时期，克里特岛，公元前 1500—前 1300 年）

阿耳忒弥斯崇拜的中心在小亚细亚爱琴海沿岸的以弗所。在她的神庙的雕像上（见图 5-6），阿耳忒弥斯的王冠被一群高举双臂的有角动物环绕着。她的项链上刻着星象图，手臂上的动物可能是狮子，身体上也覆盖着狮子、公牛和山羊等动物。雕像的底部两侧是最初伴随她的牡鹿的脚印。

图 5-6　以弗所的阿耳忒弥斯（大理石雕像，希腊化时期，土耳其，公元前 1 世纪）

齐格弗里德·吉迪恩（Siegfried Giedion）在他的《永恒的现在：艺术的起源》（*The Eternal Present: The Beginnings of Art*）一书中谈到这座雕像时提及："她所有的特征中最能揭露秘密的也许是她基座两侧那一对真实比例的牡鹿蹄。正是这两个脚印提供了这个神的线索，虽然她经历了如此多的变形……对这座雕像所代表的神的崇拜始于史前，以弗所的阿耳忒弥斯是漫长的拟人化的结果，这一过程从对动物的崇拜被人格化的神灵所取代之时便开始了。"[10]

阿耳忒弥斯、塞勒涅（Selene）、赫卡特（Hekate）代表了古代欧洲女神的三位一体。我们能够在图 5-7 中看到阿耳忒弥斯是"三相赫卡特"的一部分。女神母亲是宇宙的核心，作为宇宙的支柱存在，而周围是女神的三种形象，包括阿耳忒弥斯和赫卡特，赫卡特代表着地下神界。阿耳忒弥斯是富饶的给予者，是拥有多个乳房的自然万物之母，承载着自然界的全部实体，这与通常作为处女神和女猎手的阿耳忒弥斯的形象全然不同。

图 5-7　三相赫卡特（石雕，古典时期，希腊，约公元前 3 世纪）

阿波罗

阿波罗（见图 5-8），

天鹅的歌喉为你而嘹亮，

它拍打着双翼，

落在了漩涡纷起的佩纽斯河岸（Peneus）。

诗人为你雕琢语言，

手中的里拉琴为你奏响，

自始至终，那歌声都为称颂你的名，

让我向你献上敬拜，

向你献上我的颂歌。[11]

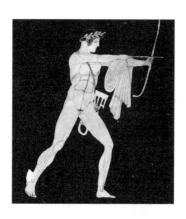

图 5-8　阿波罗（红绘双耳喷口杯，古典时代，希腊，公元前 475—前 425 年）

马丁·尼尔森研究发现阿波罗最初与赫梯人（Hittites）有关。[12] 赫梯人是印欧人种，荷马时代的希腊人到达希腊半岛时，赫梯人来到了小亚细亚，他们之间确实存在血缘关系。赫梯人来到了爱琴海地区，那里的环境使得他们与希腊人的关系发生了很大变化。阿波罗曾在特洛伊战争中站在特洛伊一边，现在人们认为，他起源于赫梯王国领土内的亚齐利卡亚（Yazilikaya）、波苏克切伊（Porsuk Çayi）和阿拉卡丘（Alaca Höyük）地区。

在土耳其亚齐利卡亚一座山上的圣所中，入口处矗立着赫梯神沙鲁玛（Sharruma）保护国王的形象（见图 5-9）。在此类圣所里，我们曾经看到了作为守护者的狮子或豹子的形象，它们代表着跨越世俗经验世界进入超验领域的门槛。赫梯语中 upulon 一词的意思是"门"或"卫墙"，尼尔森认为该词是阿波罗的前身。同样，巴比伦语中 ubulu 一词是"大门"的意思，尼尔森认为这一语源研究可以解释阿波罗产生的背景，他是一位守门人，一位神殿入口处的守护者。

当希腊人将阿波罗纳入希腊众神谱系之中时，阿波罗成了阿耳忒弥斯的孪生弟弟——用来与自然女神相平衡的人类的文化之神。

图 5-10 展示了著名的《贝尔维德尔的阿波罗》（*Apollo Belvedere*）。在雕塑中，一条蛇蜿蜒盘绕在柱子上。

图 5-9 沙鲁玛神怀抱中的赫梯国王图德哈里亚四世（Tudhaliya IV）
（浅浮雕，赫梯，土耳其，公元前 13 世纪）

图 5-10 贝尔维德尔的阿波罗（古希腊铜像的罗马大理石复制品，公元前 350—前 325 年）

随着时间的推移，阿波罗与疗愈和蛇联系在一起。我们可以从"蛇杖"上看出，蛇是医疗者，代表着时间之域中生命的力量，代表着摆脱过去，走向未来，也就是摆脱死亡。蛇的力量非常强大，这一力量后来由阿斯克勒庇俄斯掌握。

与阿斯克勒庇俄斯联系在一起的女神是他的女儿许癸厄亚（Hygieia）。许癸厄亚是健康女神，英语中 hygienic（卫生）这个词就源于她的名字。许癸厄亚也与蛇的力量联系在一起。蛇是《创世记》中受诅咒的力量，但在古希腊，如同在大多数非《圣经》文化中一样，蛇代表着在时间的流逝中身体里的生命活力和对生命的感知。在雕塑上，许癸厄亚与蛇在一起。女神喂养着这只富有象征意义的动物，它代表着生命的活力。这代表了关于卫生的寓言，也是关于保持健康的严苛守则：我们必须将生命、食物和养料给予自己身体里的蛇之力量，这可以使我们保持健康，摆脱疾病的阴影。

在图 5-11 中我们看到了阿斯克勒庇俄斯和他的女儿许癸厄亚。阿斯克勒庇俄斯靠着一根木棒，这根木棒可能属于赫拉克勒斯（Heracles）[13]，木棒上缠绕着一条蛇，象征着对阿斯克勒庇俄斯的崇拜。许癸厄亚的手臂靠在一个三足祭坛上，这个三足祭坛与德尔斐的阿波罗神庙有关联。我曾在《神话意象》（*Mythic Image*）一书中讨论过这个问题，我认为"许癸厄亚上方的东西是一些宗教仪式器具，它们代表了某种神秘崇拜：右边的酒壶上有一条蛇，左边的篮子里出现了第二条蛇和一个神秘的孩子，在女神的身边还出现了一个孩子"。[14]

图 5-11　阿斯克勒庇俄斯和许癸厄亚（象牙浮雕，古罗马，意大利，公元 4 世纪末）

阿斯克勒庇俄斯的医神身份此前属于阿波罗，而阿波罗的这一身份来自某个更早的神祇，我们尚不知晓这个神祇的身份。尼尔森指出，每当你发现一座阿波罗神庙，里面的神总是后来者，他是从更早的守护之神那里夺取了这座神庙。

埃皮达鲁斯（Epidaurus）的阿斯克勒庇俄斯神庙是一座圣所，人们去那里寻求健康和疗愈。这种疗愈是如何进行的？这是一座优美和谐的大圣所，里面有住所、寺庙和花园。人们来到这里，在祭司的引导下冥想、祈祷，随后会在神的圣所里入梦，治愈的力量会在梦里现身。

卡尔·克雷因在他复杂难懂的《阿斯克勒庇俄斯》一书中强调了古典时代医疗中语言和梦境的多种层级。

关于阿斯克勒庇俄斯的疗愈圣所，克雷因写道：

> 圣所为病人提供治愈内心病痛的机会。为此，这里创造了一种环境，就像现代的温泉和疗养地一样，圣所尽可能远离外界那些令人不安和不健康的因素。这里的宗教氛围也有助于人们发掘内心深处潜在的疗愈力量。大体上，在这类个人的神秘疗愈中并不需要真正的医生。[15]

图 5-12 中描绘了一场颇有启发性的祈愿献祭。房间里的一个年轻人正在做梦，他梦见神治愈了自己，抚摸着自己的肩膀，同时他也梦见一条蛇的力量从他的身体里涌出来，抚摸着他的肩膀。这是同一个过程的两面。他们是否知晓这一真相？埃皮达鲁斯的圣所拥有唤醒我们自身疗愈能力的功能，并且提供精神疗愈。这幅图片说明，年轻人梦到的蛇的力量来自他自己的身体，同时他也梦见神治愈了他。在梦中，人可以同时诉说两三件事，这幅画展现的就是对同一事件的两种理解方式。

在德尔斐，你对古典世界的感觉与外界完全不同。圆锥石雕是世界的"肚脐"，是"宇宙之轴"（axis mundi），阿波罗守护着它。早期女神神话的叙述方式围绕着世界的"肚脐"展开，而这个圆锥石雕就是德尔斐的女神的"肚脐"（见图 5-13）。

图 5-12　蛇与安菲阿拉奥斯〔Amphiaraus〕（浮雕，古典时代，希腊，公元前 4 世纪）

图 5-13　德尔斐的圆锥形石〔omphalos〕（大理石雕，古典时代，希腊，公元前 4 世纪）

　　图 5-14 展示了一尊公元前 6000 年的女神像，神像有肚脐，那是四边形宇宙的中点。女神就是世界的中心，她包容着整个世界。

　　德尔斐是神谕之地，女祭司进入恍惚迷幻的状态，就能回答任何问题，无论是关于国家的还是个人的。因此，最平凡和最高贵之人都会来找她寻求神谕。

图 5-14　世界之脐女神（赤陶，新石器时代晚期，匈牙利，约公元前 5500—前 5000 年）

当波斯入侵者威胁雅典时，雅典人到德尔斐寻求神谕："我们该怎么办？"神谕告诉他们："带上你们的木墙。"意思是说："你们要坐船离开城市，让波斯人占领你的城市。上船。"[16] 雅典人遵从了神谕，就这样击败了薛西斯（Xerxes）强大的海军。

当人们来提问时，那位坐在三足祭坛上吸着某种烟或蒸汽的女祭司总是处于恍惚状态，以神秘的方式给出答案。人们称她为"皮提亚"（Pythoness），因为她是宇宙之蛇的妻子，而蟒蛇皮同（Python）是这一地区古老的神。阿波罗杀死了这条蛇，因此得名皮提亚·阿波罗（Pythian Apollo），然后掌管了神殿。我们又一次看到了阿波罗神的主要身份：他现在成了神谕的守护者。这就是新神话诞生的方式：旧神被杀，新神吸收他们的力量。

在德尔斐剧场里，人们可以看到帕纳苏斯山（Parnassus），那是缪斯的居所。这里是希腊的精神生活扎根和开花的地方，你可以看到，它与自然世界如此接近。

马丁·布伯（Martin Buber）在《我与你》（I and Thou）中说："'我'联系的对象是'你'（thou）还是'它'（it），这里面的差异使'我'不同。"[17]

想一想这个问题，想一想你自己：你和动物之间的关系是"你"的关系，还是"它"的关系？这里的差别非常重要。

在德尔斐，你生活在"你"的环境中。那里的树、鸟和动物对你来说都是"你"。如果是生活在纽约这样的大城市里，你的生存环境里充满着死气沉沉的钢筋混凝土建筑，我们把我们所处的环境当作"它"来看待。这就是为什么有价值的好诗总是要面对"走出城市"这个问题。如果一首诗只有高级的词汇和复杂的语言技巧，那么虽然它对文学评论家来说非常有趣，但还有谁会乐意读呢？只有少数诗人才能真正突破局限，用文字把城市变成"你"。而在古希腊世界里，人们心中从没有"它"，只有我和你。古希腊人通过把你身处的环境视作活着的生命，并将其与你自己联系起来，从而进入这样的神秘模式之中。

阿波罗的另一个角色是太阳神福玻斯·阿波罗（Phoebus Apollo）。在这个身份里，阿波罗驾驶着太阳车穿过天空（见图 5-15），他的头被太阳光环绕，而艾弗比（ephebes，星辰小男孩）纷纷跌入大海。这个例子说明了许多不同的神是如何结合成一个整体的，整个神话系统也演变成了过去不存在的全新神话。

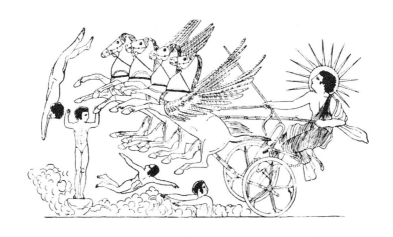

图 5-15　福玻斯·阿波罗（红绘双耳喷口杯，古典时代，意大利，公元前 5 世纪）

狄俄尼索斯

古希腊剧场是重要的宗教圣地之一。剧场通常为狄俄尼索斯设立，人们在一些既定的宗教仪式中展现神话主题（见图 5-16）。宗教仪式是神话的再现，参与了仪式，你就参与了神话。从象征意义上来看，神话是精神力量的表现，当你参与神话，你也正在刺激你内在相关精神力量的苏醒。而现在我们要讨论的，不仅是个人参加仪式，更重要的是整个社群以悲剧或喜剧的方式表现神话。

图 5-16 德尔斐剧场（石灰石，古典时代，希腊，公元前 4 世纪）

古典传统中最伟大之处在于，你可以将两个对立的神结合在一起：阿波罗代表理性法则、光明法则、"有意识"的法则；狄俄尼索斯代表的是我们称之为"无意识"的精神。在近东的传统中，狄俄尼索斯与邪恶力量有联系，他是一个"非神"（nongod），是神的反面，但同时，狄俄尼索斯与阿波罗拥有同等的力量，所以我们才会认为狄俄尼索斯与阿波罗之间相互平衡、相互作用。在公元前 7 世纪到公元前 5 世纪中的某个时间段里，狄俄尼索斯崇拜中那些可怕的狂欢仪式开始胜过阿波罗传统，这可以说是该时期的一大"丑闻"。但事实上，狄俄尼索斯最终融入了宗教传统，他那充满淫秽色情的狂欢之歌与阿波罗的诸多法则形成了鲜明的对照。

迄今为止，尼采的《悲剧的诞生》仍然是关于阿波罗和狄俄尼索斯最好的研究著作。尼采写道，心灵突破至超然之境，那里充满了敬畏、恐惧和魅力，而艺术正是从这种突破中衍生出来的。[18] 有两方面令人惊叹，一是这个世界，二是世界中的每个人。

经过了分化和时间的过程，出现了一些表现超凡力量的艺术形式，艺术家所呈现的这些形式，让我们感到自己的身体中蕴含着内在的超越力量，身体在奇迹中变得宛如梦幻。这就是日神阿波罗的精神。

另外，我们也对另一种强大的力量感兴趣，这种力量能毁灭一切，并在废墟中创造新的东西，这是一种冲动的力量，而非一种形式，这就是酒神精神。

日神代表着对某一重要时刻的着迷，而酒神则代表对能量的认同，这种能量正在粉碎旧的形式、创造新的形式。在艺术中，日神和酒神必须同时发挥作用。

尼采认为，雕塑是主要的造型艺术，音乐则主要通过时间和进程来展现动态的力量，因此艺术品中必须兼有两者。如果只有动态的力量却没有形式，那么艺术就只剩下了尖叫和嘶吼，反之，则只剩下一个僵死、干瘪的塑像。

当你将二者结合起来，你就突破了那种神秘，那"可怖而迷人的神秘"；此时，你最崇高的感受就是"恐惧"。这就是为什么人们往往认为宗教是人"对上帝的恐惧"，也是"对上帝的爱"。此时，你只有同时拥有两种精神，才能领会那种神秘感，领会它如何击碎你的整个生命体系，击碎你的思想、你的一切。

歌德所说的"人类最美好的部分"就是这样的经历，"战栗"[19]——这是生命本体涌起的波澜，你开始意识到自己的生命在宇宙这场宏大的爆炸中是多么短暂，而正是狄俄尼索斯使你意识到了这一点。

宙斯

最后，我想谈谈雅利安诸神。印欧人带来了宙斯信仰，宙斯与希腊的女神崇拜毫无关系。宙斯的名字与 θεός（theos，"神"）一词有关，与梵语 deva（提婆，"神"）有关；梵语世界的神与古典世界的雅利安神有关。宙斯绝对是一位来自印欧世界的神，在公元前 4 世纪到公元前 2 世纪，他随着印欧入侵者来到希腊地区。

> 宙斯
> 是最卓越的神
> 我要将他称颂。
> 他目力极远，
> 统治一切，
> 将万事终结，
> 他以大智慧
> 与身旁的忒弥斯（Themis）交谈。
> 你是克洛诺斯伟大的儿子，
> 你目力极远，
> 诸神之中
> 你的名最广为流传，
> 你的神威最为卓越。[20]

《荷马颂歌》中给阿佛洛狄忒的颂诗里讲述了伽倪墨得斯（Ganymede）是如何来到奥林匹斯的：

> 大智的宙斯，携走了金发的伽倪墨得斯
> 因着他的美貌，而来到了不朽的众神之间，他向众神斟酒
> 在宙斯的圣殿中，那可谓一幅奇景
> 当他从金杯里倒出红色的花蜜时，诸神都赞颂他。[21]

图 5-17 中的陶杯杯画表明，宙斯让伽倪墨得斯做他的取水侍童，在奥林匹斯山上宙斯的餐桌边服务。这就是我前面提到过的男性仪式的作用：把小男孩从母亲的世界中分离出来。但同时，宙斯也在设法使自己与更古老的神话联系起来。他被更古老、更久远的母权传统所吸引。

图 5-17　宙斯绑架伽倪墨得斯（红绘基里克斯陶杯，古典时代，希腊，约公元前 475—前 425 年）

在图 5-18 中，你可以看到他与阿波罗、阿耳忒弥斯 ① 和勒托在一起，勒托是阿波罗和阿耳忒弥斯的母亲。

图 5-18　宙斯、勒托、阿波罗和阿耳忒弥斯（大理石雕像，古典时代，希腊，公元前 4 世纪）

———————————

① 原文此处为赫耳墨斯（Hermes），疑为作者笔误——编者注。

我们记得，阿耳忒弥斯源自米诺斯文化。阿波罗起源于赫梯文化，勒托是古代欧洲女神，而宙斯是手握雷霆的印欧诸神之主。

换言之，四个完全不同的神，四种完全不同的起源聚集在一起，形成了一种融合的神话，一种将种种矛盾的神话结合在一起的新神话。问题在于，如何把母系神的社会和男性神的社会结合起来。

现在，这些武士民族的神通常不受女神管制。印欧诸神并不是自然出生的；他们的神代表的是永恒的力量，代表着自然力量和我们的内在精神。但在这里，女神取而代之，小宙斯随即诞生。宙斯的父亲克洛诺斯阉割了他自己的父亲乌拉诺斯，因此克洛诺斯担心他的儿子们也会伤害他，所以他在自己的孩子们出生时便吃掉了他们。克洛诺斯的妻子瑞亚在宙斯出生时，用衣服裹着一块石头送到克洛诺斯那里，真正的宙斯则被瑞亚偷偷带到克里特岛的艾达山（Ida），由宁芙和年轻战士库瑞忒斯（Kouretes）照顾。战士们表演了一场战舞，他们用剑击打盾牌，从而发出比婴儿哭声更大的噪声，这样就可以掩盖婴儿宙斯的啼哭，不让克洛诺斯发现（见图5-19）。

图 5-19　年轻的战士们围着婴儿宙斯跳舞（赤陶浮雕，位置未知，时间未知）

我们来看看宙斯和赫拉的婚礼（见图5-20），赫拉准备脱下衣服，宙斯则充满爱意地问候她。

图 5-20　赫拉和宙斯的婚礼（大理石雕像，古典时代，西西里岛，约公元前 450—前 425 年）

　　虽然在古典时代的奥林匹斯神话中，人们认为赫拉是宙斯的妻子，但实际上赫拉是一位年长得多的女神，早于印欧青铜时代的文化融合。因此，在神话诞生之时，她是独立的，而且比宙斯更强大。正如哈里森所言："在奥林匹斯山，那个由宙斯统治着的至高无上的地方，单独崇拜赫拉的神庙要远早于宙斯的神庙……荷马自己也隐隐被这样的记忆所困扰——赫拉曾经不是宙斯的妻子，而是一位自身拥有权力的女主人。"[22]

　　巴林和卡什福德继续研究发现：

　　　　在一个故事中，连赫拉的婚姻都是通过诡计实现的：在一场雷雨中，赫拉与其他男神女神分离，独自坐在山上，她的神庙要在这之后才能修建起来。宙斯变成一只布谷鸟，浑身湿漉漉的，样子非常狼狈，它从雨中飞来，落在赫拉的膝上。赫拉非常同情这只可怜的小鸟，就用袍子盖住了它，宙斯就趁机现身了。在这个故事中，宙斯被刻画为窃取婚姻的强盗，而不是公开宣誓婚姻的伟大天神。

　　克雷因评论说："通过创作这种特别的神话，宙斯巧妙地融入了阿尔戈斯（Argos）地区的赫拉崇拜历史之中。"[23]

阿瑞斯

阿瑞斯（Ares），力大无穷，

阿瑞斯，驾驭神车，

阿瑞斯，头戴金盔，

持盾者阿瑞斯，无所畏惧，

身披青铜铠甲，不知疲倦的阿瑞斯，

用坚硬的长矛，守卫着奥林波斯的城墙。

阿瑞斯，胜利女神之父啊，忒弥斯之友，

正义之人的领导者！

拥有着英雄的气度，阿瑞斯在行星的七个轨道间，

燃烧烈焰的骏马载着他穿越过三重天。

听我说，人类的协助者，散发着青春甜蜜的英勇，

把你温柔的光芒洒向人间吧，

还有战斗的力量，

从此我们就能够摆脱残酷的懦弱，

摆脱灵魂中欺瞒的冲动，

克制我心中刺耳的怒吼，

这声音激怒我掀起恐怖的战争，阿瑞斯啊，

愉快的神明，

请赐我勇气，

让我存在于令人安宁的法律中，

让我从因与敌人战斗而暴死的悲剧中逃脱。[24]

另一位印欧神是战神阿瑞斯。我们看到他和阿佛洛狄忒联系在一起（见图 5-21）。阿佛洛狄忒像伊南娜和伊什塔尔一样是晨星女神，是大女神，是人格化的女性神。阿瑞斯以这种方式与女神建立了联系。

父权制传统中，主要神祇都是男性。《旧约》中出现的男性叙事最为极端，其中没有任何女神，古老的女神在《圣经》传统中简单粗暴地消失了。

而古希腊人的方式是让女神和男神婚配，或让男神成为女神的保护者，或是反之。古希腊人把自己信仰的神与和当地的本土宗教崇拜联系在了一起。

图 5-21　阿瑞斯和阿佛洛狄忒（壁画，古罗马，意大利，时间未知）

这与以色列犹太人的故事模式形成了鲜明的对比，雅赫维的信徒试图将对自己的崇拜强加于其他来到这里的闪米特部族。《旧约》的历史讲述的其实就是诸多抛弃了雅赫维的王族向山巅上自然世界的男神女神献祭，而雅赫维的信徒与这些异教徒对抗以确立雅赫维的地位的历史。

在古希腊世界里，你不会看到这样的景象，恰恰相反，你会感到男性神和女性神之间的关系一直在发展。

雅典娜

> 我将歌颂那伟大的女神，
> 明眸的帕拉斯·雅典娜（见图 5-22），
> 处女神目光锋锐无比，

心灵威不可挡，

城邦强大的守护者啊！

湖畔降生的女神，

你乃大智之宙斯

从神圣的颅中所造。

她身着闪亮金甲，

诸神见到她的威容，

无不敬畏而绝倒，

她猛然跃出，

自宙斯神圣的颅中，

手持圣盾，挥舞着锐利的战矛，

伟大的奥林匹斯山也不禁战栗，

因着那女神的明眸威不可挡，

大地惊惧呻吟，

海洋里黑色的浪激起泡沫，

随后咸海亦静止不动。

太阳啊，

许珀里翁（Hyperion）光荣的儿子，

他的神驹亦为此长久停驻，

直到少女将神般的铠甲从肩上脱下。

大智的宙斯高声大笑，

我向你致以崇敬，持盾的宙斯之女，

我将永远铭记你的威名。[25]

雅典娜从宙斯的头颅降生，这是父权文化将女神同化的另一个例子。墨提斯（Metis）是位海洋里的提坦神，据推测也是宙斯的第一任妻子，她当时已经怀孕，神谕告诉宙斯，墨提斯将有两个孩子：一个聪明而强大，另一个会杀死他。宙斯害怕这个神谕，所以把怀孕的妻子变成了一只苍蝇吞了下去。在这个过程中，墨提斯生下了孩子。有一天，宙斯头痛欲裂，就叫来了赫淮斯托斯（Hephaestus），赫淮斯托斯用斧子劈开了宙斯的头，全副武装的雅典娜就这样从父亲的脑袋里跳了出来（见图5-23）。

图 5-22　比雷埃夫斯（Piraeus）的雅典娜（青铜，古典时代，希腊，约公元前 360—前 340 年）

图 5-23　雅典娜的诞生（黑绘基里克斯陶杯，古风时期，希腊，约公元前 560 年）

哈里森第一个公开了图 5-24 这张精美的图画。这幅画中，雅典娜的护胸上是美杜莎的头——吐着舌头的蛇发女妖代表的是雅典娜驱邪、危险、令人抗拒的一面。雅典娜手里立着雅典的猫头鹰，那是她的图腾鸟。雅典娜本身是英雄的鼓舞者和保护者，她的头盔上画着珀加索斯（Pegasus），这匹神驹是美杜莎被斩首时出生的。你不可以直视美杜莎的脸，她会将人变成石头，所以雅典娜把一面盾牌给了珀耳修斯（Perseus），他用盾牌反射的倒影看到了美杜莎，杀死了她，随后珀耳修斯将美杜莎的头装进袋子，有翼的飞马在美杜莎割断的脖颈上诞生了，而美杜莎的头成了雅典娜胸甲上的怪兽。

图 5-24　雅典娜与被龙吐出的伊阿宋
（红绘陶瓶，古典时代，希腊，约公元前 490—前 480 年）

在图 5-25 和图 5-26 中，我们看到了整个故事背后的女神，即克里特岛的大女神。雅典娜这个名字实际上意味着"港口的守护者"——因此就有了雅典的雅典娜、比雷埃夫斯的雅典娜、以弗所的雅典娜。当她与蛇一同出现时，其形象就又变回了那个迈锡尼和米诺斯的保护者。这是一个好例子，足以说明神如何被吸收并转化为其最经典的形态。

图 5-25　雅典娜与美杜莎的头和蛇
（红绘双耳细颈瓶，古典时代，希腊，约公元前 530—前 520 年）

图 5-26　持蛇女神（彩陶，米诺斯文明，克里特岛，约公元前 1600 年）

Goddesses
Mysteries of
the Feminine Divine

第 六 章

女神的归返：
《伊利亚特》与《奥德赛》

G O D D E S S E S

Mysteries of
the Feminine Divine

　　《伊利亚特》展现了由男性主导的印欧世界,其中,宙斯、阿波罗和其他奥林匹斯神的形象最为突出。在《伊利亚特》之后,我们将走进《奥德赛》,在那里我们会看到女神的归来。

　　塞缪尔·巴特勒称《奥德赛》可能出自一位女性之手。[1]《伊利亚特》中的男性的以战争和成就为主导的心理和心态,到了《奥德赛》中变成向女神学习生命知识的心态,这一转变尤为重要。在本章,我想用我自己略微不同的方式讲讲这两部史诗的故事。

　　《奥德赛》讲述了这样一个故事:奥德修斯的船队被诸神吹散,历经流浪最终成功重返故乡,他被冲上伊萨卡(Ithaca)的海岸,陷入沉睡。在史诗的第一部分,奥德修斯在与地表上的人类打交道,而一到了食莲者之乡(Land of the Lotus Eaters),奥德修斯就来到了充满神话与怪兽的世界。他遇到的生灵都具有神话色彩,有独眼巨人、斯库拉(Scylla)、卡律捕狄斯(Charybdis)、拉斯忒吕戈涅斯(Laestrygonians)以及其他怪物,此外还有喀耳刻、卡吕普索(Calypso)、瑙西卡(Nausicaa)——她们都是女神。最终,当奥德修斯在故乡苏醒，回到自己的宫殿时，他发现自己不在的那些日子里，妻子的求婚者们一直企图篡夺他的王位。最终，奥德修斯掌握了求婚者们的计划，并成功与佩涅洛佩（Penelope）重逢。显而易见，奥德修斯的旅程是一场神话之旅，而那些转折性的重要经历都与女神有关，这便是《奥德赛》中的"女性法则"。

我们来琢磨一下喀耳刻、卡吕普索和瑙西卡这三个角色。可以看出，喀耳刻是一个魅惑者，卡吕普索是一位妻子，而瑙西卡是一个处女。我们再来回想特洛伊战争的起因：三位女神，阿佛洛狄忒、赫拉和雅典娜，她们都想获得"最美女神"之称，而帕里斯（Paris）是裁判。她们所代表的都是最主要的女神法则，展现了女性力量的不同表现形式。

帕里斯的裁决

阿佛洛狄忒代表了绝对的情欲冲动，在《奥德赛》中，她对应的是喀耳刻；宙斯之妻赫拉是万物之母，是一位"主妇"，与她对应的是与奥德修斯生活 7 年的卡吕普索；雅典娜出生自宙斯的头颅，她是一个女儿，她帮助英雄，鼓舞英雄，她对应的是瑙西卡。每一位女神都象征着女性力量，也就是生命能量萨克蒂的一个位面。

如哈里森在《希腊宗教研究导论》中所言，帕里斯对三女神的裁决意味着一种以男性的方式对女神的贬抑（见图 6-1）。这是三位古老的女主神，她们代表女神力量的三种模式，而帕里斯这个懒惰的年轻男子，却像在大西洋城选美比赛里那样评判她们。三位女神也竭力争取帕里斯的选票，不惜贿赂他并向他许下重礼。

阿佛洛狄忒说："选我吧，我会给你海伦，那是世上最美的女人——虽然不太方便的是她已经嫁给墨涅拉俄斯（Menelaus）了，不过那又怎样，我会把她带给你。"

赫拉说："选我，我许给你王权、高贵与统治众人的权柄。"

图 6-1　帕里斯的裁决（红绘酒坛，古典时期，希腊，约公元前 5 世纪）

雅典娜说:"选我,我将给你英雄的名望。"

正如哈里森所指出的,这里发生的事情其实是一个年轻人在选择自己一生的使命:这将决定他选择追随哪位女神来主导自己的人生。帕里斯选择了精神上的"情人"作为自己的守护者和导引者,而这样的再解读对大女神来说不过是一次父权式的贬抑。

这样就容易理解特洛伊战争的起因了,10 年战事都充满着男性的东西——女人和战利品。强大的希腊英雄阿喀琉斯（Achilles）在军帐里发怒之时,他与阿伽门农（Agamemnon）是在为什么而争吵? 是战略或战术的矛盾吗? 不,是"谁能得到那个金发美女"。

在当今,这种对待女性的态度根本不是两性交流中应有的正确态度。

10 年战争之后,奥德修斯带着 12 艘船启航回家——看到 12 这个数字,你就知道这里有神话的意味了。这 12 艘船代表的是奥德修斯精神多方面的本质。在奥德修斯与他的部下返乡的路上,他们强奸女性,蹂躏城镇,只为取乐。但是当他们回到船上时,诸神发话了:"一个男人不可能以这种方法回到他妻子身边! "奥德修斯需要被重新引介,或者用今天的话来说,被再度问询。于是,神一连 10 天降下大风,将船吹散,直到他们在食莲者之乡上岸。从那时起,奥德修斯和船员们进入了充满梦与幻觉的神话世界。奥德修斯将遇到三位神女,他无法逃避这样的命运,因为他必须以自己的方式满足女性法则。当然,在这个过程中,赫耳墨斯帮助了他。有趣的是,在《奥德赛》中，引导战士的不是战神阿瑞斯，也不是阿波罗或宙斯，而是赫耳墨斯：引导灵魂复活至永生的信使之神。三位女神一开始在帕里斯的裁决中受轻视，奥德修斯则要通过她们创造的法则回到家乡，回到妻子佩涅洛佩身边，并将她从求婚者之中拯救出来。

关于佩涅洛佩还有另一个有趣的点，即"编织"。在奥德修斯不在的时候，她白天织布，晚上又把它拆掉。这是拖延求婚者的计策，因为佩涅洛佩称她必须等到完工才会开始在求婚者之中挑选。奥德修斯见到的所有女性都与编织这一主题有关：喀耳刻的头发编成辫子，她在编织挂毯；卡吕普索也是一样；瑙西卡则负责洗衣。这是摩耶式的女性，编织着幻象的世界，创造了世界之毯。

奥德修斯手下有一个猪倌，养了 360 头野猪（这是古代一年轮回的时间），而奥德修斯本人也被其中一头野猪的獠牙刺伤了大腿。阿多尼斯被一头野猪杀死，爱尔兰大英雄迪尔姆德（Diarmuid）也死于野猪，死而复活的埃及神奥西里斯在狩猎野猪时被他的兄弟赛特杀死。这种与神秘野猪以及死而复生之神的关联，是一个贯穿神话的主题，也是《奥德赛》的主题。

如果日月在春分时位于黄道带的同一个星座，那么它们下次处于同一位置将需要 20 年。奥德修斯离开佩内洛佩多久？正是 20 年。调和月亮和太阳的神话是这个时期的一个主要问题，而奥德修斯的故事正是在这个背景下进行的。

我已经说明，太阳上不会有阴影，它象征着生命的永恒，太阳象征着外在于时空的意识。然而，月亮每个月都会经历一次从死到生的轮回，这象征的正是时空之内的意识。我们能意识到，这两者其实是一体的，也就是说我们永恒与短暂的生命是一体的，我们不必问："我死后还能'活着'吗？"而是要在这里亲身经历永恒的法则。这才是重中之重。《伊利亚特》与《奥德赛》中最重要的问题就是在协调这两种神话，而这一问题的答案正是女神的力量。

正如我所言，每个单独的女神都同时是整体的女神，别的女神则是她力量的变化。作为一位神圣的女神,阿佛洛狄忒的力量在全世界都体现为爱的力量,这种力量是厄洛斯所代表的爱欲能量,而厄洛斯是阿佛洛狄忒的孩子,也是古典时代最重要的神之一——在柏拉图的《会饮篇》中,厄洛斯是世界起源之神。阿佛洛狄忒在三女神中扮演"欲望"一角,赫拉和雅典娜则扮演另外两个角色,但是,阿佛洛狄忒本人其实就可以扮演其中任何一个角色。作为总女神,她就是那个支撑着整个宇宙萨克蒂的力量。在一些较晚的神话体系中,美惠三女神代表了女神的三种力量,既将这些能量带到世界之中,又将能量带回其源头,统合这两种力量。

在古老的神话中,女神往往被视作主导宇宙的创造之力。当印欧人带来男性主导的神话时,变化发生了。我先前提到过赫西俄德所讲的故事,天神乌拉诺斯紧密地躺在他的母亲——如今也是他的配偶的盖亚身上,因此女神子宫里的孩子们无法降生。盖亚运用其古老的魔力,将一把镰刀给了她最强大勇敢的儿子克洛诺斯,让克洛诺斯阉割父亲。克洛诺斯阉割了乌拉诺斯之后,天地就分开了。在大多数神话中,天地分离的主题都以各种各样的形式出现。在埃及神话中,天空女神努特被大地之神盖布托起;尼日利亚神话中则有一个更有趣的版本,一个女性躺在巨大的浴缸中,用一根巨大的杆子捣碎谷物,杆子的顶端就不断地撞击着天空,所以天空之主就不断向上方移动。

不管是以怎样的方式,起初合为一体的天地最终是分开了,也就是说宇宙起源时的两性同体分裂成了男性和女性。克洛诺斯阉割了父亲之后,将父亲的生殖器越过肩膀丢入大海,生殖器激起了大量的泡沫,在泡沫中阿佛洛狄忒降生了。

在这个故事里,我们看到对女神的又一次贬抑。女神本就存在,在这个故事里却发生了翻转,女神成为乌拉诺斯性力的显现。艺术作品中,阿佛洛狄忒往往被画在一只海贝上,如波提切利那幅著名的画。阿佛洛狄忒也因此以"诞生于泡沫中"或"诞生于海中"闻名(见图6-2)。更晚的希腊化时期和古罗马时期是故作拘礼的时代,那时作品中的阿佛洛狄忒被遮住了生殖器,而按照早期女神的存在方式,恰是生殖代表了她自身的力量。

图 6-2　阿佛洛狄忒的诞生
（大理石雕像，古典时期，希腊或意大利的希腊风格，约公元前 470—前 460 年）

爱情与战争往往会联系起来，阿瑞斯被认为是阿佛洛狄忒的情人。阿佛洛狄忒的第一段关系就是与阿瑞斯发生的（见图 6-3），"爱情与战争中的一切都是美好的"这句话就属于阿瑞斯。在古典天文学系统中，人们认为水星和火星位于太阳的两边。

图 6-3　阿瑞斯、阿佛洛狄忒和厄洛斯与巨人交战
（红绘双耳细颈瓶，古典时期，希腊，约公元前 400—前 390 年）

阿佛洛狄忒与另一个男性赫耳墨斯也有关联（见图 6-4），赫耳墨斯是引导我们前往永生的神灵。这就说明"性力"的能量激发了战争和神秘启示。

赫耳墨斯代表着获得神秘启示的方式。拉着小车的两匹马分别名为厄洛斯和赛姬（Psyche）。

图 6-4　阿佛洛狄忒与赫耳墨斯（赤陶，古典时期，希腊，公元前 470 年）

从女性的角度看，阿瑞斯与赫耳墨斯是两类基本的关系模式。阿瑞斯代表着年轻的男性，即守护者、战士、屠龙者；而赫耳墨斯则代表将灵魂引导向不朽的智慧与生命的年长男性。赫耳墨斯的手杖名为卡杜西斯（caduceus），它的上面有两条缠绕在一起的蛇，象征着日与月的能量。赫耳墨斯常常被描绘为其动物图腾——狗。狗会沿着肉眼看不见的道路行进，这条路就是赫耳墨斯带给我们的通往永生的道路。通常认为，在帕里斯的裁决中，赫耳墨斯与赫拉、阿佛洛狄忒、雅典娜三位女神都有关联。

哈里森曾给我们展示过另一幅描绘帕里斯的裁决的图片（见图 6-5），其中描绘的景象非常类似一场选美竞赛。

赫耳墨斯来到帕里斯身边，请他在三位女神之中做出抉择。厄洛斯为阿佛洛狄忒打扮，给她戴上手镯，使她变得非常迷人。在这里你能看见赫耳墨斯的狗和一头鹿，鹿通常被认为与阿耳忒弥斯有关系，但也可以属于在场三位中的任何一位女神。赫拉非常得体地打扮自己，使自己符合一位主妇应有的样子，而按照哈里森的话来说，雅典娜"只是把自己洗干净了"。[2]

图 6-5　帕里斯的裁决（红绘双耳喷口杯，古典时期，希腊，公元前 5 世纪）

接下来，裁决开始了，帕里斯选择了阿佛洛狄忒，随后便是斯巴达王墨涅拉俄斯的妻子海伦被诱拐，斯巴达王为了夺回海伦，发动了公元前 12 世纪的那场旷世大战。

关于帕里斯的裁决，哈里森提出了一种非同寻常的解释。在图 6-6 中这只公元前 5 世纪的红色图案瓶子里，你可以看到三位女神（从男性的角度来看她们都并非美人）都手持世界之环，它们象征着命运之轮。赫耳墨斯告诉帕里斯："孩子，你必须面对它。"但是帕里斯却想要逃避选择自己人生使命的责任，逃避女神所代表的命运。正如哈里森所言：

图 6-6　帕里斯的裁决（红绘双耳喷口杯，古典时期，希腊，公元前 5 世纪）

赫耳墨斯攥住了帕里斯的手腕,强迫他参加。这里显然不存在女神之美的淫乐。三个女神的形象几乎一模一样;每个人都手持环状物,要做出辨别非常困难。[3]

这里有三种萨克蒂,分别代表三条不同的人生道路:年轻人将选择哪一条作为自己的人生之路? 是追随雅典娜,选择英雄之路;追随阿佛洛狄忒,选择情爱之路;还是追随赫拉,选择王制、权力与尊严?

神的人格化所象征的力量乃是一种实体,这种实体将我们自己视为自然物,也将我们生活的自然世界视作自然物。因此,在我们的生命当中,神力无处不在。要想接近它们,可以向外界探求,这种态度便是祈祷,另一种方式是印度式的冥想。

已经有很多巫师的话语,和古典经文材料,让我们了解到人们是如何理解诸神的。这个世界的诸多力量可以被视作某单一力量的变体,或者它们根本上就是不同的实体,将自然的一些方面与我们自己的生命配对。因此,神可以被认为是整全的,也可以是具象的。

麦克思·缪勒(Max Muller)在研究印度教中的诸神时发现,他们可以代表具体的火、风、阳光,他创造了一个术语来指代这种情况:"单一神教"(henotheism)。也就是说,单个神可以代表宇宙实体的整一精神,这种情况下,单个神的形象将成为神圣的造物主,虽然他本身并非一位造物主,但只有通过他,实体才得以被创造。

一个神也可以表现为多种形式,这些形式都是对整全的具象变化。所以古希腊神话里才有这么多的女神。希腊人都参与到这一双向的神性经验之中。

我曾说过,神和神话是对"超然性"的直接隐喻。我思考这些问题思考了70年,终于在荣格派精神分析学家杜尔凯姆(Karlfried von Dürkheim)那里找到了这个概念。神和神话是对超然性的隐喻——你需要铭记这一点,此后它将引导你,使你超越知识本身的力量。

和印度一样，德国浪漫派也让我们看到了相同的思想。对于歌德的"一切短暂的事物都只是一个注脚"[4]，尼采补充了另一点："一切永恒的事物也仅仅是个注脚。"[5]这就是关于神的重点：它们是对一些力量的人格化、隐喻化的呈现，这些力量此刻就在我们的生命中运作着。这是诸神的真理，也是关于我们生命和思想的真理。一个人选择去崇拜某个神，就代表了此人选择了主导自己生命的力量，选择了自己生命中的一面，并将其视作自己在现实中将要去展现的那种可能性。

当今，在开放的社会中，我们可以做出自己的选择。而在传统社会中，个人可以通过种种形式的事业来将风险最小化，每一种事业都受到某个神的保护。这就是对诸多力量进行评判，也就是整个希腊世界对帕里斯选择最美女神的看法：他要选择哪个是成为自身萨克蒂的神，那是一种将决定他人生意义的力量。这就是女性力量在神话之中代表的意义——男性对这些神话而言只是个中介。无论作为缪斯、母神还是英雄的鼓舞者，这些女神都反映了，女性所代表的力量是女性自身的天性。女性的生命由天性驱动，其方式与男性不同。

三个女神代表的是帕里斯的三种可能的命运，他所作的选择必然关乎男性与女性力量之间的关系。所有的女神都常被探讨其"关系"，据我所知，男神和女神的表现形式都与世界上的种种对立分歧有关联。

帕里斯选择了阿佛洛狄忒，作为回报，女神赐予他海伦。

《伊利亚特》

海伦是墨涅拉俄斯的妻子——很显然他们在根本上都是斯巴达之"神"。古典神话有两方面非常重要：一类是在公元前7世纪和前6世纪之后由文职人员整合的，另一类是本土崇拜。如果你去斯巴达或者波俄提亚（Boeotia），你会发现本土的崇拜和仪式紧密相连。在所谓的"雅典文学汇编"时期，人物都被改造了——他们脱离了现实的根基，在史诗叙事中扮演了全新的角色。

帕里斯诱拐了海伦，墨涅拉俄斯来到他的兄长阿伽门农那里，说："那个特洛伊的男人拐走了我的妻子！"

阿伽门农回应道："嗯……他不会得逞的，我们非把她夺回来不可！"在这里，妻子被看作财产。于是，他们集结起一支英雄的军队，用舰船将他们运往特洛伊战场。

要注意，没有一个英雄想要踏上这一征途。奥德修斯装疯来躲避这次强制募兵，他新婚不久，刚和妻子生了个男孩，只想待在家里。

但是阿伽门农想出了个办法："你疯了吗？"他问奥德修斯，随后他把奥德修斯的儿子忒勒马科斯（Telemachus）放在奥德修斯正在使用的犁前的犁沟里。奥德修斯停下了，这下不得不参战了。

接下来还发生了一件非常残酷的事。希腊人的船队准备前往特洛伊，但是海上却没有风：因为阿伽门农的军队杀了一只怀孕的野兔，引起了阿耳忒弥斯的愤怒。祭司卡尔卡斯（Calchas）建议阿伽门农，想要起风，就得将一人献祭。因此，阿伽门农让家中的妻子克吕泰涅斯特拉（Clytemnestra）送来他们的小女儿伊菲革涅亚（Iphigenia），伊菲革涅亚被祭杀后，终于有了风。最终，当阿伽门农凯旋，他的妻子为复仇杀死了他，可谁又能责怪他的妻子呢？

在图6-7中这幅古罗马时代的画像中，伊菲革涅亚的父亲站在左边，不忍观看，而右边站着祭司，说："我们真的要……吗？"

阿耳忒弥斯在天上。希腊宗教考古方面的权威马丁·尼尔森认为，阿耳忒弥斯代表着完整的大女神，代表着全部的自然力量。随着众女神的分化和力量的分离，阿耳忒弥斯开始与自然界和森林联系起来，她成了野兽之母。在欧里庇得斯（Euripides）的悲剧版本中，阿耳忒弥斯用伊菲革涅亚的幻影取代了本人，女神带走了真实的伊菲革涅亚，而她最终成了阿耳忒弥斯在陶洛斯（Tauris）的祭司。

图 6-7　伊菲革涅亚的牺牲（壁画，古罗马，意大利，约公元 79 年）

然而在《伊利亚特》中，伊菲革涅亚确确实实被牺牲了，而这换来了将军队送往特洛伊的风。

阿喀琉斯是《伊利亚特》的主人公，但是他与"贵族"无缘——这种头衔更适合特洛伊人赫克托尔（Hector）。希腊人对自己和敌人同等看待，他们也会敬重对手，并带着同情与欣赏看待他们。

对希腊人这一特点的一个很好的例子便是奥德修斯与狄奥墨得斯（Diomedes）俘虏特洛伊人多隆（Dolon）的情景，其中体现了一种对敌人的尊敬：战士都是平等的，这是希腊人的典型行事风格，而这也是这些史诗和悲剧作品的特点。埃斯库罗斯（Aeschylus）仅仅在自己与波斯人作战的几年后，就写了悲剧《波斯人》（*The Persians*）。他在描述自己曾经的敌人时仍充满人性的关怀，这就是典型的希腊风格。

《荷马史诗》的写作年代非常接近《士师记》。通过阅读《士师记》里闪米特以色列人对待其敌人的方式，我们会发现他们与希腊人截然不同。

《伊利亚特》的开头是这样的："我将歌唱阿喀琉斯的愤怒。"为何阿喀琉斯会愤怒？有两个原因，它们分别导致了不同的结果。

第一个原因是布里塞伊斯（Briseis），一个美丽的女俘。阿喀琉斯得到了她，阿伽门农也想要得到她并利用自己的权力占有了她（见图 6-8）。阿喀琉斯是如何反应的？他在自己的帐篷里生闷气，不再参战。然而阿喀琉斯是一个武力强悍的英雄，没有他战争不可能取胜。最后，奥德修斯被派往他的营帐，劝说他回心转意。但阿喀琉斯还是拒绝参战，直到他的密友帕特罗克洛斯（Patroclos）身穿他的铠甲被杀。

这时，阿喀琉斯的愤怒是为了替好友报仇。

图 6-8 布里塞伊斯与阿喀琉斯（壁画，古罗马，意大利，约公元 20—50 年）

现在我们来看看赫克托尔所面对的最残酷的时刻。赫克托尔是特洛伊一方唯一有资格对阵阿喀琉斯的英雄。在图 6-9 中我们看到的是赫克托尔的妻子安德洛玛克（Andromache），怀抱着他们的小儿子阿斯蒂阿那科斯（Astyanax），"小小的星辰"。小男孩被他父亲的头盔吓到了，赫克托尔脱下了头盔，抚摸着儿子。安德洛玛克求丈夫不要去对阵阿喀琉斯，因为他必定因此而死。赫克托尔回答道："没有人能因怯懦躲过死亡。"

赫克托尔的回答可以与《薄伽梵歌》中黑天（Kṛṣṇa）对生死问题的探查相对照：这个问题探讨的是战士与战争之美德。《摩诃婆罗多》（Mahābhārata）讲述的是与《伊利亚特》同一时代一群相似战士的战争故事，在《薄伽梵歌》

中我们可以读到战争的神秘哲学。阿周那（Arjuna）是班度（Pandavas）一族的首领，班度人想夺回他们的领土，在吹响开战的号角之前，他让黑天驾战车载着他来到两军阵前。当阿周那来到两军之间，他看着他所敬重并视作自己思想导师的两军战士，丢下手中的弓叹道："我宁可死在这里，也不想陷入这场战斗。"

图 6-9　安德洛玛克和阿斯蒂阿那科斯向赫克托尔告别
（红绘双耳喷口杯，古典时代，意大利，公元前 370—前 360 年）

黑天问阿周那："你什么时候变成了可耻的懦夫？这可不是一个战士应有的想法。"[6] 随即，黑天引述了那句经典之言，那是一首神之战咏："剑无法触及之物，雨也无法打湿。"[7] 这句话的意思是，刀剑不会触及永恒，但历史的进程不曾停止，而参与其中是你的职责。黑天用这种方式引导阿周那，使之悟得行动中的修行之道。这是战争的修行之道——不带恐惧，也不带着对战争结果的渴望去履行职责。

什么是行动的根本原则？如果你关注的是结果，那么你就会偏离行动的本身，你的行动就会带来痛苦。只去行动，不带任何恐惧和欲念，不为自己也不为他人，只做你应该做的，这就是一步巨大的跨越。这就是古印度与赫克托尔那段斯多葛主义的回答相对应的哲学。

随即,赫克托尔驾着战车奔赴他自己的死亡命运。这就是一个不带恐惧和欲念的行动时刻。当然,他最终死于阿喀琉斯之手,阿喀琉斯做了一件让我们毛骨悚然之事:将赫克托尔的尸体绑在战车上,拖着尸体绕特洛伊城奔走。也有人说,赫克托尔是被俘虏之后以这种残忍的方法处死的。

这是否只是一种为了向强大的敌人复仇而采取的粗暴举动呢?阿喀琉斯的动机并不清楚,但有一种理解是,特洛伊的城墙不仅仅是砖石建成的实体城墙,还具有一种魔法,阿喀琉斯此举是为了祛除特洛伊城墙的法力。

随后,普里阿摩斯(Priam),特洛伊的老国王,也是赫克托尔的父亲,卑屈地来找阿喀琉斯,祈求他归还赫克托尔的尸体,这样才能为死者举办妥当的葬礼(见图 6-10)。葬礼在这些传统文化中意义非凡,《安提戈涅》(Antigone)的故事就因此而起。

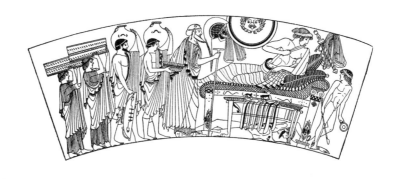

图 6-10　普里阿摩斯乞求阿喀琉斯归还赫克托尔的尸体
(青铜,古风时代,希腊,约公元前 560 年)

现在我们来讨论最后的木马计。奥德修斯与狄奥墨得斯受到阿喀琉斯建议的启发制造了木马,在巨大的木马腹中藏满士兵,随后带着全部的希腊舰队撤退,将木马留在海岸。特洛伊人以为战争已经结束,这只木马是他们的战利品,于是将木马拖回了城中。当晚,希腊士兵钻出木马,打开城门,希腊联军就这样摧毁了特洛伊。

到了战争的最后,特洛伊陷落了。10 年战事终于结束,希腊战士们得以返乡，这一刻我称之为"乡愁"（nostos）。

很多悲剧作品都基于希腊战士们的返乡故事。

一个故事是，海伦回到了她的丈夫墨涅拉俄斯身边。她被诱拐的经历是一种耻辱，当她坐上归国的小船，那必然是个令人难忘的场景。但是，欧里庇得斯在他的剧作中挽救了她的名誉，去特洛伊的不是海伦本人，而是她的幻影，真正的海伦在整个战争期间都藏在埃及。

另一个返乡大事件是阿伽门农归国，自他将伊菲革涅亚献祭，杀戮的循环就开始了。阿伽门农被妻子克吕泰涅斯特拉所杀，王后随后死于其子俄瑞斯忒斯之手。在任何文化之中，弑母都被认为是极大的恶行，但是这一次，在希腊世界里，却有这样一个问题：俄瑞斯忒斯是"母亲的儿子"还是"父亲的儿子"？我们用母系血脉还是父系血脉认知亲缘关系？如果我们继承的是父亲的血脉，而父亲被谋杀了，那么杀死这个凶手就是儿子的天职，只是这一次，凶手是他的母亲。而如果继承的是母亲的血脉，那么杀掉杀父凶手就不是儿子的责任，因为父亲微不足道——弑母就只是一个个人行为，而且是一种罪行。

在这里，我们看到两个体系的冲突：早先的母权社会存在于乡村的乡民（pagani，拉丁语，后来变成了"pagans"一词）中，随后是印欧人带来了父权体系，阿开亚的希腊人（Achaeans），特别是雅典人吸收了这一体系。阿波罗和雅典娜宣布俄瑞斯忒斯无罪，他们决定以用猪代替俄瑞斯忒斯献祭的方式平息复仇女神（Furies）的怒火。[8]

在图 6-11 中，在德尔斐的阿波罗圣所，俄瑞斯忒斯杀害克吕泰涅斯特拉的血罪得到了净化。（注意，俄瑞斯忒斯坐着面对着的是一个"脐"）阿波罗在右边用猪血清洗他——俄瑞斯忒斯在小猪的血中得到净化。猪的献祭用于减轻复仇女神的愤怒，这些复仇女神代表了地下冥界的力量，以及母系的力量。猪的献祭在《奥德赛》中也非常重要。阿耳忒弥斯站在阿波罗身后，手持猎矛。右边还有两个沉睡的厄里倪厄斯（Erinyes，复仇女神），雅典娜使她们沉睡。摸着沉睡的厄里倪厄斯的女人是克吕泰涅斯特拉的幻影，她召唤复仇女神替她复仇。厄里倪厄斯是希腊传统中古老的神祇，"专门向那些杀害父母的凶手复仇，向违背道德和自然律的人复仇"[9]。她们象征着"对人类关系的强烈反应……是死者愤怒的灵魂在呼唤复仇"[10]。

就这样，俄瑞斯忒斯得到了净化，男性法则也统治了一切。

图 6-11　俄瑞斯忒斯的净化（红绘双耳喷口杯，古典时期，希腊，约公元前 370 年）

正如我们在加泰土丘所发现的那样，猪是象征地下力量的家畜。阿开亚人带来了他们的牛群和诸神，他们用母牛或公牛代替猪献祭。在俄瑞斯忒斯的案件中，那必须平息的力量是大地的力量，是复仇女神、大母神的力量。哈里森讨论过两类献祭之间的区别：阿开亚人的献祭是与诸神分享祭肉，而古老的猪祭则是"焚杀"（holocaust，彻底烧掉）——烧死动物，让血与灰烬流入大地，而不是分享祭肉。[11]

《奥德赛》

现在我们来看伟大的返乡故事：奥德修斯的归返。

我认为，奥德修斯的征程是为了回家，更准确地说，是回到他的妻子佩涅洛佩身边——不是去找某个金发女郎，也不是去找战争的受害者和战利品，而是回到妻子身边。妻子是雌雄同体神话的另一面，因此奥德修斯必须以战士的身份得到理解，在这一问题上，不存在有关两性力量对话的思想。

我将《奥德赛》视作一部启蒙之书，第一次启蒙在于将奥德修斯置于与女性力量之间合适的关系中，在帕里斯的裁决中，男性法则取得了绝对的统治地位，而女性的力量受到了压制。现在，人们必须认识到女性力量能够使一段合适的关系成为可能，在这里男性和女性的力量是平等的，而我将这种关系称之为雌雄同体关系。二者平等，但不相同，因为若是你失去了两极之间的张力，也就失去了生命的张力。

《奥德赛》还有第二次启蒙，那就是奥德修斯的儿子忒勒马科斯。当奥德修斯被征入阿伽门农的队伍，他和佩涅洛佩才新婚不久，刚刚有了孩子。奥德修斯不得不离家20年——10年于特洛伊征战，10年于地中海漂泊。因此，忒勒马科斯已经20岁了，一直和母亲生活在一起。雅典娜变成一个青年的样貌来找他，说："去找你的父亲。"

《奥德赛》的第一个启蒙在于奥德修斯作为一个成熟的男性，在婚姻中走向善的生活。

第二个启蒙则是忒勒马科斯从少年成长为男人，脱离母亲，走向父亲。

第三个启蒙是佩涅洛佩，她的丈夫离开了，面对求婚者的引诱，她仍然选择坚忍与信念，选择对伴侣忠诚。这是一个很有趣的启蒙框架，可以理解为这几个方面：少年的启蒙、成年男人的启蒙、女人的启蒙。

奥德修斯带着12艘船驶离特洛伊，向北驶向伊斯马鲁斯（Ismarus）的城镇。当战船和勇士们抵达时，他们做了什么？他们洗劫了城镇，强奸了那里的女人，伊斯马鲁斯的祭司甚至不得不感谢奥德修斯没有强暴他的女儿。这些人都是贪婪掳掠的暴徒。

诸神说："这可不是一个要回到妻子身边的男人应有的行事方式！这不是为了家庭的存在，男性和女性应有的关系。"

所以,诸神将 12 艘船吹散了 10 日。奥德修斯要想得到他渴望的,也就是去他想去的地方,就必须遇见三位女神,并且安抚她们。阿佛洛狄忒、赫拉与雅典娜将以三位仙女喀耳刻、卡吕普索和瑙西卡的形式现身。

我认为这一点非常迷人:在早期《荷马史诗》中威力被忽视的三种神力,如今又重新取得了全部的力量。所以我们要好好看一看这段奇幻之旅,看它是如何将两性关系重新阐释为共生关系,取代了此前非此即彼的统治关系。

奥德修斯的船队发现他们被吹到了北非,来到了食莲者之乡。在那里他们全都陷入沉睡,前往梦境之中——从那时开始,直到奥德修斯在伊萨卡的海滩苏醒,他所遇到的都不是人类,而是怪兽和仙女。也就是说,他的旅程可以视作一段梦中的旅程:奥德修斯进入了无意识之中,来到自己一直忽视的一部分心灵那里,现在他需要重新吸收那一部分。

当 12 艘船上的船员吃了睡莲,他们就被送往梦境之中,奥德修斯不得不把他们一个个拖到甲板上,然后一个个绑在船上。

现在我们意识到问题之所在了:奥德修斯来自一个拒绝和否定女性法则的世界,那个世界试图支配女性法则,并令其臣服于父权体系,而现在,奥德修斯要直面那绝对的力量,并且屈服于它。我们从潜意识的世界来到了梦的世界,从理性、实在的世界来到了神秘、隐喻的经验世界。我们将会以完全古典的方式穿过这一神话之旅,我们被抛出了日常生活,因为有一样东西缺失了,那就是男性与女性之间的正确关系。

当我们进入这神话的旅程,穿过入口来到梦之乡,首先遇到的是入口的守卫,其力量象征的是从日常生活的领域到奇幻领域的转换。守卫是一只可怕的怪兽,它是你在旅途终点所遇到的同一力量弱化的表现形式。

奥德修斯第一个遇到的是独眼巨人波吕斐摩斯(Polyphemus)。他只有一只牛眼似的眼睛,那是一道窄门,只有通过那里,一个人才能展开他的启蒙之旅。波吕斐摩斯是波塞冬之子,而波塞冬是深海之主,掌控着整段冒险,他是无意识世界的王,是古希腊世界里与湿婆相对应的神。奥德修斯和他的 12 队船员进入洞穴，检查他们所到的是一个怎么样的岛。他们发现那里有很多装满牛奶、乳酪和黄油的瓶瓶罐罐，从而意识到这是来到了某个牧羊人的居所。

此时，那个"牧羊人"回来了，看哪，这是一个头顶上只有一只眼睛的巨人，而且以人为食。巨人问奥德修斯："你是谁？"

奥德修斯快速地思索着，说："我是'无人'。"这便是一个人进入魔法世界时首次脱离自我。他没有自夸，没有说："我是奥德修斯，你没听过我的大名吗？"不，他说的是："我是'无人'。"我们将看到奥德修斯在进入深渊之时，如何一步步地自我脱离的。

独眼巨人说："看来我有一顿美餐了。"接着，他抓起两个人，将他们撕裂，那幅景象可怕极了。

在波吕斐摩斯吃掉他的"小食"之后不久，奥德修斯说："你想来点酒来佐餐吗？"

波吕斐摩斯从没喝过酒，于是他接受了，也因此烂醉如泥。

奥德修斯和剩下的船员们拿起一根船梁，把它削尖，然后用火把它烧得坚实，最后把它刺进沉睡的巨人的独眼里。这个景象被细致地描绘了出来，船梁刺进去，你几乎能听见眼睛干瘪、爆裂、沸腾然后裂开（见图 6-12）。

图 6-12　奥德修斯刺瞎波吕斐摩斯的眼睛（黑绘瓶画，古典时期，希腊，年代未知）

波吕斐摩斯还活着,他惨叫起来。叫声唤醒了其他独眼巨人,那些巨人问:"发生了什么,谁伤了你?"

波吕斐摩斯回答说:"'无人'伤了我!"

"那就闭嘴吧!"其他巨人抱怨道。

就这样,奥德修斯通过摆脱他自己的身份成功得救。

独眼巨人的眼瞎了,他什么都看不见了,但是他还在洞穴里,而奥德修斯和船员必须逃离——所以波吕斐摩斯摸索到了洞口,准备在那里阻击那些人。

足智多谋的奥德修斯又有了个主意。他找到三只羊,把它们捆在一起,然后派一个船员躲在中间一只羊的肚子下面,一共有 18 只羊,分 6 次出去了。独眼巨人摸到它们,说:"噢,这是我的羊,它们要出去。"

就这样,所有人都成功逃离险境。

奥德修斯躲在一只大公羊肚子下面逃生了(见图 6-13)。

图 6-13 公羊肚子下面的奥德修斯(青铜,古典时期,希腊,约公元前 520—前 500 年)

在那个时候,公羊象征着太阳,太阳的准则现在与男性准则并不相同。在埃及,太阳神阿蒙以公羊的形象出现。读到这里,读者都会觉得奥德修斯正在让自己与太阳的旅程化为一体。他让自己与太阳一体,而我们也会发现，他最终去到了太阳之岛。这一点非常重要，奥德修斯抛弃了自己的世俗身份，使自己与太阳的力量、太阳的意识和生命同一。他成功克服了独眼巨人这一障碍。

现在，我们成功地进入了精神的世界。但是，在你穿越到精神的位面，抛却你的世俗身份时，究竟发生了什么？当你抛却了物质生命，你就陷入了一种心理学家所谓的自我膨胀之中："我乃是属灵的生命。"

穿过入口，奥德修斯来到了风神之岛，遇见了风神埃俄罗斯（Aeolus），即"息"（prāna，梵语，"呼吸、灵"）之王。这个神有个很奇怪的习惯，他有 12 个儿子和 12 个女儿，他让他们互为配偶；他也是个非常慷慨的主人，当 12 艘船到达时，风神款待他们，当他们离开时，风神又送了奥德修斯一样礼物，那是一只风袋。"这里有足够的风，"他告诉奥德修斯："足够带你去伊萨卡——只是别一次全打开。要保持耐心。"

船员们上了船，在他们返乡的路上，奥德修斯渐渐进入了梦乡。领导者本人所象征的是具有控制力的自我意识，但是船员所代表的是本我（id）的力量——"我想要"的力量。所以，当奥德修斯睡着，船员们就按捺不住好奇心了，他们打开了风袋，噗的一声，结果，他们没有风的力量了，只好无风停航。

这就是自我膨胀——整个过程都是躁狂到抑郁的循环。这是一个非常常见的心理学图式：你以为你是神，可是你不是。我们无法从人的身份中剥离出这一冲动。中庸之道是必需的美德。船员成功穿过了入口，穿过了窄门，随后他们膨胀了，现在便一无所有。

于是，船员们只好开始划船——对一队战船而言，亲手划船是多么耻辱的事啊。他们回到了埃俄罗斯的岛，问："我们不小心把风袋弄没了，你可以再给我们一个吗？"

风神说："我没有那种东西了，你们就划船吧。"

于是船员们只好继续划船，下一段旅程就完全是压抑的了。他们来到萨丁岛（Sardinia），上了岸。这座岛属于拉斯忒吕戈涅斯。如果你读过这部史诗，你就明白这些人何等可怕，而希腊船员们现在身陷何等的危险之中。拉斯忒吕戈涅斯是食人族，奥德修斯派了三个人上岸侦查，食人族抓住了其中一个，把他丢进煮锅。另外两个人赶忙逃跑，却被食人族追击。食人族投掷巨石，击碎了几乎所有船只，只有奥德修斯的船队逃走了。奥德修斯只剩一艘船了，船员们拼命地划船逃离了这个地方。

这里就是低谷。这里的"脱离"是一幅空旷的图景：一艘船，拼命向前划。穿过入口，通过窄门，膨胀，然后收缩，现在他们来到了黄昏之岛，编织者喀耳刻统治着这里，她精通魔法，却不怎么喜欢人。

这是故事中的大危机。奥德修斯来到了低谷之中，见到了第一位女神，她象征着诱惑者，而这位诱惑者也是一位引导者。正是这位诱惑者、引导者，引导着英雄超越了其限制。在引导的这一方面，她就是女神摩耶。

在沼泽密布的岛屿上，喀耳刻做着织工，身边环绕着低嚎的野兽，是她将人类变成了这些动物。奥德修斯的侦查员们获得了一顿美餐，但餐食里被下了药，他们刚吃几口，喀耳刻就将他们变成了猪。

奥德修斯很走运，他没和船员一起去，他还等着他们，却等到了赫耳墨斯，赫耳墨斯说："你有麻烦了，我是来帮你的。"

于是，赫耳墨斯给了奥德修斯仙草墨吕（Moly），这种仙草可以保护奥德修斯不受喀耳刻变形魔法的影响。然后，赫耳墨斯说："你进去的时候，她无法对你施法。用你的剑恫吓她，她会臣服的。不仅如此，她还会引你去她的床榻，她那么做的时候，你就离开。"

这里有两种力量，男性的行动力量和女性的魔法力量——这种魔法力量用于吸引、祛退和施魔。喀耳刻和奥德修斯面对彼此，这是头一回，奥德修斯有了个棋逢对手的女人。他无法将她推离，而因为有赫耳墨斯的帮助，喀耳刻也无法征服他。这是一幅我很喜欢的景象：喀耳刻有着魔法的力量，而奥德修斯有着自然的力量。奥德修斯强迫喀耳刻把船员变回人形，有趣的是：当他们终于变回人类时，他们更加英俊、强壮和睿智了（见图6-14）。[12]

图6-14　奥德修斯威胁喀耳刻（红绘细颈瓶，古典时期，希腊，约公元前4世纪）

这一段让我很受启发，除了这个故事，还有埃及的奥西里斯的故事以及阿兹特克人（Aztec）关于羽蛇神（Quetzalcoatl）的故事，其中，引诱者成了引导者，她们引导着男性脱身于法度之外。

喀耳刻主要从两方面引导了奥德修斯，第一是将他引向他的祖先所在的地下神界，这是生命领域的引导，引导奥德修斯到了其祖先灵魂的所在地。祖先象征着生命代际的力量，我们都是由这一力量繁衍而出的。

在地下神界，奥德修斯献祭了一只动物，它的血吸引来了灵魂。年轻的厄尔皮诺（Elpenor）就被吸引来了，他是被食人族击沉的船上的一员。在地下神界里，灵魂们都只是黑影，除了特伊西亚斯（Tiresias），他是个立体的存在。

特伊西亚斯的故事非常有趣：有一天，他在森林里散步，碰到两条正在交尾的蛇，特伊西亚斯把手杖放在两条蛇中间，随后他被变成了个女人。特伊西亚斯以女人的形象生活了8年。有一天她又在森林里散步，碰到两条正在交尾的蛇，当她把手杖放在两条蛇中间时，她又变回了男人。

有一天，在阳光明媚的奥林匹斯山巅上，宙斯与赫拉在为男性和女性谁更享受性爱争执不下。他们说："我们各执一词，谁能决断呢？啊，咱们去问特伊西亚斯！"

于是他们找来了特伊西亚斯，特伊西亚斯回答道："问这干吗？当然是女人，她们比男人享受9倍呢。"由于某种原因（我曾经对此感到费解），赫拉觉得这糟透了，就把特伊西亚斯的眼睛弄瞎了。宙斯自然觉得对此有责任，所以赐予特伊西亚斯预言的能力作为补偿。眼盲只是表象，特伊西亚斯可以感知到万物起源的潜在形态。

然而问题在于，赫拉为什么要如此不悦？在我的一次讲座后，有一位女士对我说："我能告诉你赫拉不高兴的原因。"

"我洗耳恭听。"我说。

她说："因为在这之后，她就不能再对宙斯说'我做这些可都是为了你，亲爱的'。"

也就是说，特伊西亚斯是奥德修斯所面对的问题的先驱者——男性并不是统治者，而是合作者，在雌雄两体之中扮演着一半的角色，女性扮演了另一半。

喀耳刻将奥德修斯引导向了生命层面上的起始：走向地下神界，遇见祖先，意识到在超越的层面上男性和女性是一体的。所以奥德修斯从冥界返回，对喀耳刻说："我学得这一课了。"

喀耳刻回答道："很好，我还要给你上另一课。"这就是她引导奥德修斯的另一方面。在得到关于人类生命层面的启迪之后，奥德修斯又得到了另一次启迪：他必须进入意识之光。这一部分点明了喀耳刻是太阳神福玻斯·阿波罗的女儿，她说："我会给你指明通向我父亲太阳神的路。"她交代了路上的种种危险，而这些危险都是古典式的。

奥德修斯先遇到了塞壬（Sirens）女妖（见图6-15）。她们的歌声可以魅惑海员，导致船搁浅。塞壬的歌声是什么？那是关于宇宙神秘力量的咏唱，使得仅凭关乎表象的努力无法继续行动。后来的希腊哲人指出，塞壬女妖与天体相关，她们的歌声就是关于天体的，是宇宙之歌，这歌声会使人着迷，那些关于大地的往事就被遗忘了。

图 6-15　奥德修斯和塞壬（红绘双耳喷口杯，古典时期，希腊，约公元前 475 年）

我听说，阿波罗 9 号的飞行员拉塞尔·施威卡特（Russell Schweickart）提到，在飞船环绕并接近月亮时，他有了聆听塞壬歌声的体验。在那时，拉塞尔获得许可可以脱离太空舱活动，他穿着宇航服离开太空舱，只用一根脐带式的线缆连接到飞船。他在舱外与舱内人员进行合作。舱内所有人员都非常忙碌，所以他们无法体验拉塞尔的感受。舱内出了点状况，拉塞尔只好在舱外等候 5 分钟，无事可做，他以每小时 18000 公里的速度在太空中飘浮，没有声音，也没有风，下方是地球，远处是月亮，头顶上是太阳。拉塞尔说："我问自己，我究竟何德何能拥有此等体验？"这种体验可以说就是一种超越，这种神秘体验可以使人甘愿脱离其一生原本的使命。

另一个例子是托马斯·阿奎那（Thomas Aquinas）的"区隔"体验。阿奎那当时正在撰写《神学大全》（*Summa Theologica*）。他已写了 11 卷，还有余下一点未完成，在一个做弥撒的早上，神秘体验突然降临到他身上。

阿奎那把笔墨放到架子上，叹道:"我所写的一切都一文不值。"这就是区隔。在有了那种神秘经验之后，你如何能忍受仅仅做世俗的工作呢?那种体验就是塞壬之歌。

所谓的终极神秘体验就是超越了你所能做、所能想的一切，这就是奥德修斯想得到的。可是，他又不想在获得这一体验的同时撞上礁石。所以，他用蜡塞住了船员的耳朵，然后把自己绑在桅杆上，告诉舵手:"别管我怎么说，鞭打我就是了。"因为他知道他会因着魔而失控。

塞壬之后，他们遇见了怪异而丑陋的斯库拉（见图6-16）和卡律捕狄斯。斯库拉是位年轻女子，躲在岩石海滩的陡峭悬崖上，她的下半身是一群凶猛的怪狗。在另一边徘徊着的是卡律捕狄斯，在希腊时代，斯库拉被认为是"逻辑之石"，卡律捕狄斯则被认为是"神秘之渊"。人们必须从两者中间通行，这是在指导人们理解从对立的两极中间通行是何等重要。

图6-16　斯库拉（银币，古典时期，意大利，约公元前5世纪）

通过了这两个考验，奥德修斯来到了太阳神岛，福玻斯·阿波罗的故乡。

这座岛上有一个禁忌:禁止杀死和食用太阳神的牛群。也就是说，当你面对终极之神时，就不要考虑现实的经济问题了。当面对更高更终极的精神体验，面对生命之光的能量时，一些事情便发生了。那并不是"咱们喝杯咖啡，吃个三明治"那么简单，事实上你不需要考虑吃喝了。

有一个关于19世纪印度加尔各答的圣人罗摩克里希那（Ramakrishna）

的故事。他最重要的门徒是纳伦德拉（Narendra），后来被称作斯瓦米·维威卡难达（Swami Vivekananda）。一天，作为祭司的罗摩克里希那进入女神迦梨的神庙，维威卡难达对他说："您知道吗，我想请女神为我做些事，给我些东西，您能帮我问她吗？"

罗摩克里希那走进了神庙，当他走出时，维威卡难达上前问道："您问她了吗？"

"哦，"罗摩克里希那回答，"我给忘了。"第二次他再次进入神庙时提醒了自己，但他再走出时，还是说："我忘了。"

重点在于，当你面对神的存在时，你根本无暇他顾。

奥德修斯睡着了。他的船员开始干坏事，他们杀了圣牛，把牛烤了吃了。阿波罗向宙斯控告这一亵渎，于是，当奥德修斯和船员下一次进餐时，宙斯抛掷雷电击中了奥德修斯的船，船体被击碎四散，奥德修斯爬上了桅杆得以幸免于难。就这样，他又一次要走曾经走过的路。

奥德修斯来到了一扇金色的门前，通过这扇门，他的精神可以轻而易举得到永生，永远无须重生，可以与时间之域永久分离。但这不是奥德修斯的命运，他的命运是回到佩涅洛佩身边生活，因此，他又返回了。

这里有一点非常有趣：当你精神高度集中地达到突破点，即将最终实现目标时，所有世俗的目标都被抛之脑后了；但如果你的注意力分散，它们就会再次回归。

我曾在《摩诃婆罗多》中看到过一个神话故事。一个圣徒在水塘里单腿站立冥想了100多年，在他即将修行得道时，突然听到水花溅起的声音，就分心去看了。注意，如果你有一丁点儿分神，那最后就可能彻底分神。圣徒看了一眼，那是一条大鱼。一条大鱼快乐地游在一群小鱼中间。这位修行瑜伽的圣徒屈服了："哦，快乐的鱼儿啊，你有许多孩子；亲爱的鱼儿啊，我也希望我能有孩子，我想要结婚了。"

于是,他离开水塘,去了附近的宫殿,那里有位国王。这位修行者对婚姻之事一无所知。国王有 50 个女儿。这位修行者刚刚结束冥想,身体很脏很臭。当他走进宫殿时,国王接待了他。他说:"我想娶你的一个女儿。"

国王打量了他一下,心里念叨着:"老天爷啊!"修行者也在读国王的心思。国王说:"好吧,在这里我们不把女儿随便给别人;但她们可以选择自己的丈夫。我去叫个阉臣,他会带你去后殿,如果我的某个女儿选中了你,你就可以和她结婚。"

阉臣带修行者去了后殿,正要开门时,这位修行者突然变成了一个迷人的青年,有着骆驼似的睫毛和令人惊叹的美貌。

殿门打开了。阉臣对公主们说:"你们的父亲下令,你们中任何想嫁给这个男人的,就跟他走吧。"少女们尖叫起来,都想跟他走。根据前面定下的规矩,修行者带着 50 个妻子走了。

不久之后,国王想:"我很想知道现在怎么样了。"于是他骑着大象去了修行者和自己的女儿生活的地方。终于,国王来到了 50 座宫殿前,他走进第一座宫殿,看到第一个女儿躺在床上,国王问:"亲爱的女儿,你现在感觉如何?"女儿说:"他很棒,但唯一让我不安的是,他一直和我在一起。"于是国王去了第二个女儿那里。第二个女儿却有着同样的焦虑。"那其他的女儿呢?"看来人们会觉得修行瑜伽是有好处的了,但是实际情况却是,那个父亲回到了王宫,想道,好吧,她们每个人都很开心,那又怎样呢?

婴儿开始降生了。一个小孩子带来一份快乐,两个带来两份快乐,但 3 个就不大一样了,那 4 个呢? 50 个呢? 修行者想道:"这就是我一开始想得到的,我得回我的小水池了。"

当他告诉自己的妻子们时,她们说:"我们这里看起来混乱不堪,我们也想这么做。"于是她们把孩子们都交给了保姆护工。修行者带着妻子们回到了修行地,一个个都站在那里修行。

这就是我突然想到这个故事的原因，奥德修斯的船沉了，船员都不见了。只剩他一个人，躺在一块礁石上，他已经长途跋涉到过太阳神之岛——现在，他又要折回了。

你已经见到，奥德修斯经历了喀耳刻的两次引导，一次是生物生命意义上的，一次是太阳生命意义上的。但是他的旅程还没有结束，他就要回到双重经验的世界，返回他曾经航行过的路线，他又被冲上岸，那不是喀耳刻的岛，而是一位年长仙女卡吕普索的岛。

奥德修斯与卡吕普索一起生活了 7 年。这是婚姻，是真正来到了现实，是男性和女性两种力量之间的切实体验。

有一段时间，奥德修斯坐在海岸边想关于佩涅洛佩的事，当他似乎刚有点头绪时，赫耳墨斯又出现了，他对卡吕普索说："你必须让奥德修斯离开。"随后又对奥德修斯说："是时候回到佩涅洛佩身边了。"

于是，卡吕普索必须服从天神——须知，赫耳墨斯是众神的使者，她别无选择，只好为奥德修斯准备了小船和食物，然后放他离去。奥德修斯顺着海潮启程了，他又回到那最初的入口。海浪汹涌，另一个世界又到来了——这是一个对于神秘主义者或其他任何人来说都十分艰难的世界，穿越这里的汹涌海潮十分困难，但回归和融入生活又是另一种困难了。

然而，波塞冬一直用愤怒的目光盯着奥德修斯，准备为他的儿子独眼巨人波吕斐摩斯报仇。海神摧毁了奥德修斯的小船，奥德修斯只好在海浪中漂流，直到琉喀忒亚（Leucothea，白色的海洋女神）和雅典娜本人救了他，最后他漂流到了费阿克斯人（Phaeacians）的岛屿。

第二天早晨，奥德修斯正在海滩沉眠，国王的女儿瑙西卡带着一群女仆发现了他。她是来海边用海浪洗亚麻的。干完了活，女孩子们开始玩球，把球来回抛掷，球弹落到了奥德修斯身上，惊醒了他，这个高大赤裸的男人从海藻里站起身，用橄榄枝遮住生殖器（乔伊斯说奥德修斯是史上第一位绅士[13]）。女孩们都怕得要死，除了瑙西卡。瑙西卡对应的是雅典娜(英雄的守护者),她住在这个没有什么优秀青年的岛上,此刻,她惊住了(见图 6-17)。

这就是她崇拜的英雄,他来了。

图 6-17 奥德修斯、雅典娜和瑙西卡(红绘双耳细颈瓶,古典时期,希腊,公元前 5 世纪)

奥德修斯和瑙西卡聊天,瑙西卡将奥德修斯置于自己的保护之下,带他回到自己的父亲阿尔基努斯(Alcinous)王那里。阿尔基努斯邀请奥德修斯参加宫宴,客人们用餐后,问道:"陌生人,你从哪里来?"

奥德修斯没有回答"无人"之类的话,而是说:"我是奥德修斯。"他已经恢复到以真名示人的状态,冒险已经结束,他即将返乡。

国王说:"我们在这儿等了 20 年,就想知道这个小伙子经历了什么,现在他来了!"

当然,到这个时候,瑙西卡已经意识到了奥德修斯不是为她而来的。

随后,奥德修斯讲述了他的旅程,《奥德赛》的故事就是从这里开始的:整个故事是一次闪回,奥德修斯告诉旁人他是怎么来这里的。

随后，他请国王帮助他回家。阿尔基努斯给了他一艘好船，他在船上睡着了，这是一次让他筋疲力尽的旅程。船终于驶向了伊萨卡，他终于要回家了。多么美好啊：他的梦就要醒了，他即将回到佩涅洛佩身边。这场梦幻之旅终于结束了，旅途中他遇见了女巫喀耳刻（阿佛洛狄忒的使者），妻子卡吕普索（赫拉的使者）和可爱的小女孩瑙西卡（雅典娜的使者）。

与此同时，佩涅洛佩还在做着纺织和拆除的循环，犹如月圆月缺一般（见图 6-18）。20 年前她的丈夫离家远去，战争结束了，其他人都纷纷回乡，却唯独不见奥德修斯的身影。宫殿里聚集着年轻和年长的追求者，他们叫嚷着："一个女人不可能在这个国家独自生存，不能独自生活在这样的宫殿里。你必须嫁给我们中的一员。"

图 6-18　佩涅洛佩与忒勒马科斯（红绘双耳大口杯，古典时期，希腊，公元前 5 世纪）

佩涅洛佩相信她的丈夫终将回来，她说："等我织完这件袍子，我就做出决定。"因此，她每天白天织作，晚上又拆掉。奥德修斯是太阳，而她就是月亮——他们与时历的奥秘紧密相连，象征着太阳和月亮的精神，男性和女性的精神。

雅典娜以一个男青年的形象出现，对忒勒马科斯说："孩子，去找你的父亲吧。"在这里，一个男孩得到指引，通过找寻父亲这一行动开始了作为一个男人的生活。

没人知道奥德修斯在哪儿,所以忒勒马科斯说:"我想我得去找内斯特。"内斯特是特洛伊战争中的老将,像是一个年长的足球队教练那样,他熟悉所有的英雄,知晓所有的事情。

忒勒马科斯去找内斯特时,求婚者设计了一个陷阱,准备等他回家就杀了他。忒勒马科斯得知了这件事,就从另一条小路回家了。他走进了奥德修斯的猪倌欧迈俄斯(Eumaeus)的小屋。

一位父亲将会在猪倌的屋里找到他的儿子,这是不是很滑稽?奥德修斯曾受到一个能将人变成猪的女人的启示,俄瑞斯忒斯也曾用猪血清洁自己——猪是神圣的动物,与地下神界的幽深奥秘紧密相连。当奥德修斯来到伊萨卡时,第一个认出他的动物是他的老狗,第二个是老仆欧瑞克勒亚(Eurycleia)。欧瑞克勒亚为他洗脚,认出了奥德修斯曾被野猪伤到留下的疤痕。记住:正如阿多尼斯被野猪杀死,奥西里斯在莎草沼泽与兄弟赛特狩猎野猪时被赛特杀死,奥德修斯也因野猪而受伤。野猪与死亡和复生相连,与灵魂和复活相连,与英雄的离去和归返相连——它是一个起始的契机。欧瑞克勒亚看见伤疤,认出了奥德修斯,她想要告诉别人这件事,可奥德修斯捂住了她的嘴,说:"什么都别说。"因为如果大家都知道他回家了,求婚者就会抓住他。

恰巧在这个时候,佩涅洛佩放弃了坚持,说:"我会嫁给你们之中能够拉开我丈夫奥德修斯的弓并射穿 12 个铁斧孔的那一位。"又是 12 这个数字——黄道带十二宫。

所有求婚者都试了,当然,他们一个都做不到。这时,一个刚进房门没人认得的流浪汉说:"我来试试。"这个场景描写得很精彩,奥德修斯检查了弓,看看这些年来它有没有被虫蛀腐蚀。随后,他给弓上弦,搭上一支箭,射穿 12 个铁斧孔。奥德修斯后退了一步,又搭上一支箭,开始放箭射杀求婚的人们(见图 6-19)。现在,奥德修斯就像升起的太阳,追求者们就像围绕着月亮女神的星星们那样被消灭了。

图 6-19　奥德修斯杀死求婚者（红绘双耳大口杯，埃特鲁斯坎，意大利，约公元前 440 年）

奥德修斯的归返意味着求婚者们的末日。佩涅洛佩叹道："哦，亲爱的，我猜你肯定有了许多精彩的体验。"

我不知道有没有人曾把《奥德赛》解读为一部关于"启蒙"的故事。它可以说是一部原型式的航海历险，从驶入黑夜之海，到重塑女性法则——那个在特洛伊战争中失落的法则。女神的复苏和对女性力量的重新解读象征着一种新的活力，虽说这些神话涉及了一些当时的现实问题，但无论如何其中的力量是同一种，现在也理应重新得到解读。印度的《何故奥义书》写于公元前 7 世纪，其成书时间与《奥德赛》相仿，这部奥义书也讲了女神回归的故事。书中，印欧诸神看到一种神秘的异象袭来，就很想知道那是什么。

火神阿格尼说："我去看看他是谁。"他来到那股神秘力量面前，那股力量问："你是谁？"

阿格尼说："我是阿格尼，我是火焰之神，我可将万物燃烧殆尽。"

那股神秘力量丢来一根稻草，说："我看看你怎么烧掉它。"

阿格尼无法点燃稻草。他回到众神之中说："我不知道那力量是什么，我无能为力。"

风神楼陀罗（Rudra）说："我去吧，我来说服他。"他来到神秘力量面前，那力量问："你是谁？"

风神回答道:"我是楼陀罗,风之神,我可以将万物吹动。"

神秘力量又丢来一根稻草,说:"我看看你怎么吹走它。"

楼陀罗也无能为力,回到了众神之中。

这时女神摩耶现身了,这是她在整个吠陀传统中的首次现身,她将众神带到婆罗门——至高之神面前。这就是女性启示真相的力量——正如我们在《奥德赛》中所见到的那样。

Goddesses

Mysteries of
the Feminine Divine

第 七 章

女神变化的奥秘

G O D D E S S E S

Mysteries of
the Feminine Divine

过去与未来的女神

我曾试图展现出一些历史背景和主线，尤其关于大母神传统（公元前 7000 年至前 3500 年），以及公元前 4000 年带着那些截然不同的神话世界而来的印欧人。我不想花太多时间探讨印欧神话本身是什么样的；我们应该通过比较的方式来重现它，将欧洲与亚洲神话传统比较——诸如希腊传统与古印度吠陀传统的对应等。

当农耕社会的人居住于有母神传统的区域里时，崇拜对象可能指向具体的物体，如树、水塘、石头、土地等。然而，游牧民族，包括闪米特人和雅利安人，他们崇拜的对象尤为广阔且无处不在：天空、大地、风、月亮和太阳；祭坛是可移动的，设立在许多地方，它们是宇宙的象征；他们的神不像耕种文明或母神崇拜世界里人们信仰的神，有诞生、成长、死亡和再生，而是宇宙和永恒的存在。

对游牧民族来说，与神秘世界的主要联系是萨满，这些人经历过"精神转化"，我们或将其称之为

"精神分裂"。萨满通过进入无意识的深处探寻神，再返回到现实，以此获得信任。

此外，萨满敬奉的神通常是他们自己的守护神，这些神在萨满的梦境和幻象中显现。在狩猎文化区域，尤其是北美印第安人狩猎者，幻象原则几乎"民主化"，因此每个人都能拥有一个幻象。在许多部落里，男孩到一定年纪都要经历入会仪式，他们被送到危险丛生的野外禁食4天以上，在斋戒期间，他们的脑中会产生幻象，指引这些年轻人未来的领域在哪里。他们会成为强大的疗愈师吗？还是伟大的酋长？或者战士？成年后，如果一个人发现他的力量正在衰减，他可以去再度进行斋戒。在狩猎文化中，这种个人的经历是必不可少的。

在农耕社会，人们崇拜的神灵通常存在于村落里，在这里你会发现敬奉神明的祭司或女祭司传统的存在。

当以上两种文明相遇时，正如之前讨论过的印欧和闪米特文化入侵时，两种通神的方法通过它们的相互关系而起作用。人类有史以来关于神话秩序最具包容性的直觉的记载都来自列奥·弗罗贝纽斯，所有想要了解神话学历史的人，都应该阅读弗罗贝纽斯的《教化》（*Paideuma*）或《世界遗迹》（*Monumenta terrarum*）。

他提出了关于两种文化领域之间关系的洞见：一方面，对于狩猎民族来说，主要的教育经验来源于动物世界，他们长期处于与动物厮杀的斗争中，并且衍生出了对动物复仇的恐惧，由此形成了一个建立于动物社会和人类社会之间的契约关系的仪式体系，而此契约的中心主要是可食用的动物。动物世界"自愿"为人类奉献自己，而这些仪式的作用是让所有的生命回归其本源，所以动物们会再次复活。这两个世界的契约，是一种美妙的神话。

另一方面，对赤道带上的部落来说，具有教育意义的经验则来源于植物。人们在大地上播种，万物重生，新的生命到来。这里最主要的主题即是死亡与再生，而正是在这一主题的范围内，人祭占了主要地位。

狩猎者很难理解人祭，因为杀戮和杀戮之后的负罪感都被包含在了他们那充满忏悔和试图弥补动物世界的献祭仪式中。

而在赤道地区的人们身上你会发现"死亡作为生命源泉"这一主题，这也恰是悲剧情感的来源。在植物的世界，丛林中到处是腐烂的树叶和腐朽的树枝，新的嫩枝从中长出，从死亡中生出生命的观念便导致这样一个结论：如果你想要延续生命，你就需要更多"死亡"。于是，在这个光荣的母权传统中，人类的献祭是绝对疯狂的。我们总认为母神多么温柔，但别忘了她和克里特岛上的斧头。

母权制最纯粹的形式存在于公元前7000—前3500年的欧洲，此后出现了战士民族，并且他们于公元前4世纪到前3世纪开始了对欧洲大陆的漫长统治。

大约在同一时期，闪米特人的两个分支从叙利亚－阿拉伯半岛的沙漠地带进入地中海东部沿岸。他们向东进入美索不达米亚平原，向西进入迦南地区。于此，两种不同的文化相互融合，如果你想了解那个时期和地区城镇生活的样貌，只要去读一读雅各（Jacob）和他的12个儿子入侵示剑城（Sechem）的故事。地平线上的灰尘堆积如云，大家误以为那是沙尘暴，然而那正是贝都因人（Bedouins）来袭……第二天早上，城中的所有人都被杀死了。这是当两个文明碰撞时带来的一场可怕的灾难。

古老的母权传统在克里特岛和爱琴海地区得以保存。在那个优美的世界，你能在大理石上看到女神的身影，但是她的母权社会则终结于公元前1500年圣托里尼火山爆发，此后，以男性为主导的迈锡尼文化占据了统治地位，不过它的确吸收了过去女性文化的影响，因此，那些优美的女神形象在这里继续得到了创造和延续。

大约在公元前1200年，最后一次入侵发生在印欧大陆北部的部落，多里安人带着他们的铁器到达这里并取得了辉煌的胜利，这正是特洛伊陷落时期，亦是吟游诗人庆贺伟大英雄事迹时期，一切最终都汇集在了荷马建立的传统中。

《伊利亚特》和《奥德赛》体现了当母系传统和父系传统在古典时期交锋时会出现的冲突。我们应当在三个层面上去理解《荷马史诗》：首先是吟游诗人的口头叙事诗传统；其次，公元前 8 世纪到前 7 世纪的大部分史诗都会被我们视作荷马的史诗；最后，我们知道，公元前 6 世纪雅典的庞西特拉图（Pisistratus）有意识地实行了一个塑造雅典神话的计划，这使得文学化的、经过删改的神话出现，而我们则通过戏剧和诗歌继承了这些神话。彼时，史诗的内容经过提炼，人们删除了那些原始粗鄙的部分，例如，我们没有让阿喀琉斯在赫克托尔活着的时候拖拽着他环绕特洛伊城，而是让赫克托尔直接死去。

我们也发现战争中的两种盾牌，代表了青铜时代和铁器时代的两种战争秩序并肩而立。这些史诗成了学院中的教材，再后来，更优雅的城邦伦理也被融入这些史诗中。

最后，《奥德赛》显示出了女性原则重现的迹象。

在相同时期的欧亚大陆，在近东和埃及，有关死亡和重生的仪式，体现在整个宫廷的殉葬和关于奥西里斯的伟大传说中。

现在，让我们转向秘仪，如埃留西斯秘仪、狄俄尼索斯崇拜和俄耳甫斯（Orpheus）崇拜，以及将上述神秘宗教全部转化为基督教神学概念的起始，其主旨是死亡与新生。用炼金术的概念来说，这是从已有的物质之中提取出新的黄金的过程。这也是基督教的主题：圣母作为处女生子，灵性在人类中的诞生。这个主题表现出，人的全部注意力从对动物性存在的主要关注上，转移到了对人类生命里的精神目标的觉醒上，而人类的动物本能对于这一点起到了支持作用。

圣保罗（Saint Paul）这位犹太人用希腊语写作了使徒书信，他处于犹太教的一神论和古希腊的多神传统之间，突然见证了耶稣受难——这个具有神圣天赋的、年轻的先知拉比之死，是救世主死亡的象征。

随着关注的转移，伊甸园中的堕落变成了坠入幻（māyā）^①，进入虚幻的对立的场域中，进入正常的、惊人的生活的鞭笞和嘲弄中。十字架是伊甸园中的第二棵树，即不朽之树，而基督本人则成为永生的果实。永生树也恰恰是菩提树，佛陀坐于其下，因此，佛陀的形象与基督的形象是相等的。在早期基督教中，其信仰的本质存在相当大的冲突。这只是那些秘密宗教主题的一个变体，还是一个特别的、全新的信仰？

我想表明的是，过去那些秘仪神话是基督教神话的根基。甚至，俄耳甫斯这样的人物形象或者俄耳甫斯传统在基督教神话成型过程中起到了巨大的作用，俄耳甫斯的意象是基督教意象的前身，相比于《旧约》，基督教神话更深地扎根于俄耳甫斯教这一古代神秘信仰中。

在基督教的前 4 个世纪有一个矛盾：这是不是一个全新的宗教？应该完全突破《旧约》传统，还是完全履行《旧约》的允诺？当你今天再浏览基督教《圣经》，你会在脚注中看到各种交叉引用，这些引用显示了《旧约》关于基督复临的预言。然而，可以说，不仅仅是《旧约》，古典异教甚至亚洲的神秘信仰也在基督教的发展中起到了不可小觑的作用。公元前 3 世纪，印度北部伟大的国王阿育王（Aśoka）将佛教传教人派往塞浦路斯、马其顿和亚历山大，这成了基督教神学理论的中心。

有人问："耶稣去过印度吗？"他不必过去，印度已经"来到"了近东。有人好奇，基督的内在想法是如何传达给圣保罗这位年轻的犹太先知的，因为那完全不属于犹太传统。我认为这就是圣保罗大吃一惊的原因，因为他意识到耶稣之死和复活的真相就是古老的神秘信仰意识的历史再现。

---

① māyā：幻是印度哲学关于现象世界和现象之物的概念，由原始时代之灵体思想和早期文明的神灵思想到轴心时代的哲学演进而来，成为与本体的 Brahman（婆罗门梵）—ātman（我）相对的现象世界和现象之物。现象世界之所以理解为 māyā（幻），与印度哲学在时空结构中重时间而轻空间密切相关。māyā（幻）作为 Aparam Brahman（下梵）和 samvrti-satya（俗谛），又有现象上的多样性和丰富性，印度哲学对此有不同角度的表述。（引自：张法，māyā（幻）：印度哲学现象论的特色，《东南学术》2019 年第 4 期。）——译者注

我曾受耶稣会邀请在罗马天主教的研讨会上发表了关于亚洲和古代欧洲主题的讲座，得到了耶稣会成员的认可。然而，他们认为基督教教义展现出的神秘信仰有一些特别之处，即神本身以耶稣的身份来到我们之间。

这是对神这一理念的具象化，神是一个事实，而非对宗教奥秘的隐喻。他们表示，终极的奥秘超越了所有的思维和想象，就像印度教那样。但他们随后说："有一点不同，因为我们知道，且我们所知的即是'它'。"

因此，你可以按照你的需求去解读，你有权将基督教视为秘仪传统的延续，也可以将其视为上帝以特殊的方式降临于世的罕见之事。

1946 年在埃及出土的《多马福音》（*Gospel of Thomas*）① 被认为是一部诺斯替教福音（Gnostic gospel），其中显然将佛教思想等同于基督教和古代神秘宗教。耶稣在《多马福音》里说："从我口中饮下的，必将成为我，我也将成为他。"[1] 这句话如同释迦牟尼所言："一切法皆是佛法。"众生皆是耶稣基督，我们内在的基督将被看见、被认可并且转化为我们生命的根源。这是纯粹的佛教理念，但用的是基督教术语而非佛性（Buddha consciousness）。并且，你可以将佛性追溯到古代的神秘信仰，部分关于死亡和重生的普遍传统，包括关于人的动物性的死亡与精神力的重生的传统已经发生了转变，从神秘宗教转变为基督教传统。

在《旧约》传统中有着据我所知的关于父权传统最残酷无情的强调，其中不存在女神。而女神，如伊南娜、伊什塔尔、阿斯塔特 ②，都被称作"可憎之神"。[2] 这是一种绝对男性化的神话。希伯来人观念中的弥赛亚不是作为上帝之子，而是一个有着如此威严形象的人以至于他能被称作上帝之子；你无法看到字面意义上的、经典的处女生子的主题，这是整个《旧约》传统所排斥的。在这个传统中，女神被排除在外。

---

① 有学者认为这是对耶稣基督真实的记录，但《新约》中并未提及它，所以有人认为其很可能是伪经。——译者注

② 苏美尔神话体系中的女神。——译者注

在基督教传统中所发生的事情是，使徒保罗转向了希腊世界，他用希腊语流畅地书写，在犹太教与雅典人之间建立了联系。女神由此以童贞女——圣母的身份到来，在过去的 2000 年里，圣母的确上升到了近乎女神的位置，现如今，她同样被视作苦难的救世主，这种苦难与她的儿子的苦难相当。她还将他带到了世上，她对天使报喜的顺从相当于一种拯救行为，因为她默许了这种拯救。

即便如此，教会依然谨慎地区分对上帝的崇拜和对圣母的崇拜。事实是，圣母依然是一个人类，她作为人类实现了如此崇高的觉悟，相当于一个佛教中的菩萨，这比神圣的基督更为重要。所以，"她"依然在此，过去的女神再次降临，你无法压制住她。

我谈论过史前的神，如今，他们转化成了那些值得赞颂的高尚之人。希腊神话的一个问题在于：过度强调人，会淡化神话的意义，但是我并不认为这个问题的根源在古希腊传统中——对这些神的认识有太多形式了，问题是在我们阅读它的时候产生的。在《荷马史诗》中，我们从伴随雅利安人入侵而来的对男性的强调转向全新的、受女性影响的观点。

到了后古典时代，我们面对的不再是一个农业社会，而是一个受各国文化影响的社会。人们首要关心的不再是谷物的种植，而是居住在城市中成为利用世界贸易路线的商人。事实上，他们和我们一样脱离了土壤，并且承受着随之而来的心理问题。因此，对于死亡和重生的解释不再来源于植物世界，而是从心灵、精神的角度进行阐释。

有趣的是，尽管有成千上万的人经历过秘密宗教的入教仪式，但这些秘仪的秘密从未被揭露，我们有一些线索，但也仅此而已。

秘密究竟是什么？不同的学者有不同的观点，我想要通过一系列图片去呈现秘仪的不同阶段，虽然缺乏细节，但我相信这会让你对过去发生了什么、怎么发生的有一定理解。

看看图 7-1 中这个古老的苏美尔印章。苏美尔文明位于两河流域的下游，一个泥泞的世界。然而，这里的泥土肥沃，因此适合大规模的定居生活，世界上最早的城市，如拉格什（Lagash）等，就是在此建立的。在那里我们发现了这种可用来密封信件的图章。图章中右边站着一个女人，左边有蛇和一名男性，树上结着辨明善恶的果实，由此，很容易看出考古学家为何将这样的图像解读为"伊甸园中的堕落"的早期版本。

图 7-1　生命之树女神（柱状黏土印章，苏美尔，伊拉克，公元前 2500 年）

然而，根据我们所知的苏美尔传统，还有其他展示这棵树的印章，人们对这棵树的看法中并没有包含罪恶感，供奉树的神在分发果实，永生的果实就是用来吃的。

让我们再来看看伊甸园中的两棵树的问题。上帝禁止人类吃这两棵树上的果实——一是能带来善恶的知识，一是带来永生。正如我们在《创世记》第三章所见到的，当上帝发现亚当和夏娃用树叶遮蔽身体时，他就已经了然于胸，并就此质问他们。

当然，他们承认了，男人责怪女人，女人责怪蛇，随后上帝立下了诅咒。男人的罪行最容易，他只需要流汗；女人要承受分娩的痛苦；而蛇将在余生都匍匐在地。文本中接着说，"那人已经与我们相似，能知道善恶"——即关于世界、现象、生死和善恶的知识——"现在恐怕他伸手又摘生命树的果子吃，就永远活着。耶和华便打发他出伊甸园去……又在伊甸园的东边安设基路伯和四面转动发火焰的剑，要把守生命树的道路"。[3] 这是一种拒绝永生的宗教。

其他所有的宗教，据我所知，都在寻找永生，正如我说过的，永生之树即是佛陀坐于之下的那棵树。当你走近佛教圣地时，你会看到两个看似卫兵的守卫，那些是防止你前行的基路伯。在佛教中，他们象征着你内心的恐惧和欲望，对自我的死亡的恐惧，以及对自我理应享受有兴趣的事物的欲望，这些都阻碍着你实现永生不朽。恐惧与欲望是相互撞击的石头，将我们排除在不朽的知觉之外。

这是佛教和基督教秘密的两大主题——基督穿过那扇门，通过挂在树上而成为不朽的果实。十字架之树是花园中的第二棵树，这是使徒保罗的启示。这是伟大的基督教的主题，也是我们将要探索的神秘宗教的主题。

再回头看那个苏美尔印章，神头上的角暗示月神来临，他将死去，并在树下复活。拥有月球力量之角的月神，在树之女神的子宫中死去又复活。这是女神站在世界之山上的树（见图 2-24），你所见到的是男性神准备接受这位配偶是蛇、或拥有蛇的力量去给予生命的女神。为了在精神上重生，必须放弃动物性生命，这就是奥秘的全部含义。

秘密仪式

希腊秘仪的中心在埃留西斯，如今，从雅典乘坐出租车就能抵达那里，路程中，你会经过一个满是船只和炼油厂的海港，这绝不是你想象中的神圣之地。[4] 在神话传说中，关于农业的技艺是在埃留西斯产生的，或者说是德墨忒尔授予世界的。据说，小麦是第一个被种植的谷物，是德墨忒尔神殿的守护神将小麦给予世界。

如图 7-2 所示，在埃留西斯，我们发现德墨忒尔坐着，手持的火炬代表此时正是地狱之旅，在此处，她是一个象征，是作为大地女神的她自己与落入地狱并在春天重生的女儿珀耳塞福涅的结合。而在她背后的蛇也是一对，作为雌雄同体的蛇存在。这条蛇的象征意义，被一分为二地表现为一条纯粹的蛇，或者以蛇／人的形式表现出来。在冥界掌管财富的神普路托斯（Plutus）正在收下德墨忒尔给予的小麦，再把它们带到人世间。

图 7-2　德墨忒尔和普路托斯（石浮雕，古典时期，希腊，公元前 5 世纪）

关于埃留西斯的中心，有一个特别的历史传说。马丁·尼尔森指出，在古典时期的雅典，小麦在秋天播种，在春天丰收。希腊的夏日干燥而炎热，因此人们在春天收获了小麦之后将其储存在地下的筒仓中，所以在希腊文化中，财富在地下，在冥王兼财神哈迪斯（或普路托斯）的管辖之内。然而在北方，播种与收割的季节恰与之相反，在希腊化时期，关于农耕的时序在神话阐释中出现了冲突。

像普路托斯这样象征着人类原始生命的神，经常以男孩或者老人的形象出现。人类的生命周期是从儿童到老年，中间则是参与到社会历史进程的阶段。儿童的特质是纯粹的，没有被引导到特定的历史环境中去，老年人则脱离了社会特定的劳苦、忧虑和种种成见，回到了自洽的场域中。我们如今仍用老年人回顾童年的图景来表示一年过去新一年来临，这象征着一个永恒凝视另一个永恒，而中间的时间是历史领域中行动的历史。因此，代表着永恒生命力的人要么以一个男孩的形象出现，继续存在于历史环境之外，要么就是一位老者。你能在亚瑟王传奇中看到这一点，圣人梅林（Merlin）即以老人或儿童的形象出现。

入教仪式的启蒙目标之一即通过精神之旅，让个体进入存在之境——我们的意识与能量的来源。因此，启蒙目标是引导我们认识这种力量，指引我们去往蕴含着我们生命历程的丰饶之地。

神秘宗教的所有象征都来源于农耕社会，因而他们首先参照的是农耕的经验、土地的肥沃、谷物生长和人口繁衍。也就是说，这样的宗教参照的是生物，虽然植物崇拜仪式中有斋戒也有节庆日，但之后其重心都在精神再生上。这一时期的许多传统都被解释为意象在精神层面的活动，这种意象在过去许多世纪里都与植物、大地的丰饶、四季的更迭等联系在一起。

这些象征都源于农业阶段对土地的重视，而现在，在这个我们可以称之为城市阶段的时期，我们通常会将种种意象指向心理隐喻。即使我们如今再次前往埃留西斯，我们所关心的也不再是植物是否生长，而是我们潜意识深处的潜能能否得以释放。因此，过去藏在黑暗中的财宝就像今日我们潜意识的黑暗深处未被发现的精神宝藏一般。传统的农业社会符号变成了特定的心理符号。与古老的农耕仪式不同，神秘宗教仪式侧重心理和精神层面，那些运用象征符号的人们了解这点。这不一定是弗洛伊德和荣格发现的，艺术家和诗人早就知道了。我们现在要做的便是将这些象征转化为心理学术语。

丰饶角同样是我们精神的容器，谷物从中溢出、花也从中开放，而携带它的人要么是小孩，要么是老人。女人代表着生育，是源头，而男人则只是其中的中介，或者说，他只是辅佐给予、接受和滋养万物的女人的左膀右臂。

我们不知道在埃留西斯秘仪中发生了什么，仪式是保密的，而泄露秘密是致命的罪行。从任何意义上来说，这都是被成千上万人共同守护的秘密。然而，通过观察花瓶和石棺上的大量图片，或许可以让我们试想当时的场景。那些象征性地呈现秘仪的具体的行为——如苏格拉底所言："我不能言说。"

从雅典到埃留西斯，要沿着一条叫"神圣之路"（Sacred Way）的海岸线行走，雅典人会在特定季节在这条路上沿路举行庆典，分享大麦汤这一仪式性的饮料，并且在埃留西斯的圣所上演一系列神秘的戏剧。高登·华森（Gordon Wasson）、阿尔伯特·霍夫曼（Albert Hofmann）和卡尔·卢克

（Carl Ruck）合著了一本非常有趣的书叫《通往埃留西斯之路》（*The Road to Eleusis*），书中认为，肉汤中使用的大麦已被一种叫"麦角"（ergot）的真菌感染，其中含有致幻化合物，这可能是致幻剂（LSD）的前身。理论上，肉汤里应该含有少许麦角，因此在修行者进行入教仪式时，致幻剂激发出的效果和献祭仪式相似。掌管埃留西斯秘仪的家族已经存在了几个世纪，我们无法确定埃留西斯秘仪具体是怎么开始的，这可能要追溯到荷马之前的时代，或者母神崇拜时期。这种仪式是英雄前往地下世界并返回的一次旅途，就像女巫喀耳刻派奥德修斯去的那一次。

现在，我们来到了"入口"。在图 7-3 中的黑绘陶杯上，我们看见一个祭司站在英雄赫拉克勒斯和入教者之间，后者是这场旅途的英雄，祭司正将手中的冥界火炬交给他。

图 7-3　一位在赫拉克勒斯和入教者之间的祭司
（黑绘双耳大饮杯，古典时期，希腊，公元前 5 世纪）

得到接纳之后，这位年轻人由秘仪的传授者、冥府中灵魂的向导赫耳墨斯带领着穿过秘仪的圣所并且获得重生。

特拉诺瓦（Terra Nouva）的石棺（见图 7-4）分三个阶段展示了整个秘密入教启蒙仪式的过程。按从左往右的顺序看，站立在最左边的人名为伊阿科斯（Iacchos），"伊阿科斯"这个词是人们在狄俄尼索斯出生时欢呼的词，也是在获得启示时呼告的词。拟人化的伊阿科斯，代表了神秘戏剧达到高潮的那一瞬间。

图 7-4　赫拉克勒斯的净化（石刻浮雕，古罗马，意大利，公元 2 世纪）

在他身后是一棵月桂树，具有驱除恶魔之力的作用。达芙妮（Daphne）变成了月桂树，从雅典到埃留西斯的路上就有一个地方叫达芙妮。因此，这是我们离开世俗世界进入神圣空间的门槛，我们所遇到的第一个神是狄俄尼索斯。

接下来我们看见两位女神：德墨忒尔抬高了她的火炬，净化了地上的空气，而她的女儿珀耳塞福涅用火炬向下净化了冥府的空气。

必须区分冥府（地下世界，或黑暗的洞穴）和我们生存的大地，即我们想到地球女神时想到的大地。这是女神的两面，以两个不同的女神表现出来。

珀耳塞福涅在一些伯罗奔尼撒教派（Peloponnesian cults）中由阿耳忒弥斯代替，这个人物的主要特征是处女神。珀耳塞福涅被哈迪斯绑架并带到了冥府，她是土地的产物，从地下世界再回到大地上，就像是在重演谷物、小麦等人类口粮的历史。她同时是这种力量和冥界力量的化身，一方面，她是被绑架的少女，另一方面，她是冥界的女王。

德墨忒尔坐在一个圣蛇缠绕的篮子上，蛇在篮子里蜕皮重生，代表在时间和空间领域中赋予生命的意识。

因此，入教仪式的第一步即是通过两位女神——一位代表我们生命的女神，一位代表死亡的女神，正如我们在迈锡尼看到的，她们是一对母女。

在她们前面的是入教者，他蒙着头，坐在一张铺了羊皮的长凳上。公羊是象征启示的动物，换句话说，将会有某种让人惊讶的启示出现。秘仪的传授者或者说指引者，正在将奠酒倒进火里。在指引者的旁边是酒神狄俄尼索斯，而酒神后面是赫卡特——代表了黑暗和深渊的力量。

图7-5中的洛瓦泰利瓮（Lovatelli Urn）描绘了基本相同的场景，但是有几个附加元素。正如卡尔·克雷因所指出的，在这里接受启蒙的英雄代表着赫拉克勒斯本人：

> 年轻的赫拉克勒斯，从右走到左，以此开启帮助他入教的净化
> 仪式。需要净化的英雄的原型能从他的狮子皮认出来。[5]

图7-5 赫拉克勒斯的净化（石刻浮雕，古罗马，意大利，公元1世纪）

赫拉克勒斯左边的看守是一位向导，其右手拿着一个碗，这是一碗神的汤肴，是长生不老药。

而入教候选人盖着面纱坐在用来筛小麦的篮子上接受启示——从种子中分离谷壳，这是一切的起点，我们把生命的谷壳从种子上分出来，在启示中抵达本质。

图7-6中的篮子里装满了水果和阳具，所以我们知道它与诞生、丰产和

新生有关。入教者即将揭开他的面纱，他的右边是酒神的女祭司———一个拿着手鼓跳舞的女人，手鼓上的山羊不仅代表着日光的能量，也代表着性能量。

图 7-6　入教者与篮子里的物品（石刻浮雕，地址不明，时间不明）

图 7-7 展现了秘仪中的启示，这个新生儿体现了救世主的死亡与重生的主题，而篮子里的启示被描绘成小狄俄尼索斯的重生。各站一边的老人和小孩手持火把，代表着冥府哈迪斯的力量的不同方面。就像帷幕被拉开一样，这里出现了某种启示。通过男孩手中的火把可以得知他们处于黑暗之中，这一定是一次奇妙的历险。

图 7-7　神灵显现（石刻浮雕，古罗马，意大利，时间未知）

此刻，这场旅途中的人们以一种戏剧性的动人方式目睹了由这个神圣的婴儿带来的启示，或称之为，神灵显现带来的顿悟（epiphany）[①]。在柏拉图记录的一次谈话中，苏格拉底宣称他经历了埃留西斯秘仪，而这成了他的人生中最具启发的经历之一。

如哈里森指出的那样，这个圣婴的诞生是这场仪式的中心：

> 在仪式庆典的某个时刻，由祭司宣布这个婴儿的诞生。这个婴儿从丰饶角中诞生，是丰产的象征。他即是大地的产物，他被庄严地呈现给雅典娜，因为埃留西斯将她的谷物和秘密都奉献给了雅典人。[6]

图 7-8 中的瓶画展现了埃留西斯秘仪的戏剧特征。底部是大地女神手持丰饶角，就像大地包含着粮仓一样，而从丰饶角中生出了一个男孩——小狄俄尼索斯。同时，这个孩子也代表了精神生命的诞生——处女生子。处女生子与生物学无关，而是个人精神生活的产物。当它被解读为一个具体的生物或历史事件时，整个象征就偏离了中心。

图 7-8　一个神圣的婴儿在埃留西斯诞生（红绘陶瓶，古典时期，希腊，公元前 5 世纪）

---

① epiphany 一词源于古希腊文 ἐπιφάνεια，意为：突然显现、顿悟，也属于宗教用语，表示"神灵的出现"，后来被用于指代"主显节"（每年一月六日纪念耶稣显灵的节日）。——译者注

这个孩子正将手伸向雅典的守护女神雅典娜，埃留西斯将信息传递给大地，而后雅典人接受了它。在他们上方，那辆双翼双轮战车中坐的是特里普托勒摩斯（Triptolemus）[①]，德墨忒尔与珀耳塞福涅将粮食交托于他，再由他将粮食带到人世间。因此，这个故事将物质生活的丰收与精神生活的丰盈联系在一起，而馈赠给人类的小麦与精神境界的提升，都得益于女神们。

劫持珀耳塞福涅

另一个重要的神话是关于珀耳塞福涅被劫持的。[7]

在故事中，珀耳塞福涅在林中采花，冥王哈迪斯（在仪式中又被称作普路托斯，而在文学中多被称为哈迪斯）从山洞中走出来强奸了她并将她带到了冥府中。根据大多数版本，大地被打开以后，哈迪斯不仅劫走了珀耳塞福涅，还有一群猪跟着他们从洞口进入了地下世界。

于是，就像伊西斯寻找奥西里斯一样，德墨忒尔要去寻找她的女儿珀耳塞福涅，但是这位母亲发现女儿的脚印被一群猪的脚印给抹去了。

在哈里森展示的一张图片中，我们能看到珀耳塞福涅与猪的关系（见图7-9），右边的火炬属于作为冥后的珀耳塞福涅。而问题在于珀耳塞福涅自己就是猪吗？还记得公元前5000年，冥界迷宫中的猪女神吗？弗雷泽曾在《金枝》一书中写道，德墨忒尔和珀耳塞福涅最初即是猪神，而他写下这句话之后过了70年，相关的雕像才被发现。

塞尔维亚的双胞胎女神像也来源于同一时期，而后来的古典时期则是对古代宗教崇拜的延续、完善和美化。

[①] 特里普托勒摩斯是阿提卡地区埃留西斯国王克琉斯（Celeus）的儿子，在古希腊神话中，德墨忒尔曾为了报答克琉斯而照看过他的儿子们。特里普托勒摩斯与埃留西斯秘仪之间有着紧密的关系。——译者注

图 7-9　以猪献祭（红绘陶瓶，古典时期，希腊，公元前 5 世纪）

我们从生走向死亡，从一个母亲走向另一个，从德墨忒尔走向珀耳塞福涅（见图 7-10）。这意味着没有终结，我们的生命是永恒的。

图 7-10　帕特农神庙的德墨忒尔和珀耳塞福涅（石刻浮雕，古典时期，希腊，约公元前 447 年）

一直以来我们都有两位女神，德墨忒尔以及她正在寻找的珀耳塞福涅。在传说中，她来到埃留西斯的一个村庄，悲伤地在井边思念她失踪的女儿（见图 7-11）。

人们纷纷前来安慰哭泣的德墨忒尔，但是她却仍然止不住悲伤也无法强颜欢笑。所有奥林匹斯山上的神都前来安慰她，但她拒绝一切安慰，直到滑稽的鲍波（Baubo）出现，表演了一个低俗的舞蹈，终于让德墨忒尔笑出了声。

图 7-11　埃留西斯的井（石井，古风时期，希腊，约公元前 6 世纪）

鲍波这个粗鄙的人物很有趣，他的存在打破了约定俗成的礼仪规范（见图 7-12）。在古希腊罗马时期的戏剧节上，会有三部悲剧和一部喜剧，而喜剧会给观众提供的新的视野，让观众从悲剧中解脱出来。还记得歌德《浮士德》中"五朔节之夜"（Walpurgisnacht）的诗行吗？"老鲍波独自来了，骑着一头老母猪。"[8]

图 7-12　鲍波（赤陶，古典时期，希腊，约公元前 5 世纪）

《荷马颂歌》中也描写了同一个场景：

> 但是带来四季、才能非凡的
>
> 德墨忒尔，
>
> 不愿坐在这个华丽的长榻上，
>
> 而是静默地等待
>
> 她漂亮的眼睛向下低垂
>
> 直到敏锐的伊阿姆柏（Iambe）[①]
>
> 给她拿来一把椅子
>
> 扔去一张银色羊毛毯。
>
> 于是女神坐下，
>
> 用手拉下面纱。
>
> 在很长的时间里，
>
> 她悲伤地坐在椅子上沉默不语
>
> 不与任何人拥抱
>
> 也纹丝不动。
>
> 没有微笑
>
> 不饮不食
>
> 只是在那坐着等待她的女儿
>
> 并日渐消瘦。
>
> 直到，机敏的伊阿姆柏
>
> 扮着蠢相讲笑话，
>
> 这位庄严的女神不禁微笑、
>
> 大笑，
>
> 并且内心也为之振奋。
>
> 而在后来
>
> 每当女神气恼时，

[①] 古希腊神话中一位掌管幽默的老妇人，此处与前文所提关于鲍波的神话雷同，二者承担了同一个角色。——译者注

都是她伊阿姆柏使女神愉悦。[9]

在日本也有类似的主题，日本神道教最核心的女神天照大神（Amaterasu）是一位年轻的太阳女神，世界都仰仗她的光芒（见图 7-13）。一次，她和众仙女们受到了兄长的侮辱，于是躲进一个山洞中，将身后的岩石门关上，世界一片黑暗。

图 7-13　天照从洞穴中出现（木刻版画，江户时代，日本，公元 19 世纪）

神们纷纷互相询问："我们如何让她回来？"

而后他们想到一个绝妙的办法：在洞穴石门外举办一场狂欢庆典，天照听见声音会想出来看看发生了什么。他们又吵又闹，其中一位女神跳了一段滑稽低俗的舞蹈，引得众神狂笑不已。

小天照在洞穴里开始好奇外面究竟发生了什么，她打开门偷看了一会儿，众神说："我们这里有人在阴影中。"并且举起了一面镜子，天照看到那个人就是她自己。

出于好奇，她走了出来，两位强壮的神将门拉开，并在她后面牵了根绳子，就像《圣经》中出现的彩虹①：这代表着太阳女神不会再回到洞穴，世

---

①《圣经》中记载，大洪水之后，上帝与诺亚及其子民立约，表示不会再降大洪水来摧毁世界，而天上的彩虹则是定下誓约的标记。——译者注

界也不会再被黑暗淹没。直到现在，你仍然能在神道教的寺庙中看到一根绳子，它代表的是太阳女神天照不会再退缩。日本国旗上那个红色的圆是什么？那即是照向天照的镜子。

在被称为德斯波伊娜（Despoina）[①]的面纱（见图 7-14）上我们发现了有趣的动物和戴着动物面具的人类在放纵地舞蹈。在伯罗奔尼撒，我们发现科瑞（Kore）的野外之舞与处女神德斯波伊娜的舞蹈有关（科瑞是伯罗奔尼撒的处女神，在希腊其他地区则是阿耳忒弥斯或珀耳塞福涅）。在面纱上，我们看到她和蒙面人一起舞蹈。

图 7-14　德斯波伊娜的面纱（石刻浮雕画，古典时期，希腊，约公元前 4 世纪）

这让人想起密宗佛教中的动物头像，和空行母荼吉尼（dakini），其中也暗含了狂欢节的理念。狂欢节介于两个年份轮换过渡期间没有戒律的时期。

现在一年有 365 天，但在过去，一年是 360 天，传统年份的天数与一个圆的角度度数一样，因此，时间与空间的循环都有相同的秩序。然而，上

---

① Despoina 是宙斯与德墨忒尔的女儿珀耳塞福涅的别称。

一个 360 天的结尾，与下一个 360 天的开端之间，有 5 天的间隔，这几天即是举行狂欢节的日子。在这些日子里，人们极度放纵，破坏既有的戒律，新事物也伴随着新的年份来临。狂欢节中的低俗狂舞也与寻找珀耳塞福涅的传说联系在一起。在这 5 天里，律法的世界不复存在，变成一个游戏、放纵、欢笑的时空。

如果你对待生活足够认真，你会发现存在着的反作用力，而这个遵循律法的世界只是选择之一。当你遵循一件事时，你创造了一种排除其他可能性的范式，而现在是向所有可能性和创造力开放的时刻。

事实上，任何从事创造性工作的人都了解那种时刻。你的计划是根据头脑中已知的事物而想出来的，如果你坚持这些计划，创造出来的作品将是僵死、枯燥的。你所需要做的应是在混乱之中敞开心扉，等待新事物的出现。如果你过早地下判断，就会扼杀所有灵感。

席勒曾给一位陷入写作瓶颈的年轻作家写了一封信，这位作家有太多想说的事情，但却不知道如何下笔，这是一个普遍情况。席勒回复道："你的问题是，在你抒情之前就加以批判。"

看看我们的学校里正在发生什么：我们学着去评论弥尔顿、莎士比亚、歌德等等，然后老师说："现在，去做一些有创造力的作品。"你坐下来，等待灵感涌现，却不得不感叹："老天啊，我什么都想不到！"你当然无法像莎士比亚一样去写作，但是如果你能放任自我，那么你可以像"你自己"那样去写作。

一个混乱无序、打破所有规则的时刻，一个"毫不在乎"的时刻必将到来，并且产生新兴事物。这即是狂欢节精神。

女神通过欢笑重获生命力，这是女神的回归。在夏天被掩埋在普路托斯的地下王国的种子们，在秋天作为财富被播种。在图 7-15 中这幅瓶画上，珀耳塞福涅被萨提尔（Satyrs）、厄洛特斯（Erotes）和植物包围，狄俄尼索斯手持酒神杖，这与埃留西斯神话紧密相连。

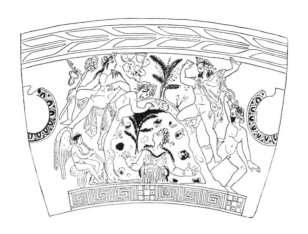

图 7-15　科瑞或珀耳塞福涅的回升（红绘双耳喷口杯，古典时期，希腊，约公元前 5 世纪）

关于另一个少女的神话或许会让你大吃一惊，她头上的字写着"潘多拉"（Pandora），她代表着女性的生命能量（见图 7-16）。

图 7-16　潘多拉从土地里崛起（红绘双耳细颈陶瓶，古典时期，希腊，约公元前 5 世纪）

关于这幅图，哈里森告诉我们：

当我们一眼看到那个伸着双臂从地里生长出来的身影、那个拿着锤子的人和赫耳墨斯的随从们时，我们会想起关于科瑞出现的场景。如果没有那些碑文，我们势必会产生误解。但是，正巧，每一个人物都被仔细地描述了，左边是宙斯，在他旁边是赫耳墨斯，再旁边是厄庇墨透斯（Epimetheus），最后，这并不是科瑞，而是潘多拉，在她之上，是为了迎接她升起的爱神。潘多拉从大地里崛起，她即是土地，是馈赠的给予者。[10]

潘多拉的存在是对女性哺育世界这一观念的影射。后来，男性视角下自作聪明的潘多拉的故事——每个女性都有一个会带来灾难的盒子，仅仅是以另一种方式说明人生都是悲伤的。灾难与生命相伴，只要你行动，你就可能遭遇悲伤和灾难，哪里有馈赠哪里就有苦难。

厄庇墨透斯、宙斯、赫耳墨斯和厄洛斯是让潘多拉出现的重要的力量。

图 7-17 中的细颈瓶清晰地呈现了一个主题：萨提尔正在敲打大地女神，土地必须受伤和破碎，生命才能出现。生活是痛苦的。基督降临于世，与我们共享那个我们所有人都被钉在上面的十字架。现在，当土地被耕种并结出果实时，它在承受苦难。这也是为什么许多秘仪中都存在鞭笞行为。

图 7-17　大地女神从痛苦中出现（黑绘细颈陶瓶，古典时期，希腊，公元前 5 世纪）

在庞贝的神秘村落中有两幅关于酒神崇拜入教仪式的图画（公元 1 世纪），让我们了解了秘仪。第一幅（见图 7-18）中，年轻的入教者跪着将头放在一位年长女性的腿上，这位年长女性正看着手持鞭子的天使。裸露身体的舞者手持响板，站在她面前的女人手持酒神杖站在角落里。

在第二幅（见图 7-19）中，一个正在接受入教仪式的年轻人正看着一个碗，在他身后，协助者手持一个老年人面孔的恐怖面具。经过计算，碗的凹面会使每一个看向碗的人看到的都不是自己，而是后面那张面具。

图 7-18　一个年轻的女性入教者正在被鞭打（壁画，古罗马，意大利，公元 1 世纪）

图 7-19　看到"长身"（壁画，古罗马，意大利，公元 1 世纪）

　　年轻人看向碗，希望透过抛光的凹面看到自己的脸，但是他看到的是反射出来的面具——这是他的第一次震惊。他看到的不是现在的自己，而是美洲印第安人口中的"长身"（long body）[1]，即他整个生命的身体样貌，而非上午这一刻他的完整生命的一个"侧面"。

我们在流逝的时间里所经历的只是"长身"一个接一个的侧面，我们试着抓住这个侧面，但我们在入教仪式的启蒙时得以认识"长身"，它就在这儿，我们所要做的就是体验它的长度。我们的生命是一个整体，而我们必须了解从受孕到死亡的全过程。

因此，入教候选者在此处得到的是一个关于"我是谁"这一概念的惊人延展，他意识到他不只是当下这一刻的年轻男人，而是一个有着完整一生的男人。你还需要理解为什么秘仪需要保守住秘密。假设在仪式之前，一个参加过入教仪式的朋友就告诉下一个入教者关于碗和面具的事情，那么仪式的启示就会消失。这就是为什么守住秘仪的秘密如此重要。

启蒙仪式让人震惊，难以忘记。英国雕塑家雅各布·爱泼斯坦（Jacob Epstein）提出，每一件艺术品都应令人震惊，而不会让你说出"噢，它是像那个什么吗"或者"它是属于某某学派吗"。它必须是让人惊叹的，给你独一无二、永恒的震撼，而非与其他时代、观念、物品相雷同。**完整的审美体验，是且仅是美本身**，而无关其他的事件和概念。因此，肖像画看上去是如此笨拙，肖像画可以被定义为"被嘴巴破坏的图画"，你会看着它说："可是这不太像比尔。"这幅画就这么毁了。但是如果你只把一幅画看作艺术本身，而不是和别的什么相似的东西相比较，你也许就会感到艺术带来的震撼。

秘仪的入教仪式即是一种震撼。出生是一次震撼，重生也是。所有具有变革性的事物都像人经历"第一次"一样。

年轻人在仪式中发现自己的"长身"时感受到了震撼。秘仪必定伴随着这样的过程：你的注意力从暂时的个体性转移到你平常经历中那些更持久的形式上，去单纯地体验形式本身，但如果你过分执着于形式，那么身体就会

---

[1] 美洲印第安人用"长身"这个词来表示每个身体都有周围的生命支持，以此形成一个完整的生命系统，每个身体都不是孤立的。——译者注

消退。问题的关键在于通过时间的转折来认识这个过程中永恒与当下的关系，而后你会在经历过这种深度体验之后回到原来的世界。我们必须体验深度，而后也必须带着对深度的了解回到现实时间中，并且不认为自己仍然处于深度时间中。如果你一直身处其中，结果就是自我膨胀。

我们对秘仪的了解大多来源于那些为了诋毁它们而写作的基督徒。实际上，亚历山大的革利免（Clement of Alexandria）说过："多么荒谬，想象一下一个仪式以小麦被举起的体验而达到高潮！"天主教弥撒的高潮时刻是由一块小麦饼带来的，因此，重要的并非小麦、谷物或者黄金等物质，而是它所象征的事物：我们精神生活的食粮，让我们摆脱死亡的食粮（见图7-20）。

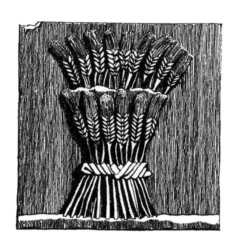

图7-20　重生的女神被表现为一捆麦子（大理石浮雕，古典时期，希腊，约公元前5世纪）

正如我们所见，在农耕社会，如美拉尼西亚和其他种植文化高度发展的地区，我们吃的食物就是神圣食物，这是农业社会的神话根基。这个神话通常是：起初，没有性别的区分，没有出生没有死亡，只有永恒存在。在某个特定的时刻，发生了一起谋杀。一个生物被杀死、切割、埋葬，而被掩埋的部位长出了人们赖以为生的食物。在此时，性别被区分了，在与死亡的抗衡中，一代接一代的人出生了。因此，世界从谋杀开始，世界的时间始于死亡，因为时间即是死亡。没有了时间，则万物永恒长存，但是时间就是死亡，一个形式的打破为另一个形式的出现提供了可能性。这便是这个神话所展示的。

因此，我们食用的是逝去的神，不论那是被我们宰杀的动物，还是被采摘的植物。吃饭前念祈祷词的行为已经被简化成感谢上帝赐给我们食物，但是事实上人们应该说"感谢上帝成为食物"。这是基督教徒的共识，你的饮食即是上帝，他奉献了他的生命以实现我们的生命。

这就是这些神秘仪式的共同意义：我们的生命维系于生命。你是否会对此说"是"，或者你会说"天啊，我还希望我们的生命能有点不同呢"。这是对于事物如其所是的一种神秘确证，全部都象征性地表现为高举一束谷物。仪式上所用的篮子表现着呈现带来启蒙之震惊的不同方式：你全部生命的"长身"，你当作神圣存在而吃掉的食物，或者自己成为食物。

正如我之前所引述的，《鹧鸪氏奥义书》中喊道："太好了！太好了！太好了！我是食物！我是食物！我是食物！我是饮食者！我是饮食者！我是饮食者！知道这一点的人就像太阳一样闪耀。"[11] 秘仪的目的不是要把作为食物的你从等着吞噬你的嘴巴旁边拉回来，而是欢迎人们食用和消耗。

酒神与女神

在图 7-21 和图 7-22 中，手持小麦的特里普勒摩斯以一个老人的形象出现，牵引着他的是赫耳墨斯。这里再次出现了年轻人与老人的主题。在同一个花瓶的另一边，酒神狄俄尼索斯坐在由手持酒杯和花瓶的西勒诺斯（Silenus）拉着的马车上。在罗马天主教弥撒中有薄饼和葡萄酒，这是对古典秘仪的延续，将同样的信息传递给了入教者。

在狄俄尼索斯崇拜中，最引人注意的是纵欲、酷刑和破坏力。狄俄尼索斯由塞墨勒（Semele）所生，但不完全由塞墨勒所生。宙斯在一次风流韵事中使凡人塞墨勒受孕。而善妒的赫拉知道了这件事，便使用诡计，挑拨塞墨勒和宙斯的关系，让她认为自己没有得到宙斯的完全信任。

图 7-21　乘坐自己神奇战车的特里普托勒摩斯与赫耳墨斯
（黑绘陶瓶，古风时期，希腊，公元前 6 世纪）

图 7-22　乘坐战车的狄俄尼索斯与西勒诺斯
（黑绘陶瓶，古风时期，希腊，公元前 6 世纪）

　　于是，当宙斯再一次接近塞墨勒时，她指责他没有显现自己真实面貌，尽管宙斯警告她不能那样，但塞墨勒坚持说宙斯允诺会满足她的一切要求。于是，宙斯展现了自己的神性，他的雷火烧死了塞墨勒。这里的寓意是，你不能唤起超过自己承受能力的神性。

　　宙斯担心塞墨勒子宫里的胎儿，也就是狄俄尼索斯，便将狄俄尼索斯缝到了自己的大腿里，于是狄俄尼索斯得以二次出生——一次从母亲的子宫，一次从父亲的大腿。那些入教仪式即与此类似，你从母亲那里得到了物质生命，而你从社会，也就是"父亲"那里获得了精神生命。所有男性的入教仪式的意象都与"男性子宫"和"男性生子"相关：生产一个文明化的生命，而非单纯的自然生命。

狄俄尼索斯出生后，赫耳墨斯将这个孩子交给仙女们抚养。狄俄尼索斯和赫耳墨斯这两个神的关系很重要：赫耳墨斯通过智慧启蒙灵魂认识永生，而狄俄尼索斯代表瞬时的灵感，生命的能量在时间中倾泻而出，倾泻完过去的形式，创造出新的生命。

传说有一日，狄俄尼索斯站在地中海的一个海角，这时一艘船经过，船上的海盗叫嚷着："将这个年轻人绑了！当奴隶卖掉！"狄俄尼索斯让自己被绑架，当这艘船驶向地中海，狄俄尼索斯在船上发出豹子般的吼叫声，随后藤蔓开始在船桨和所有地方生长，海盗们吓得跳进了水里，却变成了海豚（见图 7-23）。

图 7-23　海盗船上的狄俄尼索斯（黑绘双耳喷口杯，古典时期，希腊，公元前 330 年）

在雅典和希腊的另一些城市，狄俄尼索斯成为与宗教迷狂状态有关的神。以男性为主的印欧神话带有对女性的压制和独裁统治。在青铜时代的晚期，这已经成了文化主流。随后，伴随狄俄尼索斯到来的是与女神崇拜有关的生命力的大爆发。酒神的女信徒们，在参加酒神祭祀仪式时，会因为迷醉而狂喜，她们一边舞蹈一边将动物撕碎（见图 7-24）。正如我们所见，与女神有关的豹子，成了狄俄尼索斯的图腾，而酒神杖则代表了植物的汁液或生命的源泉。

图 7-24　迷狂中起舞的女信徒（红绘浅口陶杯，古典时期，希腊，约公元前 480 年）

在《酒神记》中，欧里庇得斯讲述了彭透斯国王（King Pentheus）的故事。因为他自己的母亲在山上和这些狂乱的、欣喜若狂的女人在一起，他非常愤怒。

所以彭透斯晚上出去在山上侦察她们，看她们在做什么，尽管他已经被警告远离。

在一个疯狂的时刻，她们认不出彭透斯，把他撕成了碎片。彭透斯的母亲把他的头取下来，插在一根杆子上，欣喜若狂地尖叫着，儿子头上的鲜血溅到她的手上（见图 7-25）。

这一切意味着什么呢？

我曾提过，尼采在《悲剧的诞生》中对两位伟大的神——阿波罗和狄俄尼索斯进行了研究。尼采指出，阿波罗是日光之神，是"个别化原则"的化身，在这个被阳光照亮的个人化的世界中，每个人都与他人不同，而正是这差异才让世界光彩照人。因此在这个世界上，我们看到了阿波罗之光照亮的差异，阿波罗艺术强调这些差异并且使人愉悦。而狄俄尼索斯的世界代表了摧毁一切又催生一切的时间，它是来自黑暗中的力量。

图 7-25 彭透斯之死（红绘浅口陶杯，古典时期，希腊，约公元前 480 年）

如今，我们的艺术中如此强调光，以至于我们失去了黑暗的力量和时间的流动性，于是我们逐渐变得僵化。若反其道而行之，我们就能够感受突破与创造带来的幸福和变化带来的活力。生活和艺术的问题在于如何平衡上述两方。尼采认为，在公元前 10 世纪到前 8 世纪的古希腊父权制中，过度强调光明的一面，并且主要是那些渴望参与到重生中的女性们，于是引发了欲望的疯狂爆发。任何神灵，任何被压制的力量都有爆发的危险。

尼采认为造型艺术是形式愉悦的艺术，而音乐则是流动的艺术。音乐没有形式的话会沦为噪音，而雕塑没有流动的灵感的话则沦为僵死的学院派风格。他认为古希腊悲剧是阿波罗和狄俄尼索斯两种力量互相作用的结果。舞台上的人物代表了不可打破的形式，合唱团也不是独立的，每个人像在游行队伍里一样移动。他们相互间有节奏地运动，这代表着伟大的酒神精神。悲剧带来的迷狂是看到形式被打破时的迷狂，超验的光辉在此间流过。

艺术是自然的镜子。镜子的主题很重要，一切超越话语的形式都反映在镜中。有一种冥想方式是通过镜子进行冥想，一个人看着镜子中的自己，然后打碎镜子，并且意识到没有任何事情发生。一个人的身体就是镜中反映的永恒。

在图 7-26 中的陶瓶上，我们看到了狄俄尼索斯，骑在象征母性的创造力和毁灭力的豹子身上，没有人能像他那样驾驭拥有这种力量的动物。这是神圣的顶点——像神一样镇定地生活在生命能量的冲击中却没有被撕碎。

图 7-26　狄俄尼索斯的游行（红绘陶瓶，古典时期，希腊，约公元前 370—前 360 年）

对狄俄尼索斯的崇拜是对古希腊世界中广为人知的秘仪的复兴，这些秘仪以平静、体面、和谐的方式进行。然而，当精神的力量被抑制，它难免会激烈地爆发。它以惊人的力量出现，而这必须被允许。这种力量必须得以释放，再以它自己的方式安定下来。

我们之前看到了来自克诺索斯的雕像：女神双手捧着蛇，在她的头上是一只黑豹。黑豹象征太阳，即超然于时间领域之外的永恒生命。时间领域包括了生与死、光明与黑暗、对与错等种种二元对立。亚当与夏娃吃下了对立的果子，由此进入了时间领域。尽管他们与神同在一个乐园，但他们从此与神分离，并被区分为男人与女人。因此，蛇代表着时间内的生命能量，而黑豹则代表了超脱于时间之上的永恒的太阳的力量。女神跨越了以上两个经验领域。

图 7-27 中这个具有启发性的瓶画生动地展现了入教仪式的主题。这个红绘浅口陶杯上刻画了一个年轻男子正由一位作为启蒙者的仙女引导。女神的重要性不在于女性是否得以坐上统治者的宝座去管理一个母系社会，而是女性本身的特质、女性的存在和女性的感知被理解和尊重。

图 7-27　忒提斯（Thetis）和珀琉斯（Peleus）（红绘浅口陶杯，古典时期，希腊，公元前 5 世纪）

蛇的下面是忒提斯的名字，青年的剑的末梢刻着珀琉斯的名字。他们是阿喀琉斯的父母，换句话说，这是一个婚姻场景，婚姻是男性生活的开端和启蒙。

在过去男性视角的文学传统中，这个故事是这样的：忒提斯是美丽的海洋女神，宙斯爱上了她，但是普罗米修斯（Prometheus）预言忒提斯的儿子未来会拥有胜过他父亲的力量，于是，宙斯便将忒提斯嫁给了一位凡人，即珀琉斯。

当珀琉斯去迎娶忒提斯时，她为了回避他，将自己变成一条蛇，或狮子，或变成水与火，但是珀琉斯识破了所有伪装。

　　然而，这完全不是我们在这里所看到的。这里所展现的来自早期母神传统，它不属于父权社会，也不受雅典的政治影响。我们能够看出那些动物和克里特岛上的女神所拿的一样：手上的蛇，头上的豹子或狮子。我们知道她是谁，也看到她如何启蒙了他。

　　这就是秘仪的奥秘所在，也是女神们所要做的事情。在他身上发生了什么？右边的蛇正试图打开他内在的视觉；他耳朵下方的蛇正在打开他的听觉，让他聆听宇宙之声；他脚后跟处的蛇正在咬他的跟腱，这是死亡的咬痕，自我和理性意识的死亡意味着打开了超验的感官。这将开启狮子所代表的智慧和生命的能量。

　　从整体来看，这个图像象征着对神秘状态的认知。

　　如果不断地思考："我会死吗？我想继续活下去吗？"你便仍生活在理性意识和对你独特个性的认同中，你希望保持孑然一身，整个世界都在对你吟唱关于欲望和死亡的歌。

　　而如果你接受死亡，便意味着你愿意作为一个独立的个体为了你生命的延续性去死，将死亡同化，就像自愿服下蛇毒并消化它——从此世界唱出了新的歌谣，这是关于世界本身的歌，与个人的存续、声望之类的事情无关。

　　佛教徒常提及"八业"，当一个人困在其中时，就是被困在了自我意识中。自我不可被消除，消灭自我是近几年对修行的一个误解，而自我是与其他事物相关联的。"自我"的作用是让你与世界保持联系，但它也必须与各种神秘的意识相关联。"八业"是对快乐的渴望和对痛苦的恐惧、对财富的渴望和对失去的恐惧、对赞美的渴望和对责难的恐惧、对名誉的渴望和对耻辱的恐惧。如果你因此动摇了，那么你遵循的仍是你的"自我"，而不是法则的宇宙。

　　所以在图7-27中，被蛇咬住的那一刻，内在的听觉与视觉都会被打开，那即是忒提斯给予珀琉斯的。看他的手，你会发现"阴"和"阳"的关系，他的手势即是阴阳共存，这意味着善与恶的共存。

宗教中普遍存在两种思想：一种是道德的——以善制恶；另一种超越善恶二元对立，并且认识到自己处在这两者的张力之中。珀琉斯即实现了这种认识。

图 7-28 中画的是狄俄尼索斯和他的母亲塞墨勒，因为永生，所以图画上的他们是同样的年龄，他们是男性与女性、母亲与孩子，同时还是伴侣。他们之间是装满酒的酒杯，在后来的弥撒中里面装的是上帝的血。他们的手势很有意思，那是印度教冥想过程中使用的一个象征性手势，传递着世界的生命意识和力量。这与基督教中为圣母加冕形成呼应，是母亲与她的骨肉的永恒世界。

图 7-28　狄俄尼索斯和塞墨勒（双耳喷口杯，古风时期，雅典，约公元前 550 年）

1837 年在罗马尼亚布泽乌（Buzau）地区的皮耶特罗萨镇（Pietroasa）出土的俄耳甫斯教的圆碗（见图 7-29），可能是与其他 21 件珍宝一起被匈奴人埋葬的。在第一次世界大战中，为了躲避德国人的袭击，它们被带到了莫斯科，所有藏品被熔成了黄金。幸运的是，1867—1868 年，英国曾将它们租去，于是这些藏品得到了复制。[12]

图 7-30 中坐在中间的是德墨忒尔，她手中的杯子被认为是圣杯，盛的或许是有葡萄藤标志的狄俄尼索斯的血。她周围有 16 个人物，跟随他们，我们就可以一步一步了解秘仪之旅。[13]

图 7-29 皮耶特罗萨之碗（铸金，希腊化时期，罗马尼亚，公元前 3 或前 4 世纪）

图 7-30 皮耶特罗萨之碗中央的人物（铸金，希腊化时期，罗马尼亚，公元前 3 或前 4 世纪）

在内层环绕女神的一圈是未被启蒙者的精神状态，他在睡梦中看见了狗吃兔子。一切都是悲伤的，生命依靠别的生命而活，狮子吃羚羊，豹子吃羚羊，羚羊吃植物，狗吃狗。悲哀！生活本不应该如此！但是如果我们经历了神秘仪式的启蒙，并通过时间的变化认识了永恒的形式，我们就会从这悲伤中体会到光辉。

然后，就唱起了歌，就像俄耳甫斯未能从冥界的哈迪斯那里带回欧律狄刻（Eurydice）后被酒神的女祭司们割下头颅，他的头颅顺着河水漂流，但依然在唱歌，最后到达抒情诗之岛——莱斯波斯（Lesbos）。

你总是不得不砍掉自己的头颅，让头颅歌唱，忘记尘世生活。但是如果你经过启蒙，你会发现这依然只是表面的和谐，一如歌德所言："一切都归上帝，归主。"[14]

所有的斗争都是神圣的，如果你能摆脱欲望和恐惧，进入狂喜和审美的中心，世界将会歌唱。正如《多马福音》告诉我们的："父的国度已经遍布大地，只是你们看不见而已。"我们看不见，是因为我们装满了恐惧与欲望，一旦将其消除，就能看见。

这即是梦者的状态，我们迂回地看到了启蒙和通过启蒙的方式，在形而上的意义里认识到共存一体的两种性别，意识到人的死亡和不朽。意识到这一点，你就会接纳自己和世界。

Goddesses

Mysteries of
the Feminine Divine

第 八 章

爱情中的女神

G O D D E S S E S

Mysteries of
the Feminine Divine

欧洲传奇中的女性

1957 年，我与米奇·阿亚迪（Mitch Ayadi）和乔·北川（Joe Kitagawa）到日本参加一场会议，他们二位是芝加哥大学比较宗教学的资深学者。米奇和乔都有妻子陪同，而我是独自一人，我们打算一同从大阪出发，乘火车到神户。日本火车基本准点到站，即使晚点两秒钟，都会发布道歉公告。

当火车进站，车门打开后，我们朝火车走去，两位妻子走在最前面，乔、米奇与我紧随其后，再后面就是行李托运工。但是两位妻子刚登上火车，车就关了门，朝神户驶去。

当时，我们第一反应就是大笑，继而才意识到："天啊！她俩不会说日语！"神户共有三个车站，我们花了整整一晚搜寻走失的她们。服务人员对乔说："这种事从来不会发生在日本太太身上，因为她们都跟在男人身后。"

这让我想起了歌德《浮士德》结尾处的一句话，

而这也是我要讲的伟大主题之一——"永恒的女性，引我们飞升"①（Das Ewig-Weibliche, Zieht uns hinan）。¹ 那天晚上，在我们四处追索时，正是被她们引领着。

关于两性关系的故事往往出现在我们司空见惯的小习俗中，但它们展现出了男性与女性之间深远的关系。谈到西方女性，我想介绍两种截然相反的传统，在当代传承中，二者基本同步。一个是我所说的欧洲传统，即"永恒的女性，引我们飞升"。至少从公元前25000年开始，女性就扮演着根本性的形象。旧石器时代的洞穴和那些小维纳斯雕像可以追溯到欧洲最初出现智人的时期。

约公元前10000年，农业与驯养动物的迹象出现，狩猎与采集转向固定的农业社区，并逐渐扩大，某些农业中心成为重要的贸易城镇，逐渐发展成城市。在整个世界史上，美索不达米亚涌现出第一批城市，不久之后，尼罗河流域于公元前4000年也出现了城市，至此，农业已发展5000年左右。公元前10000—前4000年是新石器时代，女神是这段时期的主神。女人像自然之母那样生殖和滋养万物，其魔力与大地的魔力是共通的，从根源上密切相关。

农业艺术繁盛于女神统治的地区，主要从三个中心发展而来：一个是亚洲西南部和欧洲东南部，一个是东南亚的泰国地区，一个是墨西哥和中美洲。世界上的其他很多地方虽没有肥沃的河谷，但大平原上有很多游牧部落，猎人们在这里驯养动物，对他们而言，这比作物栽培重要得多。人们最看重男性神祇，在大多数情况下，女神都是作为男神的配偶出现的。

而在农业系统中，女神至关重要，是完满的"它"（it）。她不仅是宇宙的创造者，也是宇宙本身，我们都是她的孩子，就像人类诞生于母胎，是母亲身体的产物，我们同样也来自宇宙。

在印度，女性原则一直非常重要，直到今天仍然占据主导地位，公元前

---

① 这句话的汉译有不同版本，本书采用绿原译本。——译者注

2000 年，印度遭遇雅利安人的入侵，经历了一段男性统治的时期。但在此后的六七百年，女神再度回归，她就是迦梨。这位女神后来出现在一个叫作《女神颂》（*Devī Mahātmya*）的伟大故事中，这个故事旨在高度赞美女神。所有的神仙和她的子孙们都无力杀死一头叫作水牛怪的怪物，无计可施之际，只得站成一圈，把自己的力量归还到最初产生的地方。此时，一朵巨大的乌云浮现，一位美丽的女神从这朵乌云中款款走出，她有 18 条手臂，每条手臂都持有一种神力，最终杀死了这头怪物（见图 8-1）。

图 8-1　迦梨跨在湿婆身上（纸上水粉画，印度，时间不详）

这个故事是对马杜克故事的回应。他杀死了深渊女神提亚玛特，认为力量当属于他。

在这个故事里，当众神发现自己无能为力时，必须把力量归还到其最初的源头：女性原则。她是生命的力量，存在于我们体内，既有自然的一面，也有超自然的一面。在希腊世界里，秘仪兴起，关于女神德墨忒尔和珀耳塞福涅；在埃及，有伊西斯与奈芙蒂斯的秘仪。她们都是重生的引渡者，与圣母玛利亚的象征意义一致。

《奥义书》的神话意象却更加复杂，综合了上述两种立场，你会发现，这些意象中的创造神本身就是宇宙。约公元前9世纪，《广林奥义书》中有一段不凡的经文，文中的神圣本体婆罗门，也就是使所有人得以显现的原始能量，自我言说为"我"。此时，它既非男性，也非女性，而是无性别的"它"（it）。它刚一说出"我"就陷入恐慌，害怕自己会被杀害，接着它沉思起来："这里除了我自己什么都没有，我还有什么可怕的呢？"它刚消除这种恐惧，又想到"我真希望这里还有其他人"，这就是生命的两大首要驱动力：恐惧和欲望。它满怀渴望，希望有什么东西能在身旁，于是膨胀成一对相拥男女的大小，一分为二。后来，男性将女性带到世上，首先以人形与她结合，她想："我本由他产生，怎能与他结合呢？"她把自己变成母马，他就变成种马与她结合；她把自己变成母牛，他就变成公牛，像这样一直接续下去，直到变成蚂蚁，他举目四顾，说："我已经倾出了一切，万物皆我。"

这表明我们与神同在。这就是母神的思维方式，而在西方传统中，凡是敢说"我与圣父同在"的人都会被钉死，耶稣就因为说了这句话而被钉死在十字架上，900年后，同样的事也发生在了哈拉智（al-Hallaj）身上。在这样的传统下，宣称"人神一体"是渎神的行为。

因此，我们有两种截然相反的传统。一种神话固定在可见的世界和它分离的形式上，当你说"我"时，所想到的是你与他人相异的分离状态。另一种神话则对超个人视角感兴趣，在这一视角下，我们都是同一个生命体，拥有共同的意识，我们既是超越个人的系列范式，也是独立的个体。

神话与宗教中有这样一个问题，即我们作为独立的存在时，去体验这种对于他人的"开放"状态，我们称其为"同理心"或"同情"，继而产生了理解和认同。与之相悖，我们的正统创造出的是孤立的灵魂，这灵魂却又是永恒的，这在逻辑上十分荒谬，但这就是它赋予我们的：神创的孤立个体。

公元前4000—前1000年，游牧民族侵入农耕地区。在西方世界，有两条侵略路线。一条来自闪米特牧羊人，他们的主要聚居地是叙利亚－阿拉伯沙漠，走出沙漠的人变成了贝都因牧民、海盗、劫掠者和征服者。我通常不推荐阅读《士师记》与《约书亚记》，其中的内容令人毛骨悚然。比如，关于攻占耶利哥（Jericho）的叙述：几个月前才说"不可杀戮"的神，后来却下令"赶尽杀绝"。这个问题你可以自行消化。

同一时期，雅利安人或印欧人从北部进入中欧，向南行至意大利、希腊、波斯和印度，向西进入英国和爱尔兰。除了巴克斯语外，今天欧洲所有的语言都来自这个印欧传统，最西北的爱尔兰、马恩岛、苏格兰、威尔士都是凯尔特语支，严格来说还有法国。约公元前 1000 年，凯尔特人展开大规模入侵，大约同时期，哈尔希塔特文化（Hallstatt Culture）传入中欧。

约公元前 50 年，恺撒征服高卢进入不列颠时，居住在现今的法国和不列颠群岛的是凯尔特人。约公元前 50—公元 450 年，罗马征服并统治了这一地区。当时，士兵们抱怨每日负重过高，长途跋涉，所有东西都快散架了。扩张过度的罗马帝国开始撤退，多瑙河标志着帝国的东北边界，从这里向西北方向，有另一群印欧人，即日耳曼人，东边的波斯人也步步逼近，罗马面临崩溃，军队便从英格兰撤退出去。

然而，罗马军队一直在保护不列颠免遭侵略。罗马军队一撤退，先前在那里的凯尔特人就开始从苏格兰和爱尔兰发起攻势。Scot 这个词的本义是"突袭者"，主要是指爱尔兰人。与此同时，日耳曼侵袭者从东北方向席卷而来，他们就是我们所说的英格兰人：盎格鲁－撒克逊人和朱特人。他们从如今丹麦的位置入侵而来，征服了罗马先前占领的土地，这里后来被称为英格兰。但罗马未到之处，包括苏格兰、威尔士和爱尔兰，英格兰人也没有侵入。

现在，当我们思考欧洲神话史时，要牢记重要的一点：我们对英国历史的普遍认识起始于罗马撤军和英格兰人进入不列颠群岛的时期。但在此之前凯尔特人住在这里，他们也是侵略者，再回溯，就是伟大的新石器时代和青铜时代，当时的种植业者最早可以追溯到公元前 2500 年，他们曾在爱尔兰各地留下了宏伟的巨石阵。

在凯尔特世界，母神神话占据主导地位，当日耳曼武士到来后，古凯尔特人的众神退居到了仙女山（fairy hills）。

欧洲的童话故事大多起源于凯尔特传统。爱尔兰有很多仙女山，仙女山的一大特点是不可见，没有人知道它位于哪里；另一个显著特征是，你以为自己走的是一条直线，其实只是围绕仙女山而行，它是不可接近的。然而，这个仙界只是深于可见世界的一个小维度，它无处不在。仙女是栖息在大自然中的力量，她们之所以迷人，是因为她们的天性与人的无意识深层本性是一致的。仙女代表永恒的能量意识，是所有能知觉的生命形式的基础，具有母神的特质。

在中世纪，特别是在12和13世纪，凯尔特思想在欧洲得到极大复兴，主要表现在亚瑟王传奇上，亚瑟王和圣杯的传奇故事共属凯尔特主题，可以追溯到很久很久以前。

13世纪是圣母的世纪，女神通过圣母玛利亚回到基督教的反女神传统中。从公元5世纪到现在，特别是在天主教中，圣母玛利亚的形象被不断放大。

对圣保罗来说，一个最严重的问题是，基督教对于外邦人，是否像对希伯来人那样有价值，后来他选择了向外邦人传道。希腊人圣路加（St. Luke）是他的朋友，在《路加福音》中，出现了童贞女生子的形象。这一形象在犹太人马太、马可和约翰的书中都不曾出现，而只能在希腊人路加的福音书中找到。在希伯来传统中，不会有童贞女生子这样的事情发生，至少不会公然发生，这完全是一个令人反感的想法。现在，试想撒拉（Sarah）在她108岁的时候生下了以撒（Isaac），"撒拉笑了"[2]，从神话的角度来说，这就是童贞女生子。仔细阅读参孙（Samson）出生的故事，但参孙不是犹太人，而是非利士人（Philistine），也就是印欧人，他的出生也十分接近童贞女生子的故事，但实际上，童贞女生子主题并不属于《旧约》传统。

童贞女生子意味着灵性生命在动物性的人体内诞生，它与神话中的生物异常无关。在印度的昆达里尼（kuṇḍalinī）体系中，前三条脉轮（cakras）是我们对生命的动物性热情、性欲和攻击性。然后在心灵层面上，会诞生出一个纯粹的人类意志，这个纯粹的人致力于实现可能的精神生活，而把其他事物置于次要位置。在昆达里尼系统中，脉轮的符号是一个男性器官和女性器官的组合，二者构成一组正反三角形，灵性生命在这个层面上产生，这就是童贞女生子的意义。

世界上几乎每个传统中都有童贞女生子，印第安神话中也充满此类故事。羽蛇神由一个童贞女生出来，他创造了人类，死而复生，主要象征符号是十字架。[3] 信奉罗马天主教的西班牙人到墨西哥后，对此大惑不解，产生了两种解释：一种是印度的使徒圣托马斯已经到达北美，传授了基督的教义，然而由于远离罗马和罗马当局，这一教义堕落成为羽蛇神这种怪物。另一种解释是，魔鬼通过嘲弄自己的传统，以挫败他们的传教活动。在这两种情形中，人们都认识到这是同一个神的不同本土形态。

神代表神秘的法则和人类经验的可能性，它们根据环境、历史和文化的要求，在不同的文化中以不同的形态显现，影响人们的精神生活。正如人类的形体本身在世界各地发生各种变化一样，代表着无形的心灵变化的神话亦是如此。还有一点，若你的文化更具侵略特质，会重点强调文化而不是自然。若你所拥有的是女神神话，则更多提到自然之母，这种神话是源远流长的。

如我所说，一个为生存而斗争的武士民族看重社会的组织形式和生活方式，所以他们并不关注自然，重点强调社会。到目前为止，这种生活方式都企图抛弃自然，这就是我们在《旧约》中看到的，《出埃及记》《利未记》《民数记》《申命记》中不断充斥着律法、律法、律法，如怎么旁分头发，怎么擤鼻子，吃什么，不吃什么……这些与自然毫不相干，而与我们怎样才能团结起来相关。我们不能与他人交往，也就不会和他人混在一起。饮食上的律法，不论对婆罗门还是犹太人来说，也都是将他们隔离出来，这就是这些律法存在的目的。诸如此类内容没有任何意义，读上一遍足矣。

到这里，自然神话与社会神话彼此冲突：男神神话强调社会，女神神话强调自然。在《圣经》中，这种男性主导还附加了对社会分隔的强调：其他人都面目可憎，应该连同他们的神一同被消灭。正如《列王记》中的告诫："除了以色列之外，普天下没有神。"从人类角度看，这种说法十分离谱。而女神在所有人的身上，在任何地方，且她本身就是任何地方，承认她的存在就是承认女神神话。男神神话如此强烈抵触她的原因就是：女神代表自然，而自然在以《圣经》为根基的传统中堕落了。自然在伊甸园中堕落，每一种自然冲动都是罪恶的，除非它受了割礼或洗礼。这种观念根植于我们的文化。

这是西欧女性神的历史背景。在旧石器时代早期，女神与居所联系在一起，男性萨满和男性意识与大洞穴和绘画有关。有趣的是，女性形体以雕塑造型呈现；男性则通过绘画形式展现。绘画是分析性的，雕塑则是对两种截然不同的精神和情感态度的融合。

不久后，农业兴盛起来，曾属于家庭范围的女神变成了主导神，因为食物主要来源于家庭，而不是狩猎。食物在农耕区种植，稳定的社区便逐渐形成。最早翻种土地的是妇女，如果你去观察现今的种植业者，就会发现男性干重活，耕犁土地，而妇女进行播种，这就是她们的魔力。

然而，犁具发明后，大地母亲的开耕被模拟成类似于性交的行为，男性接管了农业工作，但女神仍占主导地位。欧洲的这种农业体系一直延续到古铜器时代，在约公元前 2500 年爱尔兰的纽格兰奇（Newgrange）和约公元前 1700 年或前 1800 年英格兰的巨石阵，仍保留了这一时期的痕迹（见图 8-2）。

图 8-2　纽格兰奇的螺旋石雕（石雕，新石器时代，爱尔兰，约公元前 2500 年）

后来，印欧武士突袭而来。第一批到达不列颠群岛的是凯尔特人。

凯尔特人有一则典型的故事：一个武士跟随一只鹿进入树林，鹿却消失在了山中。这头鹿是女神，是山上的女王，武士通过魔法进入山中，做了她的情人和守护者。他俩相守了约 6 个月，也可能是一年后，他对她说："我想回去看看我的朋友们怎么样了。"

她试图劝阻他，但他一直问个不停，她只得答应："那好吧，你可以离开，但千万不要下马。"她准许他离开，他便骑马而去。

当武士离开那座山丘时，一切都变了样。"天啊，已经过去 300 年了！"在他进入山丘之后，身边还活着的人都去世了。那座山是一片超越了时间的奇妙的自然之境，是永恒之山，是仙女山，是进入无意识领域的通道，在其中不会感受到时间的流逝。在那里，你魂牵梦绕的父母健在，并告诉你该做什么。死者都在那里，在时间维度之外。

这名武士继续骑马，一不小心把手套掉到了地上，他不假思索地弯腰去捡，手刚一碰到地面，整个人就化作了一小堆灰烬。

这是一个古老的凯尔特主题，也是一个古老的日本主题。有趣的是，公元 6 世纪之前充满创造力的日本前佛教时期与欧洲凯尔特前基督教时期乃是同一时期，许多主题都前后交替。

后来，社会指向型的近东神话传入欧洲，发展成基督教，取代了自然导向的本土神话。《圣经》神话与欧洲人的经验毫无关系，它只是黏附在了已有事物之上。它通过武力引入，受强权保护，公元 4 世纪末陷入危机，此时，狄奥多西大帝（Theodosius）宣布，除基督教外，罗马帝国不承认其他任何教派；除了拜占庭王权，不承认基督教义的其他形式。基督教徒的破坏力令人难以置信，人们立即着手掩埋东西，保护它们免遭破坏。经过地中海东岸的希腊、叙利亚和埃及时，可以看到遭到蓄意损毁的建筑，你根本无法想象他们耗费了多少力量才能摧毁它们，只有卫城和一些庙宇逃过一劫。这些建筑象征女神的美好，却被破坏者击倒了，因为"不可有雕刻的偶像"。

　　但是，遭到攻击的不仅是异教典籍，教士们还判定哪些《圣经》是正典，其余的均被烧毁。拿戈玛第的科普特语经集卷轴（Nag Hammadi Coptic scrolls）、《多马福音》以及其他典籍都是此时埋藏起来的。

　　《圣经》传统和女神传统完全对立，尽管《圣经》仍然是权威性的传统，但在欧洲文化中，大地母亲的暗流依然生生不息。在《旧约全书》早期版本的《创世记》中，我们读到："记住你本是尘土，仍要归于尘土。"[4]但是，大地不是尘土，它充满生命，生机勃勃，这个闯进来的神来得很晚，欲将一切据为己有。他是为了贬低大地，而称其为尘土吗？他在这里想告诉我们的是："你的确是你母亲的孩子，你也会回到她身边，然而，她不过是尘土而已。"《创世记》中也有类似描述："起初，神创造天地……神的灵运行在水面上。"这并不是说水是他创造的，水是女神，她是先在的。

　　在《箴言》中，她以智慧女神索菲亚（Sophia）的身份归来。她说："他立高天，我在那里。"[5]巴比伦人和苏美尔人的古老神话与之相同，也拥有两种力量，表现为女性力量与男性力量之间的抗衡、关联和创造性的协作关系。但《圣经》呈现出的是，男性力量拟人化为男性形式，女性力量却简化成水的基本形态。"神的灵运行在水面上"[6]，不提女神之水，只是说水，她被屏蔽了，但总会回来。

　　这种方式十分有趣，男性一来就想接管一切，他告诉你"这就是神"，但是你心里知道"不，他不是，母神才是"。因此我喜欢问，谁想投入亚伯拉罕的怀抱？

　　因此，基督教传统存在欺骗性的遮掩，这种遮掩之中蕴含着原始母神的神话线索，因为《创世记》直到第11章都是古老的苏美尔自然神话：洪水神话、通天塔神话和一分为二的创生神话，即亚当用肋骨创造出夏娃（乔伊斯称她为"肉片大小的配偶"）的神话。这一切尽在母神的掌握中。

　　在该隐（Cain）和亚伯（Abel）的故事中，有一个特别有趣的母神母题。萨缪尔·诺亚·克拉莫尔（Samuel Noah Kramer）是翻译苏美尔文的专家，他翻译了一段约公元前 2000 年的文字，这个故事十分生动。一个牧民和一个农人向女神争宠[7]，农人说："啊，女神，我会给你小麦，为你做面包什么的。"

牧人说："啊，我会给你奶酪和牛奶之类的。"

女神说："我选农人。"

后来诞生了雅赫维传统的《创世记》，它可以追溯到约公元前 800 年。该隐和亚伯争夺这位男神的恩典，他选择了牧人。何以见得？这些以色列人本身是不是也是牧羊人呢？他们是不是进入了城市世界，而又是不是该隐建立了城市呢？

纵观《圣经》神话，我们可以看到女性角色是如何被男性逐渐取代的。

当我们谈到欧洲的主要神话时，会发现这四个完善的人类神话都与自然有关：凯尔特神话、日耳曼神话、涵盖意大利和罗马的意大利语群神话和希腊神话，它们以女神为基础，臻于成熟。你可以从一个走向另一个，找到对应者，就像命运三女神与诺伦三女神，命运女神指引我们，就像"永恒的女性，引我们飞升"一样。因此塞涅卡（Seneca）有言："命运女神指引自愿的人，拖累不愿的人。"[8] 她是好的向导，引导人的本性。然而，思想会与本性产生冲突，女神代表的就是自然本性。

圣母玛利亚

《旧约》推崇纯粹的男性崇拜，在《路加福音》中，圣母怀上了神所立的基督。

公元 431 年，阿耳忒弥斯城以弗所会议宣布玛利亚为真正的神之母，到了 13 世纪，所有的大教堂都以她之名建造。她是传递者，因为有一条绝对真理是，人不能直接接近上帝，你唯一能接近的神是你所构想的神。谁能构想上帝呢？你需要通过圣母，通过人性的源头走向上帝，她为你祈祷。她不被崇拜，而是受人崇敬，她几乎就是一位女神，但尚未完全到达那个境界，但她现在确实获得了"协同救世主"（co-savior）的称谓。

你可以在沙特尔大教堂的西门上找到她（见图 8-3），她在这里扮演伊西斯或库柏勒的角色，代表统治者、世界主宰与基督的宝座。她把基督带到世上，就像摩耶赋予世界万物形态和名称一样。所有的神都来自母神，她是形态之母、名之母，在她之上的是超验，因此她代表超验的、潜在的和未来的事物。她是源头，也是终点，这就是西方世界对女性力量的尊奉。

图 8-3 沙特尔大教堂，玛利亚坐在宝座上，基督坐在她的腿上
（哥特式石雕，法国，公元 12 世纪）

宫廷爱情

欧洲中世纪尝试吸收融合上述两种截然相反的神话、哲思与生活方式，于是有了亚瑟王的传说。凯尔特文化在欧洲一度非常强势，公元前 1000 年进入"大凯尔特时期"，约公元前 500 年达到鼎盛，当时凯尔特人几乎占领了罗马。传说，当凯尔特人奋力占领卡皮托利尼山（Capitoline Hill）时，朱诺（Juno）神庙里的鹅发出叫声拯救了罗马。

后来，罗马征服了不列颠，在凯尔特神话的基础上覆盖了一层古典神话，正如我们之前看到的，二者结合起来毫无问题。这些神就是后来出现在欧洲童话故事中的神，这些童话故事成形于公元 11 世纪到 13 世纪之间。

公元 445 年前后，罗马人从英格兰撤退，盎格鲁－撒克逊人侵袭而来。英格兰南部的国王在抵御期间，得到一个名叫亚瑟或阿图斯（Artus）的人辅佐，他的名字与阿耳忒弥斯属于同一词根。在公元 6 世纪的吉尔达斯（Gildas）编年史 9 和公元 8 世纪的内尼厄斯（Nennius）编年史 10 中，亚瑟王被描述为"战争领袖"。他可能是土生土长的罗马军官，显然，也是保卫不列颠的重要人物，他参加过 12 场战役（12 场表明，他已经成了太阳神），他在每场战役中杀死的人数都相当庞大。在最后一次战役中，他战死沙场，盎格鲁－撒克逊人占领了现在的英格兰。

凯尔特难民离开英格兰南部，穿过英吉利海峡，逃到法国布列塔尼（Brittany）。他们聚居在这里，发展了著名的"布列塔尼人的希望"（Hope of the Bretons）：亚瑟王终有一天会回来，为他们夺回大不列颠国土。

因此布列塔尼是亚瑟王传统生发的一个中心，它以一个关于亚瑟王归来的口头传说开始。他会住在哪里呢？可能在以下三处地方的一处。第一处是，布列塔尼当地巨大的土墩墓，亚瑟王睡在其中一个墓里。

第二处是阿瓦隆（Avalon），是一个西方海域中的仙境，亚瑟王死后，被三个仙后运送到那里，沉睡多年。时光流逝，但他一直在，在某个仙女山或仙女岛，终有一天会回来。Avalon 一词与 apple 有关，这里是金苹果之乡，受赫斯珀里得斯（Hesperides）守护，在已知世界之外。希腊人与凯尔特人都持此观点，这两个传统再次结合到一起，即欧洲有一处仙境，英雄住在这里，仙境数年抵外界百年，英雄终会回来拯救我们。

第三处是地球的另一端。在中世纪，尽管人们曾认为世界是平的，但后来相信世界是一个球体，所有的陆地都在北半球，南半球全是水。人们认为，在地底有对跖点，亚瑟王可能居住在海洋之下或之外的土地上。

在《神曲》中，维吉尔带领诗人但丁穿过地狱，去了世界另一端的炼狱岛。哥伦布第一次走近南美大陆时，看到了气势磅礴的奥里诺科河（Orinoco River），他笃定自己看到的是《圣经》里从伊甸园流出的四条河中的一条，而那里可能是炼狱山的顶峰。

所以，亚瑟王归来的神话主题是：曾经和未来的国王。后来，蒙茅斯的杰佛里（Geoffrey of Monmouth）创作的《不列颠诸王史》（*History of the Kings of Britain*）成为文学史上的一大突破。在这本书里，你会看到很多熟悉的故事。莎士比亚从中汲取了一些主题，例如，《李尔王》中童话般的王国划分，还有《辛白林》。在这本书的最后部分，讲述了为不列颠而战的亚瑟王一生的故事。只有在这个版本中，他才是国王。

在民间记忆中，亚瑟王从护佑国王的武士变成了伟大的国王。在亚瑟王最初的故事版本中，他是不列颠帝国的一个小国王，受到罗马的挑战后，在率军出征的途中，听闻他的外甥莫德雷德（Mordred）正和自己的妻子桂妮维尔（Guinevere）合谋篡取王位，于是他折返投入最后的战斗。这一版的桂妮维尔只是一个野心勃勃、不受重视的妻子，在早期的故事中，没有后来的浪漫情节。

这是亚瑟王在盎格鲁－撒克逊不列颠的故事。公元 1066 年，来自法国的诺曼人占领了不列颠，因此这里既有被英格兰人征服的凯尔特人，也有被诺曼人征服的英格兰人。在接下来的几个世纪里，所有贵族都不会说英语，绅士们都讲法语，英格兰人则在院子里照料动物。当肉放在餐桌上时，被称为 veal 或 veau，意为小牛肉，它们是法语词汇；当它在院子里时，就是 calf，即意为小牛，这是英文词汇；英格兰人放牧的羊为 sheep，而诺曼人吃的羊肉为 mutton 或 mouton，等等。

这就是不列颠人的组成：凯尔特人，英格兰人和诺曼人，他们都聚集在这个小岛上。那时候没有电视机，人们如何度过漫漫长夜呢？他们会邀请吟游诗人表演以供娱乐。这些人通常是凯尔特吟游诗人，用诺曼法语为城堡的上流社会歌唱。这种诺曼法语和凯尔特人的奇妙结合造就了一整套有关凯尔特神话故事的文学，凯尔特男女主人公都穿着中世纪的服装，声称自己是虔诚的基督徒，实际上却演绎着古老的故事。

不仅在英国，法国大部分地区也有诺曼宫廷。可以说，是圣女贞德（Joan of Arc）在 15 世纪把法国从盎格鲁－诺曼的统治下解放出来。然而早些时候，还有另一位非凡的女士，阿基坦的埃莉诺（Eleanor of Aguitaine），她是法国西南部的世袭统治者，两位国王的妻子，三位国王的母亲，以及后代所有王室成员的祖母。她嫁给了法国国王路易七世，随他参加大规模战争，可能出于她的厌倦，一天早上国王醒来时，埃莉诺已经离开了。顺便说一下，你或许觉得只有现代女性才会迈向独立，但早在中世纪，她们就能彰显自我，知晓怎样自处了。

埃莉诺骑着马去嫁给了另一位国王：英国金雀花王朝的国王亨利二世，还带来了法国大片领土。她与亨利生了狮心王理查德与约翰王；与路易的孩子中，最著名的当属玛丽·德·尚帕涅（Marie de Champagne，1145—1198）。

玛丽·德·尚帕涅是另一位杰出的女性，在 1181—1187 年，她是法国的摄政女王，其宫廷是人文主义复兴的核心，直接催生了文艺复兴。玛丽的宫廷诗人是克雷蒂安·德·特罗亚（Chrétien de Troyes），初期的亚瑟王传奇故事大多是由他创作的。

中世纪诗人总是援引出处，从不对外宣称自己的故事是虚构的，他们所做的是重释、放大和进一步发展传统主题。克雷蒂安创作的故事在 1165—1195 年发展起来，从不同角度构成了亚瑟王传奇的资料目录。他是最早记录《特里斯坦和伊索尔德》（*Tristan and Iseult*）的故事的人，但该版本已亡佚，其他作家收录了同样的故事，它是中世纪的关键主题之一。

特里斯坦的故事表达了爱情高于婚姻的理念。中世纪的婚姻和历史上的大多数婚姻一样，受制于社会安排。在这种情形下，家庭会出于政治和经济上的考虑作出安排。在 12 世纪，法国有过一场抗议，这场抗议借由行吟诗人和整个爱情传统表达，Amor 倒着拼就是 Roma，Roma 是教堂和婚姻的圣礼，意味着心灵的苏醒。法国南部的行吟诗人用普罗旺斯语写作，这是埃莉诺的故乡，她的祖父威廉十世是最早的行吟诗人。

人们最关注的心理问题是：什么是爱？什么是爱情？当时，对于爱欲关系，西方基督教将其分为两类：一种是欲望，我把它定义为对彼此感官的热情，它与对方是谁无关，因此是非个人的；反之，有一种灵性之爱（agapē）或精神之爱，要"像爱你自己一样爱邻居"[11]，这也是非个人的。

然而，欧洲最大的特点是重视个体个性，世界上没有任何一种文化中的肖像艺术传统能与西方媲美，想想伦勃朗吧。每个个体都内涵丰富，爱情与目光交汇的个人之爱有关，伟大的普罗旺斯诗人吉尔霍特·德·博尔内尔（Girhault de Borneilh）写下爱的定义，这一定义贯穿了整个行吟诗人的传统。当然，他是从情人的角度写的，情人总是男性，被爱者总是女性：

> 眼睛为心灵探巡。
>
> 望向前方，追索一个身影，荐给心脏。
>
> 若是一颗典雅的心，爱情就此孕育。[12]

"一颗典雅的心"，关键词是"典雅"（gentle）。这一时期的另一趋向是高贵的（noble）心，它通常与武士的事迹相关。典雅的心是有能力爱的心，而不是单纯的欲望，这个定义很贴切：爱，来自四目交汇。

伊索尔德的故事就是伟大的爱情故事，尽管克雷蒂安写了一版，但是并没有流传下来。现存的最好版本是 13 世纪初，由戈特弗里德·冯·斯特拉斯堡（Gottfried von Strassburg）创作的。

特里斯坦出生于布列塔尼，是个小孤儿，布列塔尼曾诞生了完整的骑士传统。他青年时天赋异禀，会说的语言不计其数，能演奏各种乐器，知道怎样屠宰猎物，通晓一切，后来去了康沃尔为他的舅舅马克王效劳。

亚瑟王故事有个有趣的特征：总是有外甥和舅舅，即妈妈的兄弟，显示了母系血统，比如特里斯坦和马克，亚瑟王和莫德雷德，等等。

特里斯坦来到康沃尔后，听说爱尔兰派来一个武士莫洛尔德（Morholt），跟当地人索取贡品。因为康沃尔打了败仗，贡品由男性青年和少女充当，他们将被带到爱尔兰宫廷，为贵族服务。人们都不希望自己的孩子去。特里斯坦对马克舅舅说："这件事就交给我吧，我去和他一对一决斗，战胜他就不用交贡品了。"这一情节呼应了忒修斯和弥诺陶洛斯（Minotaur）的故事，是对古代古典母题的有意重述。

莫洛尔德是爱尔兰最强的武士，他有一把剑，被爱尔兰王后涂了毒药，王后名叫伊索尔德，她的女儿也叫伊索尔德。"施毒之剑"是宫廷爱情中常见的比喻。战斗开始了，莫洛尔德一剑刺入特里斯坦的大腿，毒药浸入特里斯坦体内，特里斯坦的剑刺穿了莫洛尔德的头盔，一招击穿对方头骨，杀死了他。但是，特里斯坦的剑在莫洛尔德的头骨上留下了一块残片。

从此，康沃尔不必再献上供品，莫洛尔德也被带回了爱尔兰。当时，他的小侄女伊索尔德，也就是伊索尔德王后的女儿，还深爱着她的叔叔，这块残片从莫洛尔德的头上挖取出来后，被她保存在一个小宝盒中作为纪念。

特里斯坦回到康沃尔后，中毒的伤口逐渐恶臭难忍，他对马克说："把我放到一艘小船上，小船会用魔法把我带到可以疗愈的地方。"这伤口只有伤害他的人才能治愈。

在爱情中，医生无法治愈情伤，心病还须心药医，也就是说，只有给你造成创伤、你爱上的那个人才能治好你。这是对"施毒之剑"母题的重述。

于是，特里斯坦乘船离开了，船真的把他带到了爱尔兰，带到了施毒者的宫廷，这毒药几乎要了他的命。当他驶进都柏林港时，正在小船上弹竖琴，他感到痛极了，岸上的人们都出来听这青春的乐声，就好像是俄耳甫斯演奏的。他们把特里斯坦带到岸上，带他去施毒的王后那里医治。

由于某种原因，女王不知道就是这个人杀死了她弟弟莫洛尔德。当然，我们的主人公已经改了名字，将"特里斯坦"改为"坦特里斯"（Tantrist，法语"太悲伤"之意），这样她怎能知道他是谁呢，所以努力医治他，因为她是个富有同情心的女人。当伤口不再发臭时，她邀请女儿伊索尔德来听这位竖琴师绝妙的演奏，她女儿进来后，特里斯坦奏出他一生中最动听的乐章，换言之，他已坠入爱河，只是自己还不知道罢了。这就是整个故事的奥秘所在：他不知道。

特里斯坦终于痊愈了，他回到康沃尔后，因这个可爱的姑娘激动不已，就跟舅舅谈起她，对他说："你应该娶她！"竟有这等事！他对自己的感情一无所知，竟然觉得他舅舅应该娶这个女孩。

所有人都认为马克王无论如何都该结婚，因为康沃尔需要一个王后，他们派特里斯坦回去，他继续顶着那个歪曲的名字去找这个女孩。当他回到爱尔兰，发现人们受到一条龙的威胁，处境艰难，国王下令："谁杀了这条龙，就能迎娶伊索尔德为妻。"

特里斯坦骑着马去杀死了那条龙。然而，有一个宫廷总管，他不会屠龙，却非常想娶伊索尔德，所以每当他得知有人要去屠龙时，都会尾随其后。

特里斯坦杀死巨龙后，掰开龙嘴，割下龙舌为证，他把龙舌塞进衬衫，就离开了。

总管紧随其后，砍下龙首，带到宫廷求娶伊索尔德。

可怜的特里斯坦，有件事万万不该做，那就是把龙舌塞进衬衫，因为它是有毒的，他揣着龙舌走了一小会儿就晕了过去，摔进一个池塘里，水淹没了他的全身，只有鼻子凸出了水面，使他还能正常呼吸。

伊索尔德和她母亲碰巧在池边散步，她们走到附近，发现了他。他们把特里斯坦拽了上来，因为某种原因，甚至都不知道他就是曾到过这里的坦特里斯，再次把他带入宫廷，为他治病。

她们把他放进浴缸里医治，此时，伊索尔德在房间里摆弄特里斯坦的装备，她从剑鞘中拔出了他的剑，瞧了瞧，说："天哪！这把剑上有个缺口！"她拿出自己的小宝盒，找到残片，二者恰好吻合。她爱她舅舅，于是举起这把重剑，要杀死浴缸里的特里斯坦。

他抬起头说："等一下，你若打倒了我，那个蠢货总管就会得到你。"

伊索尔德不得不承认他说的有道理，同时，她手里的剑也变得有点重了，事情就这样结束了。

特里斯坦刚刚再度痊愈，就被带上宫廷去解决这个关键问题：谁会得到伊索尔德？首先发言的是总管这个家伙，他带着龙首走了进来，看起来很有说服力。

然而，特里斯坦说"掰开龙嘴，让我们看看嘴里少了什么"。

没有舌头，缺失的部分去哪儿了？

"在这儿！"特里斯坦拿出龙舌说道，就这样，他得到了伊索尔德。

而特里斯坦这个傻孩子，还想把她带回到马克舅舅身边，所以伊索尔德的母亲，也就是那个施毒引发所有事情的人，为女儿准备了一剂爱情灵药，让她把它交给马克，好让他们相爱相守。

这个母题在神学上和其他领域都很重要：无论如何，王后都会把药水和女儿交付给年轻的布兰格尼（Brangaene），她是伊索尔德忠实的女佣。

布兰格尼没太留意，在回康沃尔的路上，特里斯坦和伊索尔德都把爱情灵药当成了美酒，各啜了一小口，当时他两都是十五岁左右的年纪，二人心中对彼此不断滋长的爱猛然觉醒。

布兰格尼发现后，惊恐万分。就在这个美妙的时刻，她走向特里斯坦，对他说："你喝的东西会要了你的命！"

特里斯坦答道："我不懂你是什么意思，如果你说的死亡指的是爱情的痛苦，那我命该如此。"

体验痛苦是爱情的本质，生命的本质是痛苦的，圣灵万物都要受苦。几乎同一时期，日本的紫式部写了《源氏物语》(*The Tale of Genji*)，讲述了云君子与花少女们的爱情故事。他们以一种非常敏感的方式体验佛教智慧，所有生命都痛苦，爱之苦楚即生命之苦，痛苦所在之处，既生命之所在。

特里斯坦继续说："如果爱情，爱情的痛苦，意味着我的死亡，那我本为爱而生。如果你所说的'死亡'是指我俩通奸暴露后所遭受的惩罚，那么我接受。"爱在生死对立之处，在痛苦之中，他最后说道："如果你说的'死亡'是指地狱里的永不超生，我也坦然接受。"[13]

需要郑重说明的是，这就是中世纪的爱情精神。你不能说这只是一场贵族游戏，或一场风流韵事，它是超越了世界上所有价值观的使命，是通向永恒的基调。但丁游历地狱时，最先见到的是那些最不骇人的淫欲者，其中有特里斯坦和伊索尔德、兰斯洛特（Lancelot）和桂妮维尔，以及其他有史以来所有伟大的恋人。他认出了保罗（Paolo）和弗朗西斯卡（Francesca）这对恋人，然后像一位出色的社会学家那样，把弗朗西斯卡叫下来问："你是怎么进到这里的？"

弗朗西斯卡用整首诗中最沉痛的一段话答道："我们正在读兰斯洛特和桂妮维尔的故事，当读到他们四目相对时，我们望向彼此，不再读那本书的内容了。"[14] 在我们看来，他们深陷地狱，但是睿智而绝妙的诗人威廉·布莱克（William Blake）在他的箴言书《天堂与地狱的婚姻》(*The Marriage of Heaven and Hell*)中写道："我走在地狱的火焰中，享用这天赋的欢愉，这对天使而言，既难忍又疯狂。"[15] 我想这就是答案，所以特里斯坦接受的是因爱而痛的烈焰，永恒的爱情使他万古流芳。

接下来的故事就是他们对特里斯坦的舅舅马克王的欺瞒。在行吟诗人看来，马克无权拥有伊索尔德，他从未见过她，她也没见过他，没有四目交汇，也不可能产生爱情，仁慈与同情都不是所谓爱情。当特里斯坦和伊索尔德在宫廷中时，马克发现了他们的爱情，却无法亲手处死他们，因为他俩都深得马克的喜爱，因此他对他俩说："离开我的视线，到树林里去吧。"

特里斯坦和伊索尔德在树林中度过了一段岁月。他们进入一个洞穴，洞穴上方刻着"情人洞"字样，它在基督徒到来之前，被凯尔特人装饰成了一个可爱的小教堂。本该是圣坛所在的地方，有张水晶床，教堂的圣礼就是爱的圣礼。在戈特弗里德笔下，它第一次出现在斯特拉斯堡系列故事中。他在故事中创造了这个小教堂。

小教堂的屋顶上有两扇窗户，阳光可以照进来，有一天，特里斯坦听到远处传来狩猎的号角声，那是马克王在打猎。特里斯坦想："我要把剑放在我们中间，免得马克发现山洞，弯下腰时看到我和伊索尔德躺在一张床上。"

他犯了一个大忌，那就是将荣誉置于爱情之上，这是中世纪爱情的一个重要主题。在中世纪日耳曼语中，荣誉是 ere，爱情是 minna，日耳曼行吟诗人被称为 minnesingers（恋诗歌手）。在荣誉和爱情的较量中，荣誉胜出，于是特里斯坦把剑放在二人中间。

马克确实低头看了看，见到他俩中间隔着一把剑，说："我搞错了，是我错怪了他们。"于是邀他们重返宫廷。

显然，特里斯坦和伊索尔德依旧会情不自禁，他们又被抓住了，这次的情况严重多了。伊索尔德受到了考验，她必须渡过一条河，发誓除了她丈夫以外，从来没有和任何人睡过，然后拿起一块炽热的烙铁，她说的如果是真话，手就不会被灼伤，如果是假话，就会被烫伤。

但是，他们解决了这个难题。特里斯坦得到了一份船夫的工作，把自己伪装起来，等她上船后，划水过河，当他拉她上岸时，倒在她身上惊呼道："啊！对不起。"

清理干净后，伊索尔德宣誓："除了我丈夫和刚才扑到我身上的船夫，我从未与任何男人共寝。"因此她的手没有被烧伤。

尽管如此，特里斯坦还是被流放了，他回到了故乡布列塔尼。在这里，他碰巧听到了有人叫"伊索尔德"，这是另一个年轻可爱的姑娘的名字，他因为这个名字而爱上了她。

他娶了玉手伊瑟（Iseult of the White Hands），也就是第三个伊索尔德（继王后和特里斯坦的真爱之后）。但是他不能与她同房，因为她不是他的情人，他心中的爱情阻止他做这件事。

有一天，这位不受宠的妻子和她的哥哥卡赫丁爵士（Sir Kahedin）骑马外出时，她的马踏进了水坑，水溅到她的大腿上，她对哥哥说："这水比特里斯坦还大胆。"

卡赫丁问："何出此言？"

她就把这件事告诉了他。

卡赫丁听后大怒，找到特里斯坦，指控他严重失职。特里斯坦跟他坦白了自己爱着另一个伊索尔德。

"这完全可以理解。"卡赫丁答道。

后来特里斯坦在一场战斗中受了重伤，躺在那里奄奄一息，唯一能治好他的人就是另一个伊索尔德，毕竟，带给特里斯坦致命创伤的是她。于是，卡赫丁去接那位"特里斯坦的伊索尔德"来医治他，如果她同意前来，他就挂着白帆回来；如果她拒绝，他就挂着黑帆回来，这重现了忒修斯的故事。

卡赫丁挂着白帆归来了，玉手伊瑟十分嫉妒，她告诉特里斯坦帆是黑色的，特里斯坦悲伤过度而死。

这是个很好的爱情故事，充满了辛酸和戏剧性，但也是严肃的，展现了痛苦和地狱的可能性。

这种婚姻与爱情之间的紧张关系是 12 世纪末的一个难题，而这两件事是怎样糅到一起的呢？

克雷蒂安最早创造了特里斯坦这一形象，而他的第二部作品是《艾莱克》

（*Erec*）。宫廷贵妇们对特里斯坦和伊索尔德的故事并不十分满意，因为他们的爱情只能在树林中圆满，她们希望它发生在宫廷中，以充实宫闱生活。所以《艾莱克》讲述了一个婚内爱情故事。这是一个很好的、典型的男性问题。

艾莱克是一名真正的骑士，他爱上了艾尼德（Enid），爱得太深，甚至荒废了训练，丢掉了最勇武的头衔，后来他才意识到自己"因为爱情丢掉了所有的宝贵品质"。于是他回绝了艾尼德，孤身骑着战马出去冒险，但艾尼德骑着驯马跟在他后面一路小跑，这种马比较轻便，专供女士骑用。即便多番遭拒，她都忠守于他。最后，在他拒绝她时，通过她的赤诚之心，他既重获了武士的品质，还得到了妻子忠实的支持。

然而，贵妇们对这个故事也不太感兴趣。

下个故事是最奇怪的一个，它叫作《克里赛》（*Cligès*）。在这个故事中，一个人向心爱之人求婚，但她已经结婚了，不会和他发生任何关系，在她丈夫死之前，她决不私通，于是他们设法杀了他。

许多评论者出于某些缘故称之为道德解决方案，显然，这个方案不那么令人满意，《克里塞》的故事我们不常听到，也不太受人推崇。

《马车骑士》（*The Knight of the Cart*）是克雷蒂安的另一部出色创作，讲述了兰斯洛特和桂妮维尔的故事，这个故事十分美妙，其美妙之处在于，亚瑟王意识到兰斯洛特和桂妮维尔相爱了，他懂得什么是爱，珍视并欣赏爱，因此他不是法国那种戴绿帽的人。在普罗旺斯，人们称那种人为 le jaloux，即善妒的人。

后来，这个传奇因一段非常有趣的情节而得名。

桂妮维尔遭到绑架，兰斯洛特动身追回她，由于马累死在途中，他只得穿着厚重的盔甲，缓慢地前行，这时一辆马车缓缓驶过他身旁。

身披盔甲的骑士坐上马车极不光彩，因为马车是用来运送死刑犯、肥料、动物以及各种货物的，没有骑士会坐马车。

然而，当马车经过兰斯洛特时，他想："如果我坐上马车，就能早点追上桂妮维尔，但是荣誉……"

他犹豫再三后，还是跳上马车，在荣誉和爱情的对立中，这是他受到的第一场考验。

在追上桂妮维尔之前，他必须渡过重重难关，被称为"危险温床的考验"（Trial of the Perilous Bed），这也是一个母题。全副武装的骑士走进了一间空荡荡的大理石房间，房间中央有一张带滚轮的床，这场冒险就是躺在这张床上安静地休息。

兰斯洛特走向床边，床滑开了，他再次靠近，床又避开了。最后，他必须带上盾牌和其他东西全副武装，通过助跑跳上床。他做到了，但他一撞到床，它就像西部野马一样四处乱窜，磕到墙或其他东西。床终于平静下来时，一头狮子走了进来，兰斯洛特设法应付狮子，受了重伤。

这会儿，城堡里的女士们都下来了，想知道下面的英雄发生了什么事，她们唤醒他，让他继续下一段冒险。

几年前，我的朋友海因里希·齐默尔问我："危险的床是什么意思？它会是什么呢？"我觉得他自己已经给出了正确答案。"它隐喻了男性对女性气质的体验，你不可能理解到底发生了什么，"他这样说道："但是耐心一些，一切终会安定下来，美丽女性的一切欢愉都将属于你。"

我也曾有过一段"危险温床"的经历，当时我正在编辑齐默尔遗留的一部关于印度艺术的书。我几乎集齐了所有需要的图片，除了那三张。

我与库默拉斯瓦米相识，他当时是这方面的权威，但刚去世。我知道我想要的图片在他波士顿的收藏里，现在应该是由他的遗孀保管，所以我打电话给她，问她我是否可以去借阅博士的收藏，寻找这三张图片。

当时，波士顿天气很热，估计只要半个小时，我就能看完这些文件。

她说：“上来吧。”于是我跟上她，“乔，就是这间，文件在那儿。”

我刚打开书架，她就进来说：“乔，天有点热，你想喝点柠檬水之类的吗？”

“好吧。”我其实一点也不想喝，但是不想显得粗鲁。

我们喝着柠檬水，友好畅聊了很长时间，她离开后，我正要埋头翻阅，又到了晚饭时间，只得一同去吃晚饭，然后又聊了起来。我再次回来后，正在文件里翻找着，她说：“你知道的，乔，你完全可以睡在那边的沙发上，真的，完全没问题。”

我对自己说：“这是‘危险温床’，我要坚持住。”

三天后，我在书中找到了需要的图片，但我要告诉你，这就是“危险温床的考验”。

兰斯洛特面临的下一场磨炼叫作“剑桥”（Sword Bridge），从印度教到爱斯基摩人的诸多神话中，剑桥都是一个典型母题。一条鸿沟横亘在剑桥下，英雄必须穿过这座桥。从行吟诗人的角度看，这意味着当你选择爱情之路，而非社会之路时，要走过所谓的“左侧之路”（Left-Hand Path）。

“右侧之路”（Right-Hand Path）在准则之内，符合社会规范；“左侧之路”危险万分而充满激情，没有什么比激情更能破坏生命历程了。它教导我们，在剑桥上必须心怀爱情，而不是激情，否则走错一小步，哪怕最细微的恐惧轻颤，都会掉进激流，一路沉下去。这就是“左侧之路”和爱情的训诫。

兰斯洛特跨过剑桥，打倒了把桂妮维尔因禁在城堡中的守卫，前去拜见王后。

她冷冰冰的。

怎么会这样？

因为他犹豫再三后，才登上那辆马车。

爱情的规则真的很严苛，如果你为了某件事而舍弃一切，就再也无法挽回，而且还要用心坚持走下去。

对于那些走上"左侧之路"的人来说，这是精彩的一课。如果你想拥有一种精神上而非社会意义上的美好生活，那么这就是你要走的道路。

克雷蒂安还有一个相当精彩的故事：《伊万》（Yvain）。简而言之，这个故事讲述了一个人找到了灵魂伴侣，因被社会召回而失去对方，继而又回去追寻她，联结起爱情与社会这两个世界。在当时，如何协调责任与爱情这个问题十分严峻，当下亦如此。

女神的复兴

15世纪是意大利文艺复兴的鼎盛期，也是哲学家与艺术家的赞助人科西莫·德·美第奇（Cosimo de'Medici）的时代。一位拜占庭牧师来到佛罗伦萨，带来一份叫作《赫耳墨斯文集》（Corpus Hermeticum）的希腊手稿，这些都是古典晚期的密封典藏，与基督教肇端并行于公元后的前三个世纪。

科西莫请马奇里奥·斐奇诺（Marsilio Ficino）把这篇希腊文字译成拉丁文，佛罗伦萨的哲学家与艺术家们读懂后，象征性艺术爆发了。佛罗伦萨人认识到，基督教传统的符号学与古典赫耳墨斯主义的符号学是相同的，但表现形式不同，一种是把符号具体化，另一种是敞开意义。

波提切利就生活在这样的背景下，而提香的绘画既表现了古典形象也有基督徒形象，它们传达着同样的信息。这个时代的伟大艺术都源自这种认识，基督教从此不再是脱离世界背景的宗教启示。

古典主义和基督教这两种传统结合在一起，促使15世纪文艺复兴倾向于巴洛克风格。

埃斯库罗斯的《被缚的普罗米修斯》（Prometheus Bound）中有一个传说，饱受磨难的仙女伊娥（Io）被赫耳墨斯从阿耳戈斯（Argus）手中救出来后，变成一头母牛逃到了埃及，传说她在那里恢复了人形，生下了一个叫作塞拉皮斯（Serapis）的男孩，人们唤伊娥为女神伊西斯。文艺复兴时期，关于伊娥如何获救，翁布里亚（Umbria）大师平图里乔（Pinturicchio，1454—1513）给出了另一种解读。图8-4中的画于1493年为教皇亚历山大六世而作，绘制在梵蒂冈博尔吉亚宫的墙壁上。

图8-4　伊西斯与赫耳墨斯·特利斯墨吉斯忒斯（Hermes Trismegistus）和摩西
（壁画，文艺复兴时期，梵蒂冈，1493）

平图里乔画出了获救的仙女，即现在时的伊西斯，她正在教书，赫耳墨斯·特利斯墨吉斯忒斯在她右手边，摩西在她左手边，表明有两种不同的传统以各自的方式渲染了伟大而永恒的传统，但二者都是通过女神之口和身体呈现出来的。这是我们能对女神作的最高描述。在梵蒂冈，有这样的说法：希伯来先知和希腊哲人所享有的教导并非源自摩西的神[16]，而是来自女神，我们可以从卢修斯·阿普利乌斯（Lucius Apuleius，生于公元125年）的笔下了解女神的起源：

> 我是女性，是万物之母，是掌管一切的主人，是世界的长女，是神力之首，地狱万物之王和天堂万物之主，独自或以众神的某一形态显现。天空中的星球，海上有益的风，地狱可悲的沉寂，都照我的意愿安排。我的名字、神性以各种方式、不同的习俗和迥异的称呼在全世界受到崇拜。
>
> 最初的人类，佛里吉亚人称我为培希努神（Pessinus）之母，土生土长的雅典人称我为刻克洛皮亚（Cecropian）的密涅瓦（Minerva），环海而居的塞浦路斯人称我为帕福斯的维纳斯，背着箭的克里特人称我迪克提尼安（Dictynian）的狄安娜（Diana），会说三种语言的西西里人称我为地狱的普洛塞庇娜（Proserpine）……他们居住在东方，沐浴在晨光下；埃及人精通各种古代教义，用恰当的仪式崇拜我，并用我的真名来称呼我，唤我为伊西斯女王。[17]

罗马早期的基督教地下墓窟中有一处雕刻（见图 8-5），刻着基督和俄耳甫斯的形象。渔夫俄耳甫斯呼应了基督的诫命："我要使你们得人如得鱼。"俄耳甫斯弹着竖琴，奏出环复和谐的乐曲。狮子和羊羔躺在一起，好像在说狮子要吃掉羊羔，但没有关系，他们都参与了这一和谐的宇宙循环，自然运转的方式没有改变也不会改变，但我们可以挖掘其背后的奥秘。俄耳甫斯处在中心，协调自然。

石刻周围是《旧约》和《新约》的场景，公羊是犹太人的献祭牲口；公牛是异教徒的献祭牲口，异教徒、《旧约》和《新约》中的形象同时出现，混融在一起：摩西从岩石中取水，耶稣复活拉撒路（Lazarus），大卫要杀死巨人哥利亚（Goliath），但以理（Daniel）在狮穴，毫不惧怕被吃掉。这些信息表明，不同的经书均由同一个伟大的精神核心分化而来。

图 8-6 中的碗与罗马尼亚皮耶特罗萨镇的碗属于同一时期，碗身有 16 个赤身裸体的人，像是美惠女神，站在赫耳墨斯的金翅蛇前面，他引导死者的灵魂通往永生。裸体崇拜可以追溯到很久以前，它与天堂体验有关，超脱

了世界运转的方式。

图 8-5 救世主俄耳甫斯（石刻，古罗马晚期，意大利，公元 3 世纪）

图 8-6 蛇碗（雪花石膏雕刻，来源不明，公元 2 世纪或 3 世纪）

　　稍下方是一个球形的圈层，这些人都处在缪斯与阿波罗的光芒中。我们可以看到，守护者位于四个方向，纵列的数量为每月的天数，因此碗外是时间，碗内是永恒。女人以梅迪奇的维纳斯（Venus de Medici）的姿势站立，呈掩饰乳房和生殖器的羞涩姿态，在这里，乳房和生殖器象征权力，为女性所指，男性则手抚前胸，崇敬地站在蛇前面。

　　在希腊的阿陀斯修道院（Mt. Athos monastery），也有一只由 16 人环绕中心而立的碗（见图 8-7）。这只碗不是"少女的圣杯"，而是玛利亚自己抱着孩子，这是拜占庭世界的表达方式。孩子在圣母怀里，却望向外侧，天使们撒着香。圣母譬如伊西斯的王座，耶稣譬如法老，伟大的女性形象支撑着整个宇宙。

图 8-7　圣餐碗（石雕，拜占庭，希腊，公元 13 世纪）

在图 8-8 所示的印章上，异教元素与基督教元素结合在了一起，被标记为 "Orpheos Bakkikos"。在印章上，我们可以看到，醉酒的俄耳甫斯被钉死在十字架上，一轮新月高悬头顶，七颗星星散落在空中。

图 8-8　醉酒的俄耳甫斯被钉死在十字架上（圆柱印章，拜占庭，希腊，约公元 300 年）

七颗星代表普勒阿得斯七仙女（The Pleiades），以古代俄耳甫斯的七弦琴闻名。印章上的十字架表明，除了基督教十字架，猎户座的大星云也因狄俄尼索斯著称。新月不断盈亏，有三天暗淡无光，因为基督在坟墓里躺了三天。[18]

接下来，我们来看一下阿尔布雷特·丢勒（Albrecht Dürer）对十字架的描绘（见图 8-9）。图中，太阳与月亮合二为一，重述了我所提出的两种意识的主题：从属时空领域的月亮意识与脱离时空的太阳意识是同一的。

若你知晓这一点，可以自问"我是谁"，答案不是"我是载体，是肉身"，而是"我是意识"。当你达到太阳意识之境，方可心怀感恩地脱离肉身。因此，基督脱离肉身，去见圣父。圣父和圣子就像月亮的第十五个夜晚，当晚，月亮在太阳落下的同一时刻升起，二者在世界彼端遥遥相望，那一刻之后，月亮衰落，静候重升。

永生之水从献身者的肋旁流出，《旧约》中亚当的头颅在救世主的血中洗净，因而得到救赎。丢勒将《旧约》亚当、《新约》亚当、不朽生命之水、月历和太阳历合成了一个象征性的图像。

图 8-9　十字架（版画，德国，约 1495—1498 年）

　　归根结底，这就是神秘的故事，它从古老的异教系统进入基督教传统。我认为，相比希伯来传统，基督教更加希腊化，童贞女生子的整个主题与传统犹太教格格不入，因此绝对是古典传统的产物。鸽子飞向玛利亚，天鹅追寻丽达（Leda），基督的诞生和海伦的诞生都展现了世界上最美丽、最光辉灿烂的人类肉身和精神，它们汇集成一个伟大的神话，早期基督教时代的诺斯替教徒与赫耳墨斯主义者都认同，这些碗和嵌画也展示了这一点。

　　在至少 9000 年前的近东和古欧洲的早期农业中，有这样一个传统，它关涉女神及其后代死而复生的力量——我们从她而来，随她归去，在她之中休憩。这一传统在古代美索不达米亚和埃及的异教中流传下来，一直延续到古典世界，最终在基督教教义中散播开来。

1496 年，弗朗西努斯·加夫里乌斯（Franchinus Gaffurius）在《音乐实践》（*Practica Musicae*）中发表了这幅图（见图 8-10），完整地图解了一段关于灵魂转换和启明阶段的经典故事。[19]

阿波罗坐在顶端，美惠女神在他身旁翩然起舞，他手中拿着一把七弦琴，奏出宇宙之歌，旁边还有一个充裕的容器。阿波罗头顶的铭文写道："阿波罗精神的能量通过缪斯流向各处。"这就是启明心灵的能量。缪斯女神是灵性知识的激发者，其能量来源是美惠女神。美惠女神赤裸身体，表示对时空限制的脱离，但是象征着绝对真理的缪斯女神却披着世界的外衣。在时间维度，奥秘披着外衣，而在永恒领域，奥秘是敞开的。

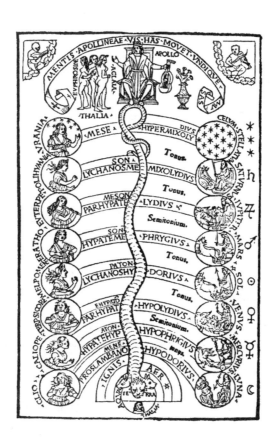

图 8-10 《音乐实践》（纸质书，文艺复兴时期，意大利，1496 年）

美惠女神是阿佛洛狄忒的三个侧面，阿佛洛狄忒与阿波罗相关，是他的萨克蒂，美惠女神是她作为世界能量的运动力量的变体。欧佛洛绪涅（Euphrosyne）是美惠女神中的一位，凭借九位缪斯女神的特质让世界焕发喜悦之情；阿格莱亚（Aglaea）的名字意为"光辉"，代表返回神的能量；塔利亚（Thalia）的意思是"富足"，将前两位女神联合在一起。这就是阿波罗意识的光辉传递到世界上的过程。

图像的核心是一条大蛇，它的尾巴是刻耳柏洛斯（Cerberus），一条把守冥府的三头犬。塔利亚也是第九位缪斯的名字，因此她既在刻耳柏洛斯的头顶之下，又身处上面的美惠女神之间。当她在地下世界时，叫作"沉默的塔利亚"，她沉默是因为我们害怕三头犬，它的三个头与但丁中年时走在黑暗森林的小路上威胁他的那三头野兽一样。中间的头是狮子头，意味着太阳的火焰，象征当下的肆虐之火以及屈从于现状的恐惧。你是选择固守过去，还是涅槃于今？

你处在当下，却活在过去，而冒险在于敞开心扉，脆弱地面对这一刻为你准备的一切，打破旧思，展现出你可能的样子。你接受不了死亡的啃咬，因此无法听到宇宙之歌，这就是塔利亚沉默的原因。狮首的右边是狼头，代表对时间流逝的恐惧，时光会夺走你所拥有的一切，但丁将其译为"abaras"，你越是抓紧不放，越会失去拥有的一切，更无法通往未来。陷入这种恐惧的人畏缩不前，狼就代表了这种恐惧。

最右边是狗头，代表对未来的期待和希望，任何固守自我的人都有恐惧和欲望，这次冒险的目标就是消除这两样东西。过去、现在和未来捆绑着我们，让我们受缚于自我之中。在图7-27中，珀琉斯的脚踵被蛇咬中，"让死亡之蛇咬住你的脚跟，听宇宙之歌，听缪斯歌唱"。当你在自我和理性意识中死去后，就会敞开直觉的大门，听到缪斯的歌声，这也是女性的力量。

此前，我分享过《广林奥义书》中婆罗门的故事，它是宇宙的自我，却不自知，一说出"我"就感到害怕，随着自我的诞生，恐惧和狼就出现了。

尽管如此，由"我"可以推断："既然我周围没有别人，也没有其他任何东西，除了我自己，我又害怕什么呢？"然而，他立刻想到了自己的孤独，希望周围还有其他人，所以满怀欲望。这就是狗所代表的，一旦有了自我，就有恐惧和欲望。

释迦牟尼一动不动坐在树下时，受到色欲之神伽摩的三个女儿的诱惑，她们的名字分别是欲望、满足和遗憾，由于他超脱了自我，把自己与她们三个的意识等同起来，因此不为所动。后来，又受到魔王或死神摩罗的军队的恐吓，他依然无动于衷。他没有固守自我不放，而去追求永生的实现。

我们一旦囿于自我，就会困在刻耳柏洛斯的头下，听不到那永生之歌和宇宙意识。

把头伸进狮子嘴中，能听到自然之歌，因此，塔利亚是田园诗的缪斯，是你周围自然界的诗歌，是绵羊，是狮子，是树，是草，也是山川。

克努特·拉斯穆森（Knud Rasmussen）[20] 的书中有一个章节十分精彩，讲述了因纽特人遇到萨满的故事。一个名叫纳贾涅克（Najagneq）的萨满老人承认，他发明了许多诡计和神话鬼怪吓跑邻居，以便自己安全地住在海湾。

拉斯穆森问他："你会假装控制某些鬼怪，相信它们真的存在吗？"

纳贾涅克说："是的，我们有一种称为'尸罗'（Sila）的力量，即使用'强悍的精神'和'宇宙、气象与大地上一切生灵的根基'等语言，都无法完全涵盖。"它如此强大，不用日常语言与人沟通，而是通过疾风骤雨、暴雪海啸等令人恐惧的力量，或阳光、平静的海面、天真幼小的顽童表现出来。时势好的时候，尸罗对人类无话可说，隐匿在无限的虚无之中，只要人们不亵渎生活，尊重日常饮食，他就会远离。没有人见过尸罗，他寄居在神秘之乡，既与我们同在，又无限遥远。

"宇宙的居住者或灵魂从未出现过，"纳贾涅克继续说道："我们只能听到它的声音，只知道它的声音像女子一般温柔美好，就是孩子听到也不会害怕，它说的是'不要害怕宇宙'。"21

　　九位缪斯女神中的每一位都与托勒密体系中的一个天体和地上元素相关联。正如但丁离开地球飞往月球时所做的那样，人们必须穿过大地、水、空气和火等地上要素才能接近第一位缪斯，到达月球。月亮女神塞勒涅与克利俄（Clio）的艺术有关，克利俄是司掌历史与历史写作的缪斯女神。作为一颗行星，月亮能够扭转生命、海洋和行经轮回的态势，因此有能力影响历史。月球上的克利俄所持的箭头向下，指向地球及其历史，而赫耳墨斯的节杖指向上空，指引我们达到精神的高度。

　　赫耳墨斯将对现象的体验转化为对永恒原则的光辉体验，由史诗女神卡利俄珀（Calliope）负责，将历史转译成神话，化史诗中的历史为启示，为传奇。地球、月球和水星分别代表地球的田园牧歌、历史之声以及对某一精神原则的认同，她们是三个天体"三位一体"之首。

　　下个"三位一体"包括金星、太阳和火星。金星（阿佛洛狄忒）的缪斯女神是司职舞蹈的忒耳普西科瑞（Terpsichore），在此，我们可以回想一下阿佛洛狄忒的爱人阿瑞斯和赫耳墨斯，战争与爱情是悲剧的中心。太阳的缪斯女神是墨尔波墨涅（Melpomene），主司悲剧与哀歌，我们通过悲剧粉碎了自我，经历狂喜。悲剧是什么？除了主角的毁灭，悲剧的狂欢是对历史人格的解放。火星（阿瑞斯）的缪斯女神是厄剌托（Erato），她象征情诗。第二个"三位一体"是通过太阳门进入更高层次的纯粹精神体验的过渡，在这个"三位一体"中，我们历经悲剧舞蹈、情色欲求以及悲情时刻本身。

　　紧接着，我们从物质和地球的束缚中解脱出来，来到最高的三位一体：木星（宙斯）是统治世界的主宰；土星（克洛诺斯）切断生殖器，通过禁欲带我们升往最高领域；然后是各个恒星，它们代表着恒常有序的稳定。宙斯是众神之主，木星的缪斯女神是欧忒耳珀（Euterpe），她擅长吹笛，在我看来，笛声纯净清澈，最为美妙，带我们抵达纯洁之境。土星的女神是波吕许谟尼亚（Polyhymnia），她掌管圣歌合唱。克洛诺斯是时间之主，禁欲之王，他用镰刀将你完全切断，就像低一层次中的太阳把你从尘世的烦恼中剥离一样，克洛诺斯甚至把你从永恒之中割离出来，然后掌管圣歌合唱的缪斯女神波吕许谟尼亚将你的心灵投入到终极超验中去。

最后是终极地带，即恒星之空，这里的缪斯女神是司职天文的乌剌尼亚（Urania），随着我们的上升，精神灵性逐渐增加，物质重量逐渐减少。

然后，我们被带到光之主福玻斯·阿波罗的脚下，他的能量源于美惠女神，代表狂喜的欧佛洛绪涅降下能量；象征光辉的阿格莱亚带回能量；表示富足的塔利亚促使二者结合起来。

译入基督神学后，美惠女神与她们的三种力量不断男性化：圣父，圣子和圣灵。圣父拥抱圣子和圣灵，因爱降世的圣子分享他的痛苦，并召唤众人浸入其中，我们的心灵由此被带到一处神圣的秘境，再由圣灵把我们带回圣父身边。"三位一体"的定义是三个神圣的人在同一个神圣的实体中同构生命。

相反的是，美惠女神代表女性的活力，楚楚动人，她与印度的萨克蒂对应，通过缪斯女神的诗歌将节律注入我们，一切基本能量都源于太阳神阿波罗。在加夫里乌斯的图像中，各阶段代表了连音四度音阶（conjoined tetrachord）即 A 小调音阶的音符，包括海波多里安（Hypodorian）、海波弗理吉安（Hypophrygian）、海波利地安（Hypolydian）、多里安（Dorian）、弗里吉安（Phrygian）、利地安（Lydian）、米索利地安（Mixolydian）以及海波米索利地安（Hypomixolydian）等，这些都是希腊文中音符的名称。

神的光辉主要通过美惠女神而闪耀，以艺术灵感呈现出来，只有当你把头伸进狮子口中，消除自我，才能沐浴神光。关于阿波罗，我们就讲这些。

飞升

实际上，从 12 世纪到 15 世纪，男性宗教的繁盛标志着现代思维模式的诞生，它强调个体的独特性。几个世纪以来，这种思维模式开启了英雄之旅，首先是男性，现在也有女性。每一个女性都有机会，不仅是作为大写的女性（Woman），也作为普通的个体（women），她们第一次找到自己要走的道路，演绎自己的角色。过去，女性被圣礼和社会分工限制，大部分时间都消耗在怀孕和照料孩子上，同时还肩负沉重的社会责任，要养家糊口，准备食物和衣服，处理一切事务。

如今，女性不再必须面临这些问题，她们解放出来，谋求个人发展，像数世纪以来的男性那样生存。个性解放使男性处于支配地位，但是女性的解放不在于肌肉这类因素，人类早已不再像以前那样不可避免地受制于自然。

我想，现如今，随着娜拉（易卜生戏剧《玩偶之家》的主人公）的出走，女性个体终将发现自我，颠覆传统的形象。

我在一所女子学院教书近 40 年，我告诉我的学生，关于神话，我为她们讲授的一切都是男性所说和经历的。现在，女性必须从自己的角度告诉我们，女性未来的可能性是什么，这种未来就像是一种飞跃，毫无疑问会发生。这些年来，我在沙拉劳伦斯学院（Sarah Lawrence）教书，而不是在某个陌生的教室单向输出，能够与一个又一个女性进行面对面的交流，这是我的一大乐趣。在和她们的交流过程中，我所获得的个人主体意识，使所有关于女性和男性的普遍论调对我而言毫无意义。女性身上的某些东西，世界尚未真正认识到，我们只需拭目以待。

还是歌德那句老话，"永恒的女性，引我们飞升"。因之神往了 38 年，瞧着她款步姗姗，我从教诲者回到观察者的角色，只为仰望女神升空的奇迹。

为金芭塔丝《女神的语言》所作的序言

　　150 多年前，让－弗朗索瓦·商博良（Jean-Francois Champollion）通过破译罗塞塔石碑建立起古埃及象形文字的词汇表，从而打造了一把通往从公元前 3200 年直到托勒密时期古埃及伟大宗教宝库的钥匙。一个半世纪之后，马丽加·金芭塔丝成了又一个商博良，她对公元前 7000—前 3500 年之间欧洲早期新石器时代村落遗址中发现的约 2000 种象征性人造物进行了搜集、分类和解读。据此，金芭塔丝所建立的图像母题基础词汇表不仅为研究无文字时代的神话学打造了一把钥匙，而且建立起了解释这些符号和宗教主题的基本脉络和背景。母神创造者的身体与宇宙之间的同一关系，宇宙中的所有生物都分享着她的神圣性，这种宗教给人的第一印象就与《创世记》中父性的创世神形成鲜明对比："你必汗流满面才得糊口，直到你归了土，因为你是从土而出的。你本是尘土，仍要归于尘土。"在这种更早的神话体系中，大地所生出的一切生物都不是卑贱如尘土，而是鲜活生动，正如其女性创世神一样。

　　在欧洲的学术传统中，直到 1861 年巴霍芬

（Johann Jakob Bachofen）发表《母权论》（*Das Mutterrecht*）一书，这种在欧洲和近东地区更为古老的母系传统及其生活方式才被确认，这本书从《罗马法》的法条中发现了母系继承的残存。在此之前 10 年，美国学者摩尔根（Lewis H. Morgan）出版了《易洛魁联盟》（*The League of the Ho-dé-no-sau-nee, or Iroquois*）一书，这本社会调查报告中指出在这些民族的生活中"母权制"依然存在。通过对美国和亚洲的亲属关系的系统性调查，摩尔根进一步表明世界范围内普遍存在着公共生活领域的前父权制秩序。巴霍芬在 1871 年发布的发现结合了摩尔根的著作和他自己的成果，突破性地把一个独特的欧洲现象推进到了普遍的社会现象层面。这就赋予了金芭塔丝建构的"女神的语言"以更加广阔的历史学意义，因此，其意义超越了大西洋以至第聂伯河，从公元前 7000 年绵延到公元前 3500 年的古欧洲概念。

与此形成鲜明对比的是，从公元前 4000 年开始，游牧为生的印欧部落的神话体系开始一浪高过一浪地在整个古欧洲的范围内蔓延，该族群所信仰的那种男性主导的父系观念体现在其社会观念、法律、政治目标的各个方面。大女神的图像学出自对以往自然法则的尊崇，金芭塔丝的这种图像脚本的词典正是反映了这种原始努力：人性化的方式与创造的美好与神奇和谐共处，原型象征符号术语反映了一种人生哲学，与西方世界有史以来占据统治地位的被操纵的系统截然相反。

值此世纪转折点，人们都会感受到，我们正处在一个普遍性的意识大转变时期。这本书中的信息来自历史上曾经真实存在过的一个和平、和谐的时代，那是人遵从自然的创造力和平共处的时代，这样的时代在史前时代持续了大约 4000 年，随之而来的是长达 5000 年的被詹姆斯·乔伊斯称为"噩梦"（为种族和国家利益持续对抗冲突）的时期。接下来，到了我们该苏醒的时候了。

"女神"研究基本读物

　　我列出了一个从神话学、精神分析领域研究"女神"传统的书单，这些书目涵盖考古学、古典学研究、文化史学、神话学、精神分析和女性主义——都能用于了解"女神"。正如读者在书中所见，坎贝尔写作这本书就立足于下列书单中的部分研究，而我相信如果坎贝尔活得足够久，能够阅读另一些书目，那么它们也将存在于坎贝尔的图书馆中。

——萨弗龙·罗西博士

　　安妮·巴林和朱尔斯·卡什福德：《女神神话：形象的演变》。这本书综合了考古学、艺术史、宗教研究、精神分析研究，包罗万象地介绍了女神的历史和神话。

　　德克斯特（Miriam Robbins Dexter）：《女神的来历》（*Whence the Goddesses: A Source Book.* New York: Teachers College Press, Columbia University, 1990.）。这项研究从神话学和宗教仪式的角度探索了古代欧洲和近东女神的历史。通过对神话材料的阐释，作者对印欧文化中的女神进行了丰富而深刻的比较和历史性解读。

唐宁（Christine Downing）：《女神：女性的神话形象》（*The Goddess: Mythological Images of the Feminine*. Bloomington, Indiana: Author's Choice Press, 2007.）。这本书结合当代精神分析学和女性主义的思考来解读希腊女神，为我们提供了对神话、文化和宗教的深刻解读。

马丽加·金芭塔丝：《女神的语言》（*The Language of the Goddess*）。这部作品对于考古学和文化史来说具有革命性的意义，坎贝尔的系列讲座内容的展开几乎都基于这部作品，他在讲座中囊括了该书中关于新旧石器时代的章节。金芭塔丝称她的作品为考古神话学（archaeomythology），她聚焦于印欧人和语言入侵之前的欧洲——新石器时代的欧洲，坎贝尔为其写了序言。这本书图文并茂，分析了欧洲于新石器时代的符号和雕像，揭示了大母神的神话和彼时平等的社会结构。

简·埃伦·哈里森：《希腊宗教研究导论》。这是坎贝尔研究希腊神话的重要参考资料。哈里森是最早开始研究前奥林匹亚（pre-Olympian）宗教和神话的学者之一，这部作品对于理解希腊神话中的女神，以及古风时代的希腊宗教生活至关重要。

卡尔·克雷因：《希腊众神》（*The Gods of the Greeks*）。坎贝尔的研究正是基于这位广受赞誉且重要的古典学者的著作，它涵盖了希腊文化、历史和神话等广泛领域。本书以优美的修辞重述了很多希腊神话，并附带有助于深入研究的一手资料引用，可以用作优秀的一手资料来源。

金斯利（David Kinsley）：《女神之镜》（*The Goddesses' Mirror*）。一本针对东方（印度和东亚）和西方（西亚和欧洲）女神的学术研究著作，作者通过分析女神的文化语境，以及其在精英和大众宗教传统来源中的位置，来探究女神的重要性。

帕特里夏·莫纳汉（Patricia Monaghan）主编：《世界文化中的女神》（*Goddesses in World Culture*）。这套由不同学者撰写的三卷文集汇集了世界文化中一百多位女神的神话传说和宗教传统。

　　帕特里夏·莫纳汉主编：《女神与女英雄大百科》(*Encyclopedia of Goddesses and Heroines*)。即将出版的莫纳汉三卷本节选本。

　　吉内特·帕里斯（Ginette Paris）：《异教的沉思》(*Pagan Meditations*)。本书以古典研究、精神分析学和包括女权主义在内的当代文化研究为基础，探讨了阿耳忒弥斯、阿佛洛狄忒和赫斯提亚的传统和神话。本书运用原型心理学的探究视角，展示了这些女神是如何以个体和集体的形式存在于我们的心理之中。

引言 大女神

本章内容最初发表于*Parabola 5*. November, 1980。

1. Colin Turnbull, *The Forest People: A Study of the Pygmies of the Congo* (New York: Anchor Books, 1962).

2. 想了解这些农业中心及其神话请参考坎贝尔的 *Historical Atlas of World Mythology*, vol. 2, *The Way of the Seeded Earth*。

3. *Chāndogya Upaniṣad* 5.3–10.

4. Leonard William King, *Chronicles Concerning Early Babylonian Kings*, (London, 1907), vol. 2, pp. 87–91.

5. *Enuma elish*, tablets I to VI.57, found at www.sacred-texts.com/ane/enuma.htm.

6. Sigmund Freud, *Moses and Monotheism* (New York: Alfred A. Knopf, 1939), pp. 111ff.

第一章　女神的初始：旧石器时代

本章内容主要基于坎贝尔于 1983 年 4 月 6 日在加州圣巴巴拉市的玛利亚之家举办的题为"大女神的神话和奥秘"（Myths and Mysteries of the Great Goddess）的研讨会上所作的为期一天的演讲。演讲的题目是"新石器时代的女神"（The Goddess in the Neolithic Age）。

1. Leo Frobenius, *Atlantis*, vol. 1, *Volksmärchen der Kabylen* (Jena: Eugen Diederich, 1921), pp. 14–15.

2. Campbell, *Historical Atlas of World Mythology*, vol. 1, pt. 1, pp. 51–79.

3. Campbell, "Renewal Myths and Rites," *The Mythic Dimension*.

4. Marija Gimbutas, *The Language of the Goddess* (San Francisco: Harper & Row, 1989), p. 141.

5. Alexander Marshack. *The Roots of Civilization* (New York: McGraw-Hill, 1972), p. 283.

6. Gimbutas, *Goddesses and Gods of Old Europe*, 6500–3500 B. C.: *Myths and Cult Images* (Berkeley and Los Angeles: University of California Press, 1982), p. 201.

7. Campbell, "Renewal Myths and Rites," *The Mythic Dimension*.

8. *Chāndogya Upaniṣad*, VI.8.7.

9. Henri Frankfort, Mrs. H.A. Frankfort, John A. Wilson, and Thorkild Jacobsen, *Before Philosophy: The Intellectual Adventure of Ancient Man* (New York: Penguin, 1960).

10. Julius Caesar, *The Gallic Wars*, trans. W.A. McDevitte and W.S. Bohn (New York: Harper & Brothers, 1869), found at classics.mit.edu/

Caesar/gallic.html.

11. Arthur Schopenhauer, *Über die Grundlage der Moral*, 1841。坎贝尔所用的英文书名是他自己翻译自德语的，这篇论文更常用的英文译名为"On the Basis of Morality"。

12. Epistle to the Galatians, 2:20.

13. Daisetz Teitaro Suzuki, *The Zen Doctrine of No-Mind: The Significance of the Sutra of Hui-Neng* (York Beach, ME: Red Wheel/Weiser, 1972), p. 94.

第二章　女神的发展：新石器时代和青铜时代早期

本章内容基于以下资料：坎贝尔于 1983 年在玛利亚之家题为"大女神的神话和奥秘"的研讨会上所作的"新石器时代的女神"的演讲；1982 年 1 月 15 日在纽约市开放眼界剧院（Theater of the Open Eye）举行的题为"大女神的古典神话"（Classical Mysteries of the Great Goddess 1 and 2）研讨会上的两场讲座；1976 年 8 月 13 日在纽约市开放眼界剧院举行的题为"大母神的形象"（Imagery of the Mother Goddess）讲座；1972 年 5 月 18 日的讲座"神话中的女神"（The Mythic Goddess）；还有来自坎贝尔档案集中一场没有录音的演讲的文字记录，名为"约瑟夫·坎贝尔：女神讲座/阿巴迪"（Joseph Campbell: The Goddess Lecture/Abadie）。

1. 更多关于这些农业中心的研究，见 Campbell, *Atlas*, vol. 2。

2. Carl O. Sauer, *Agricultural Origins and Dispersals* (New York: The American Geographical Society, 1952).

3. James Mellaart, *Çatal Hüyük: A Neolithic Town in Anatolia* (New York: McGraw-Hill, 1967).

4. Ignace J. Gelb and Burkhart Kienast, *Die altakkadischen Königsin-schriften des dritten Jahrtausends v. Chr.* (Freiburger altorientalische Studi-en 7. Wiesbaden: Steiner, 1990).

5. 有关太阳女神的神话，见 Patricia Monaghan *O Mother Sun!: A New View of the Cosmic Feminine* (Freedom, CA: The Crossing Press, 1994)。

6. Campbell, *The Mythic Image*, p. 40.

7. 关于此类形象的更多讨论，见 Campbell, *Myths of Light*。

8. Gimbutas, *Language of the Goddess*, p. 187.

9. *Taittirīya Upaniṣad*, 3:10:6.

10. Jane Harrison, *Prolegomena to the Study of Greek Religion* (Princeton, NJ: Princeton University Press, 1991); see chapter 1: "Olympi-an and Chthonic Ritual."

11. Gimbutas, *Goddesses and Gods*, p. 17.

12. Joachim Gasquet, *Cézanne: A Memoir with Conversations* (Lon-don: Thames and Hudson, 1991).

13. Gimbutas, *Goddesses and Gods*, p. 211.

14. James George Frazer, *The Golden Bough* (New York: Simon & Schuster, 1996), pp. 543–44.

15. 关于海纳韦勒的神话，见 Campbell, *The Masks of God: Oriental Mythology*, pp. 173–76。

16. J. D. S. Pendlebury, *A Handbook to the Palace of Minos at Knos-sos* (London: Max Parrish, 1954), p. 26.

17. Anne Baring and Jules Cashford, *The Myth of the Goddess: Evolution of an Image* (New York: Penguin, 1993), p. 127.

18. *Bhagavad Gīta*, 2:22.

19. Baring and Cashford, *Myth of the Goddess*, p. 112.

20. John G. Neihardt, *Black Elk Speaks* (Albany, New York: State University of New York Press, 2008), p. 33.

21. Françoise Hudry: *Liber Viginti Quattuor Philosophorum* (Turnhout, Belgium: Brepols 1997), 7.1–2。《二十四哲学家之书》被归于赫耳墨斯·特利斯墨吉斯忒斯（Hermes Trismegistus）名下，包含了对神的本性的 24 个定义。坎贝尔在这里翻译引用的是其中第二个定义。

22. William Shakespeare, *Hamlet*, act 3, scene 2, l. 22.

第三章　女神的衰落：印欧人和闪族的侵入

本章内容主要基于坎贝尔于 1982 年 1 月 15 日在为期两天的研讨会"大女神的古典神话"上发表的演讲，以及在 1983 年 4 月 4 日至 8 日举行的研讨会上发表的题为"印欧女神"（The Indo-European Goddess）的演讲。

1. *Kalidasa, Shakuntala and Other Works*, translated by Arthur W. Ryder (New York: E. P. Dutton & Co.; London: J.M. Dent and Sons, 1914), found at www.sacred-texts.com/hin/sha/index.htm.

2. Sir William Jones, "The Third Anniversary Discourse, on the Hindus," 1786.

3. 坎贝尔原文用的是现在时态的"铁幕所在的地方"，这是因为他于 1989 年，即苏联和华约解体前两年去世。

4. Gimbutas, *The Kurgan Culture and the Indo-Europeanization of Europe: Selected Articles from 1952 to 1993*, Miriam Robbins Dexter and Karlene Jones-Bley, editors (Washington, D.C.: Institute for the Study of Man, 1997), p. 89–90.

5. Campbell, *The Masks of God: Primitive Mythology*, pp. 405ff.

6. John Bintliff, *The Complete Archaeology of Greece: From Hunter-Gatherers to the 20th Century A.D.* (Chichester, England: John Wiley and Sons, 2003), p. 200.

7. Gimbutas, *Goddesses and Gods*, p. 238.

第四章　苏美尔女神和埃及女神

本章内容基于坎贝尔在 1983 年 4 月 4 日至 8 日为期三天的研讨会上发表的题为"克里特岛和苏美尔的女神"（The Goddess in Crete and Sumer）的演讲；1972 年 5 月 18 日题为"神话中的女神"演讲；1983 年 4 月 21 日在纽约市社会研究新学院发表的题为"大女神"（The Great Goddess）的未录音演讲的文稿。

1. Campbell, "The Mystery Number of the Goddess," *The Mythic Dimension*。坎贝尔在其中细致地研究了数学思想的发展及其在不同神话中的宇宙学含义。

2. P. Delougaz, "A Short Investigation of the Temple at Al-'Ubaid." (*Iraq* 5, 1938), pp. 1–11.

3. Harriet Crawford, *Sumer and Sumerians*, 2nd ed. (Cambridge, England: Cambridge University Press, 2004), p. 80。她写道："在已知的三座神庙中，两座是供奉女神的：阿尔希巴（al-Hiba）的神庙供奉伊南娜，而阿尔欧贝得供奉宁胡尔萨格。有人认为，椭圆形是女神特有的。其中保存

最完好的是海法吉的椭圆形神庙。"

4. Baring and Cashford, *Myth of the Goddess*, p. 190.

5. Diane Wolkstein and Samuel Noah Kramer, *Inanna: Queen of Heaven and Earth* (New York: Harper & Row, 1983), p. 146.

6. 在《神话意象》中，坎贝尔引用了安德烈·帕罗（André Parrot）关于瓦卡花瓶的一幅延伸画的解读，即这幅画的主题是对女神伊宁（Innin）的崇拜。伊宁被认为是伊南娜的又一个苏美尔变体，源自一个早期形式宁－安娜（Nin-ana，即天空之女）。但伊格纳斯·盖尔伯（Ignace Gelb）在 1960 年的著作中反对这一观点，认为伊宁是这个名字的最早源头，且她的身份是另外一位女神。见 I.J. Gelb, "The Name of the Goddess Innin" *Journal of Near Eastern Studies* 19, no. 2 (Chicago, IL: University of Chicago Press, April, 1960), pp. 72–79。

7. Sir Leonard Woolley, *Ur of the Chaldees* (Quebec, Canada: InExile Publications, 2012).

8. Campbell, *Atlas*, vol. 2, pt. 1, p. 80.

9. Campbell, *Hero with a Thousand Faces*, pp. 87–89, 185–86.

10. Wolkstein and Kramer, *Inanna*, p. 127.

11. 提亚玛特是巴比伦神话中的原始女神。在巴比伦的创世史诗《埃努玛·埃利什》（*Enûma Eliš*）中，她生下了第一代众神。见 Stephanie Dalley, *Myths from Mesopotamia* (Oxford, England: Oxford University Press, 1989) 和 *Enûma Eliš: The Epic of Creation*, translated by L.W. King (London: Luzac and Co., 1902)，见 sacred-texts.com/ane/enuma.htm。

12. Shakespeare, *Hamlet*, act 1, scene 2, l. 129。此句中的"不洁"（sullied）也被读成"坚固的"（solid）。此段独白的后面几句也有这样的情况，

哈姆雷特与莎士比亚一样，似乎沉浸在文字游戏中。

13. Campbell, *Mythic Image*, p.23.

14. Serge Sauneron, *The Priests of Ancient Egypt*, translated by David Lorton (Ithaca, NY: Cornell University Press, 2000).

第五章　古希腊宗教中的男神和女神

本章内容主要基于坎贝尔于 1982 年 1 月 16 日在纽约市开放眼界剧院举行的为期两天的"大女神的古典神话"研讨会上发表的演讲；1976 年 8 月 14 日发表的"神的建造：希腊万神殿"（Building of Deities: Greek Pantheon）的演讲；以及坎贝尔档案中收藏的未录音的演讲手稿。

1. Johann Wolfgang von Goethe, *Faust*, pt. 2, ll.12104–12105.

2. *Brhadāranyaka Upaniṣad*, 1.4.6.

3. E. A. Wallis Budge, *The Papyrus of Ani,* book 10, "The Chapter of the Deification of the Members," (New York: Putnam, 1913).

4. *Papyrus of Nesbeni*, chapter 64, "Chapter of the Coming Forth by Day in a Single Chapter" (London: British Museum Press, 2002) ll. 2–3.

5. 要弄清楚数字 432 和 9 的神话内涵，可以参考坎贝尔《神话维度》（*Mythic Dimension*）一书中"女神的神秘数字"一章（"The Mystery Number of the Goddess"）。

6. Martin P. Nilsson, *A History of Greek Religion*, translated by F. J. Fielden (New York: W.W. Norton & Co., 1964), pp. 28–29.

7. *The Homeric Hymns*, translated by Charles Boer (Putnam, CT: Spring Publications, 2003), pp. 4–6.

8. *The Hymns of Orpheus*, "Orphic Hymn I to Prothyraeia" translated by Thomas Taylor (Philadelphia: University of Pennsylvania Press, 1999), found at http://www.theoi.com/Text/OrphicHymns1.html#1.

9. Baring and Cashford, *Myth of the Goddess*, p. 322

10. S. Giedion, *The Eternal Present: The Beginnings of Art* (Oxford, England: Oxford University Press, 1962), pp. 212–20.

11. *Homeric Hymns*, p. 182.

12. Nilsson, *Greek Folk Religion* (Philadelphia: University of Pennsylvania Press,1972), p. 79.

13. 关于原型－象征主义的材料，可以参考 www.aras.org 中的评注 3Pa.063。

14. Campbell, *Mythic Image*, p. 287.

15. Carl Kerényi, *Asklepios: Archetypal Image of the Physician's Existence,* translated by Ralph Manheim, translator, Bollingen Series LXV.3 (New York: Pantheon Books, 1959), p.50。转引自坎贝尔, *Mythic Image* p. 287。

16. Joseph Fontenrose, *The Delphic Oracle, Its Responses and Operations, with a Catalogue of Responses* (Berkeley and Los Angeles: University of California Press, 1981).

17. 坎贝尔转述, Martin Buber, *I and Thou*, translated by Ronald Gregory Smith (New York: Scribner, 2000)。

18. Friedrich Nietzsche, *The Birth of Tragedy,* translated by Shaun Whiteside（London, England: Penguin Books, 2003。坎贝尔对尼采的文章进行了编辑）。

19. Goethe, *Faust*, pt. 2, l. 6272.

20. *Homeric Hymns*, p. 87.

21. "The Homeric Hymn 5 to Aphrodite," translated by H. G. Eve-lyn-White, *Homeric Hymns* (Cambridge, Massachusetts: Harvard University Press, 1998), p. 421.

22. Harrison, *Prolegomena*, p. 315–316.

23. Baring and Cashford, *Myth of the Goddess*, p. 313

24. *Homeric Hymns*, pp. 60–61.

25. *Homeric Hymns*, pp. 137–38.

第六章　女神的归返:《伊利亚特》与《奥德赛》

本章内容基于坎贝尔的三场演讲:"神话中的女神"演讲(1972年5月18日);"大女神的古典神话"研讨会中的演讲(1982年1月15日,纽约市开放眼界剧院);"大母神的形象"演讲(1976年8月13日,纽约市开放眼界剧院)。

1. Samuel Butler, *The Authoress of the Odyssey* (Ithaca, NY: Cornell University Press, 2009).

2. Harrison, *Prolegomena*, p. 293.

3. Harrison, *Prolegomena*, p. 294.

4. Goethe, p. 152.

5. Nietzsche, *Also Sprach Zarathustra*, "Auf den glückseligen Inseln," 1883, Found at www.zeno.org/Philosophie/M/Nietzsche,+Friedrich/ Al-

so+sprach+Zarathustra/Zweiter+Teil.+Also+sprach+Zarathustra/Auf+den+glückseligen+Inseln.

6. *Bhagavad Gītā*, 2:2.

7. *Bhagavad Gītā*, 2:23.

8. Aeschylus, *The Eumenides*, translated by Robert Fagles (New York: Penguin, 1977), pp. 232–33.

9. Harrison, *Prolegomena*, p. 216.

10. Harrison, *Prolegomena*, p. 214.

11. Xenophon, *Anabasis*, 7.8, found at www.fordham.edu/halsall/ancient/xenophon-anabasis.asp.

12. Homer, *The Odyssey*, translated by Robert Fagles (New York: Penguin Classics, 1996) 10.428–40.

13. 见 Frank Budgen, *James Joyce and the Making of Ulysses* (Oxford, England: Oxford University Press, 1972), p. 17.

第七章　女神变化的奥秘

本章内容基于坎贝尔的三场演讲："神话中的女神"演讲（1972 年 5 月 18 日）；"大女神的古典神话"研讨会中的演讲（1982 年 1 月 15 日，纽约市开放眼界剧院）；"大母神的形象"演讲（1976 年 8 月 13 日，纽约市开放眼界剧院）。

1. Thomas Gospel, 1.108; translated by Guillaumont, Puech, Quispel, Till, and abd al Masih, *The Gospel According to Thomas: Coptic Text Established and Translated* (New York: Harper & Row, 1959).

2. First Book of Kings, 11:5.

3. Book of Genesis, 3:22–24.

4. Kerényi, *Eleusis: Archetypal Image of Mother and Daughter*, translated by Ralph Manheim (Princeton, NJ: Princeton University Press).

5. Kerényi, *Eleusis*, pp.54–55.

6. Harrison, *Prolegomena*, p. 525.

7. 关于德墨忒尔和珀耳塞福涅的经典神话，记述于 "Homeric Hymn to Demeter." See translations by Charles Boer or H. G. Evelyn-White。

8. Goethe, *Faust*, ll. 3962–63.

9. *Homeric Hymns*, pp. 161–62.

10. Harrison, *Prolegomena*, pp. 280–81.

11. *Taittirīa Upaniṣad*, 10:6.

12. Campbell, *The Mythic Image*, p. 388.

13. 皮耶特罗萨之碗的次序是：第一个人物穿着短上衣，手上拿着捕鱼的网。这是以渔夫形象现身的俄耳甫斯。据说，俄耳甫斯和基督耶稣一样是救世主，他从水中救出我们，我们就是鱼，他将我们从无意识世界的混沌黑暗中带入意识世界的光辉之中。耶稣召唤渔夫做他的使徒，说："我要你们做人的渔夫。"其实他是在将人身上的神圣性比作鱼，迷失在深海之中，我们的生命就像那条鱼一样黯然失色，完全忘记了我们的天性究竟是什么。随后我们被这位渔夫带上了水面。

第三个人物是一个正在进入大门的人，他从门上的篮子里拿出了一个松果，肩上立着死亡之鸦。这是一个跨越生死世界的人，现在他走进了启示的圣所，手中握持着地下神界的火把。我们应当重视的不是从地下世界守门人那里拿来的松果，不是其外表，而是它里面的种子。什么才是重要的？是载具还是所载之物？是身体还是身体中的意识？你我之间最重要的不是沟通的方式，而是沟通方式所承载的精神。正是那个仪式使我们的意识从认同载体转为认同所载的精神。从看门人的头上取下果实后，一位女性引导了这个人，这位女性手提一篮或一桶仙肴。她是神秘之物的向导，将这个人带到两位女神的圣所之中。德墨忒尔坐着，肩上立着死亡之鸦。她是地表种子世界的女神，是生命与死亡循环的女神。在地下手持火把的是珀耳塞福涅，她象征着地下神界永恒的火焰。我们不知道那个人所获得的启示究竟是什么，但是我们知道那两位女神是谁，知道这是什么神话。启示来自德墨忒尔教导的知识，再到冥界女王珀耳塞福涅的知识，她是我们死后接待我们灵魂的母亲。我们可以看出画中人的精神状态，他留着胡子，精神已经成熟，死亡之鸦在他身后。现在他已经受过了启示。第 8 个人物，即命运女神，手持一个巨大的丰饶角，祝福了他。

第二个启示展现在第 9 个人物和第 10 个人物中。第 10 个人物是冥王哈迪斯或普路托斯，他的手上拿着巨大的丰饶角，他坐在那里，下面卧着一个鳄鱼似的怪物，象征着地底世界的力量。第 9 个人手中握着一个朝圣者之掌。他另一只手里的东西常被学者认为是罂粟，那是可以带来幻觉的神秘植物。那是生命的终极深渊。当那人从冥界走出，手中拿着一个空容器，带翼的小精灵盘旋在他头上，他有了女性的身体，换言之，他此刻是双性同体。揭示这一奥秘的是他身上的女装，可他却是赫拉克勒斯。我们正在经历的启示是一个超然的奥秘，我们经历了有限世界和无限世界的创始。现在我们来到了关于我们自己的超验之谜，那就是双性同体的力量。尽管在历史中我们不是男性就是女性，但是在我们永恒的人格中，我们不再是某一极，而本质上是两性同体的力量。正如猪之女巫喀耳刻向奥德修斯讲述特伊西亚斯的两性同体的主题一样，在这里，两个猪之女神，德墨忒尔和珀耳塞福涅向画中人讲述了两性同体的奥秘。

有一个神话是关于卡斯托尔（Castor）和波吕丢刻斯（Pollux）的，这对双胞胎不完全是双胞胎，他们的母亲认为波吕丢刻斯是神，而卡斯托尔是人，所以我们要意识到，我们每个人不只是凡人，还有不朽的一面。在我们凡人的一面里，我们不是男性就是女性，而在我们不朽的精神中，我们是双性同体。这是这一奥秘的深层，即在我们永恒的一面中不朽与双性同体的力量。从神性上来讲，我们都同时是凡人和不朽之人，画中人通过来到冥府深处，实现了其双性同体的二元性。而卡斯托尔，那对兄弟中的凡人，肩上立着死亡之鸦，现在他将要回归了。通过卡斯托尔和波吕丢刻斯的形象，画中人再次象征了一个完整圆融的碗。那个人作为对立面中的一极、作为凡人回到了历史的领域，虽然形象上没有展现出来，但他已经知道不朽的生命也是他的一部分，女性法则也是他生命的一部分。他的生命之碗中装满了启示之果，女性向导将他带到阿波罗的宝座上。阿波罗是光明之主，而那光明是人精神意识的光。他手中弹着里拉琴，一头鹿在他的脚边。

14. Campbell, *Hero with a Thousand Faces*, pp. 59-60.

第八章　爱情中的女神

本章内容基于以下演讲：系列讲座"欧洲神话和爱情故事中的女性"（The Feminine in European Myth and Romance I, II, III，1986 年 4 月 5 日）；"大女神"两次演讲（1982 年 11 月 13 日）；1983 年 4 月 21 日在纽约市社会研究新学院发表的题为"大女神"的未录音演讲的文稿。

1. Goethe, *Faust*, ll. 12110–111.

2. Genesis, 18:12.

3. 羽蛇神是中美洲阿兹特克人的神，通常被描绘为有羽毛的蛇。见 Campbell, *Hero With a Thousand Faces*, pp. 307–8。

4. Genesis, 3:19.

5. The Book of Proverbs, 8:27.

6. Genesis, 1:2.

7. Samuel Noah Kramer, *Sumerian Mythology: A Study of Spiritual and Literary Achievement in the Third Millennium B.C.* (Philadelphia: University of Pennsylvania Press, 1998).

8. Seneca, *Epistulae morales ad Lucilium* 107.11.

9. Gildas, *De Excidio et Conquestu Britanniae* ("On the Ruin of Britain"), sixth century A.D.

10. Nennius, *Historia Brittonum* ("History of the Britons"), eighth century A.D., found at http://www.fordham.edu/halsall/basis/nennius-full.asp.

11. The Gospel According to Mark 12:31; the Gospel According to Matthew 22:39.

12. Girhault de Borneilh, "*Tam cum los oills el cor...,*" from John Rutherford, *The Troubadours: Their Loves and Their Lyrics* (London: Smith and Elder, 1873; General Books, 2010), pp. 34–35.

13. Campbell's translation of Gottfried von Strassberg, *Tristan und Iseult*, ll. 12495–502.

14. Campbell's translation of Dante, *La Divina Commedia: Inferno*, canto 5, ll. 115–42.

15. William Blake, *The Marriage of Heaven and Hell*, "A Memorable Fancy."

16. 关于博尔吉亚宫的伊西斯画像的讨论来自 Opus Archives Joseph Campbell Collection, image box 178. Folder titled "Isis Instructing Hermes and Moses"。

17. Apuleius, *The Golden Ass*, translated by W. Adlington (New York: The Modern Library, 1928), book 11.

18. Campbell, *The Masks of God: Creative Mythology*, p. 24.

19. Edgar Wind, *Pagan Mysteries in the Renaissance* (New Haven: Yale University Press, 1958), appendix 6: "Gaffurius on the Harmony of the Spheres."

20. Campbell, *Myths to Live By*, chapter 10: "Schizophrenia: the Inward Journey."

21. Knud Rasmussen, *Across Arctic America* (New York and London: G. P. Putnam's Sons, 1927; University of Alaska, 1999), pp. 82–86; and H. Osterman, *The Alaskan Eskimos, as Described in the Posthumous Notes of Dr. Knud Rasmussen*. Report of the Fifth Thule Expedition 1921–24. vol. 10, no. 3 (Copenhagen: Nordisk Forlag, 1952), pp. 97–99.

结语　为金芭塔丝《女神的语言》所作的序言

本文章最初发表于 Gimbutas, *The Language of the Goddess* (New York: Harper and Row, 1989)。坎贝尔在 1987 年去世前不久写下了这篇文章。

《约瑟夫·坎贝尔文集》概述

约瑟夫·坎贝尔于 1987 年与世长辞，留下了一批意义重大的著作。这些著作主要讲述普遍性的神话与象征，坎贝尔称之为"关于人类的一个伟大的故事"，其中凝结了他毕生探索的热情。除此之外，坎贝尔还留下了大量的未发表作品，包括文章、笔记、信件以及日记，还有一些以音频和视频形式发表的演讲。

约瑟夫·坎贝尔基金会成立于 1990 年，旨在保存、保护和延续坎贝尔的作品。该基金会正致力于将坎贝尔的论文和音像资料转为数字化档案，并出版《约瑟夫·坎贝尔文集》。

《约瑟夫·坎贝尔文集》

执行编辑：罗伯特·沃尔特（Robert Walter）

总编辑：戴维·库德勒（David Kudler）

约瑟夫·坎贝尔基金会简介

约瑟夫·坎贝尔基金会是一个延续约瑟夫·坎贝尔作品的非营利性组织，探索神话学和比较宗教学领域。基金会的三个主要目标是：

第一，基金会保存、保护坎贝尔开创性的作品。这包括为他的作品创建目录，进行存档，基于他的作品开发新的出版物，管理他已出版作品的销售和发行，保护他的著作权，在基金会的网站上提供坎贝尔作品的数字形式，以扩大人们对他作品的了解。

第二，基金会促进神话学和比较宗教学的研究，支持那些旨在提高公众对这些领域认识的教育项目和活动，并将基金会的网站作为论坛进行跨文化相关交流。

第三，约瑟夫·坎贝尔基金会通过各种项目和活动丰富人们的生活，包括基于网络的全球性准会员项目，地区性的神话学圆桌讨论国际网络，以及定期举办的与约瑟夫·坎贝尔有关的各项活动。

若想了解更多关于约瑟夫·坎贝尔和

约瑟夫·坎贝尔基金会的信息请联系：

Joseph Campbell Foundation

www.jcf.org

Post Office Box 1836

New York, NY, 10026

United States of America

女神的春天

2020 年春天，全世界都因为疫情蛰居在家，《女神》的译稿终于完成了。此时距离我读研时第一次接触到坎贝尔的书已 18 年，那年春天，因为"非典"，刚上研一的我被封闭在狭小的宿舍里，百无聊赖中只好翻些半懂不懂的专业书解闷儿，偶然遇到的坎贝尔就像一道光，照亮了我的专业之路，神话学竟然这么迷人！因为专业的缘故，后来我系统阅读过各种神话学著作，但至今仍然认为在世界范围内众多的神话研究者中，约瑟夫·坎贝尔是最富有启发的，奇妙的是，博学如他，在精研学问、洞悉世事之余仍然保持了令人愉悦的魅力。

在神话学领域内，有两类大师，一类长于考据事实，仿佛手执"照妖镜"，致力于剥去神话神奇瑰丽的包装，找到其中隐含的历史事实或哲学理念；另一类则擅长阐释，他们就像多棱镜，把神话之光折射进凡人的眼里，让我们体会到那些古老故事独有的魅力，又像魔法师，带我们思接千古，腾云驾雾，又反观自身，感悟生命的升降起落。坎贝尔显然属于后者，读他的书，就像在满天星空下，与一个聪明又不世故、博学又不卖弄的老朋友聊天，不时有神会妙悟的火花迸发，引得你直想把自己的心事全盘托出。

坎贝尔是最具有人文关怀的神话学家，他一生都在大学教书，也对公众演讲，除了神话学专著，他的演讲也很受欢迎，健在时电视采访和演讲集就备受追捧，就连《星球大战》的导演乔治·卢卡斯也自称是他的"铁杆粉丝"。但坎贝尔还真不是个爱凑热闹的学者，年轻时他在文学系，研究的是英文作家中以读不懂著称的詹姆斯·乔伊斯，后来又去印度学习一年，学过梵语和佛经。照理说，一个专治生僻学问的学者，与大众之间总是有一段距离，但坎贝尔用他的智慧和通达消弭了这种距离。在他的叙述中，无论佛陀还是忒修斯，都是与你我一样的普通人，光芒万丈的英雄背后，藏着生而为人的无奈与坚韧。如果说《千面英雄》破译了全人类共通的英雄密码，这本《女神》，就是在神话中寻找人类文化的精神根源。

坎贝尔并不是第一个研究女神信仰的学者，他推崇备至的考古学家金芭塔丝已经用扎实的考古成果奠定了古欧洲女神文明的基调，在他身后，女性主义神话学也已蔚然可观。但无论放在学术发展的历史上，还是在人类精神史上，坎贝尔的贡献都无法被埋没。他不仅通过比较神话学的丰厚材料将金芭塔丝基于欧洲考古的理论假设推广到更大的范围，还借助心理学的独特角度在古老神话与现代人的精神世界之间建立起了血脉联系。

虽然题为《女神》，但这本书并不是为女性主义"背书"的应制之作，他并没有在男女的二元关系中做非此即彼的高下判断，而是在为人类精神寻根探源。在这种多维透视之下，"女神"之"女"，已经不是一个单纯的性别符号，而是一种思维方式、一种文化模式，蕴含着一套独特的价值观。这种在父权制和一神教兴起之前曾经长期普遍维系人类社会的信仰—文化模式，代表着人与自然尚未分离对抗之前的和谐状态，提示我们现代社会所推崇的种种规则或许并不是唯一正确的选择。回顾这种古老的文明形态，对于正在遭受现代性危机、对自身命运陷入恐慌的当代人，具有莫大的启发。

这本书是我和两个 90 后的女生合作完成的，1、2、3、4、8 章由李梦鸽初译，5、6、7章由杨诗卉翻译，我负责其他部分的翻译和全书译稿的审定。坎贝尔虽然语言风格并不艰涩，但他的视野开阔，涉及的神话材料非常庞杂，有时候一个神话人名的查证就要花去一天时间，虽然我们多方查证、力求准确，但错讹之处恐怕在所难免，还请读者批评指正。

这本书的翻译，对我们来说是一次学术历练，也是师生之缘的一个纪念，更是一次自我提升的心灵之旅，伴随着坎贝尔笔下周而复始的考验与转机、希望与挫折，我们也完成了一次自我挑战。2019年暑假刚接下这本书的翻译任务时，我建了个微信三人群，群名叫"坎贝尔的夏天"，斗转星移，译事不易，群名被她们心有灵犀地修改为"坎贝尔之秋""坎贝尔之冬"，当这个群名变成"坎贝尔的春天"时，我们的译稿终于可以见人了。虽然此时我们都还在居家隔离中迎接春天，但正如坎贝尔反复描述的那样，真正的英雄总是在困难面前顺势而为，在黑暗的蛰居中更新自我，积蓄能量，然后精神焕发地迎接一个又一个春夏秋冬。谨以此与诸君共勉。

黄悦

2020.4.20 草于朝阳

未来，属于终身学习者

我这辈子遇到的聪明人（来自各行各业的聪明人）没有不每天阅读的——没有，一个都没有。巴菲特读书之多，我读书之多，可能会让你感到吃惊。孩子们都笑话我。他们觉得我是一本长了两条腿的书。

——查理·芒格

互联网改变了信息连接的方式；指数型技术在迅速颠覆着现有的商业世界；人工智能已经开始抢占人类的工作岗位……

未来，到底需要什么样的人才？

改变命运唯一的策略是你要变成终身学习者。未来世界将不再需要单一的技能型人才，而是需要具备完善的知识结构、极强逻辑思考力和高感知力的复合型人才。优秀的人往往通过阅读建立足够强大的抽象思维能力，获得异于众人的思考和整合能力。未来，将属于终身学习者！而阅读必定和终身学习形影不离。

很多人读书，追求的是干货，寻求的是立刻行之有效的解决方案。其实这是一种留在舒适区的阅读方法。在这个充满不确定性的年代，答案不会简单地出现在书里，因为生活根本就没有标准确切的答案，你也不能期望过去的经验能解决未来的问题。

而真正的阅读，应该在书中与智者同行思考，借他们的视角看到世界的多元性，提出比答案更重要的好问题，在不确定的时代中领先起跑。

湛庐阅读App：与最聪明的人共同进化

有人常常把成本支出的焦点放在书价上，把读完一本书当作阅读的终结。其实不然。

时间是读者付出的最大阅读成本

怎么读是读者面临的最大阅读障碍

"读书破万卷"不仅仅在"万"，更重要的是在"破"！

现在，我们构建了全新的"湛庐阅读"App。它将成为你"破万卷"的新居所。在这里：

● 不用考虑读什么，你可以便捷找到纸书、电子书、有声书和各种声音产品；

● 你可以学会怎么读，你将发现集泛读、通读、精读于一体的阅读解决方案；

● 你会与作者、译者、专家、推荐人和阅读教练相遇，他们是优质思想的发源地；

● 你会与优秀的读者和终身学习者为伍，他们对阅读和学习有着持久的热情和源源不绝的内驱力。

下载湛庐阅读 App，
坚持亲自阅读，
有声书、电子书、阅读服务，
一站获得。

本书阅读资料包

给你便捷、高效、全面的阅读体验

本书参考资料

☑ **参考文献**
为了环保、节约纸张，部分图书的参考文献以电子版方式提供

☑ **主题书单**
编辑精心推荐的延伸阅读书单，助你开启主题式阅读

☑ **图片资料**
提供部分图片的高清彩色原版大图，方便保存和分享

相关阅读服务

☑ **电子书**
便捷、高效，方便检索，易于携带，随时更新

☑ **有声书**
保护视力，随时随地，有温度、有情感地听本书

☑ **精读班**
2~4周，最懂这本书的人带你读完、读懂、读透这本好书

☑ **课　程**
课程权威专家给你开书单，带你快速浏览一个领域的知识概貌

☑ **讲　书**
30分钟，大咖给你讲本书，让你挑书不费劲

湛庐编辑为你独家呈现
助你更好获得书里和书外的思想和智慧，请扫码查收！

（阅读资料包的内容因书而异，最终以湛庐阅读App页面为准）

图书在版编目（CIP）数据

千面女神 /（美）约瑟夫·坎贝尔著；黄悦，杨诗
卉，李梦鸽译 .— 北京：北京联合出版公司，2021.4（2023.10重印）
ISBN 978-7-5596-5146-4

Ⅰ.①千… Ⅱ.①约… ②黄… ③杨… ④李… Ⅲ.
①神话—研究 Ⅳ.①B932

中国版本图书馆CIP数据核字（2021）第052084号

北京市版权局著作权合同登记　图字：01-2020-4759

上架指导：神话学 / 哲学 / 心理学

版权所有，侵权必究
本书法律顾问　北京市盈科律师事务所　崔爽律师

千面女神

作　　者：[美] 约瑟夫·坎贝尔
译　　者：黄　悦　杨诗卉　李梦鸽
出 品 人：赵红仕
责任编辑：徐　鹏
封面设计：ablackcover.com
版式设计：湛庐CHEERS 张永辉

北京联合出版公司出版
（北京市西城区德外大街 83 号楼 9 层　100088）
天津中印联印务有限公司印刷　　新华书店经销
字数 273 千字　710 毫米 ×965 毫米　1/16　19.5 印张　1 插页
2021 年 4 月第 1 版　2023 年 10 月第 2 次印刷
ISBN 978-7-5596-5146-4
定价：79.90 元